國家社科基金重大項目（10&ZD104）

上海師範大學古籍整理研究所編
項目首席專家、主編　戴建國
主編　朱易安　傅璇琮　周常林

国家出版基金项目
NATIONAL PUBLICATION FOUNDATION

全宋筆記

第八編

九

大象出版社

顧　　問　王水照　朱瑞熙　徐　規　李裕民

項目首席專家、主編　戴建國

主　　編　朱易安　傅璇琮　周常林

編纂委員會（以姓氏筆畫爲序）

王劉純　朱易安　李亞娜　周常林　俞　鋼　查清華

徐時儀　陳　新　張劍光　傅璇琮　虞雲國　戴建國

目録

友會談叢　上官融撰　一
楊文公談苑　黄鑒筆録　宋庠重訂　二七
廬陵雜説　歐陽修撰　一五九
東原録　龔鼎臣撰　一六五
倦遊雜録　張師正撰　一九五
括異志　張師正撰　二六七

◎上官融撰

友會談叢

黃寶華 整理

點校説明

《友會談叢》三卷，上官融撰。上官融（九九五—一〇四三），字仲川，興仁府濟陰（今屬山東）人，其先蜀人，故自署「華陽」，蓋用其族望也。幼專詞學，秀出流輩。天聖二年（一〇二四）廣文館舉進士第一，明年試禮部又首薦。除信州貴溪縣主簿，不辭小官，恪守其職，遷蔡州平輿縣令，後掌真州鹽倉。龍圖閣直學士段希逸等七人舉薦於朝，旋以疾聞，除太子中舍致仕。慶曆三年三月卒，年四十九。范仲淹撰有《上官君墓誌銘》，載《范文正公集》卷十三，得窺其生平一二。阮元於《四庫未收書目提要》中稱「其字未詳，陳振孫云不知何人」，實失考也。

本書所録多屬傳聞佚事，但所涉人物又多實有其人，故阮元稱：「所紀皆宋代故事，多言報應，示勸誡，纖悉臚載，間傷猥雜，然如紀吕端出使高麗，與《宋史》端本傳合，紀太平興國三年以定陶地建爲廣濟軍，與《宋史・地理志》亦同，要非絶無依據者可比也。」誠中肯之評。

本書曾收入《稽古堂叢刻》、《宛委别藏》、《十萬卷樓叢書》諸叢書，亦爲《説郛》所摘引。清光緒六年陸心源刊刻此書，《十萬卷樓叢書》本即此本，今收入《續修四庫全書》。今次整理以陸心源刻本爲底本，校以宛委别藏本而成書。

刊《友會談叢》敘

《友會談叢》三卷，宋華陽上官融撰。《宋史・藝文志》、鄭夾漈《通志・藝文略》、陳直齋《書録解題》、焦弱侯《國史經籍志》皆著於録，馬貴與《文獻通考》作一卷，乃傳寫之誤。

《四庫全書》未收，阮文達始進呈，亦罕見之祕笈也。融仕歷無攷，書中稱天聖三年李防知耀州，邀融遇郡館于東齋，則天聖時人也。自序云：「隨侍南北，旅進科場」，又云「春策不中，掩袂東歸」，蓋不得志于科名而思以著述自見者。李防，宋之名臣，嘗拔晏殊於童稚，融爲所引重，可以想見其人矣。所記雖多涉怪異，持論頗不軌於正，其纂此書，嘗自比袁郊之《甘澤謡》、李玫之《纂異記》，然袁、李遠搜異聞，而融近徵實事，絜長比短，其猶青出於藍歟。光緒六年，歲在上章執徐孟秋之月，歸安陸心源敘。

序

余讀古今小説洎志怪之書多矣，常有跂纂述之意。自幼隨侍南北，及長，旅進科場，每接縉紳先生首闈名輩，劇談正論之暇，開樽抵掌之餘，或引所聞，輒形紀録，並諧辭俚語，非由臆説，亦綜緝之，頗盈編簡。今年春策不中，掩袂東歸，用舍行藏，下學上達，賴庭闈之蔭，無菽水之勞。顧駑駘之已然【一】，詎規磨之可益？身閒晝永，何以自娱？因發篋所記之言百餘紙【二】。始則勤於探綴，終則涉乎繁蕪，於是乎筆削芟夷，得在人耳目者六十事，不拘詮次，但釐爲三卷，目之曰《友會談叢》。且念袁郊以步武生疾，則「甘澤」之謡興；李玫以養病端居，乃「纂異」之記作。苟非閒暇，曷遂摛毫？彼前輩屬辭，不將迎而遇物；而小子晞驥，甘萋菲以成章。深慚雞肋之微，竊懷敝帚之愛。《穀梁》曰：「信以傳信，疑以傳疑。」子夏曰：「雖小道必有可觀者。」博練精識者，幸體兹而恕焉。其如杼軸靡工，序述非據，蓋事質而言鄙，學淺而辭荒，誠怪語之亂倫，匪精神之可補。聊貽同志，敢冀開顔？天聖五年七月朔，華陽上官融序。

校勘記

【一】駑駘　原作「駑」，下空缺，據宛委别藏本（以下簡稱「宛委本」）改補。

【二】所記之言　「記之」原作「説是」，據宛委本改。

卷上

太祖初年，神降鳳翔府盩厔縣望仙鄉張氏家。張，愚民也，設神座，烹羊豕祀之，若巫覡事，像則寂爾，聲乃泠然，辭旨幽深，聞者增懼。秦雍之地，祈禱畢臻，未幾神謂張曰：「吾禹疆之官屬，上天之尊神也。羊豕之屬，固非其物【一】，悉宜撤之，但設香菓。」莅府者以事動遠邇，驛置上聞。開寶末召張氏於闕下，未遑崇奉，值有同軌之會。及太宗即位，錫張氏命服、道號，爲羽人焉。今于所降之地置太平宫，以旌其事，乃俾主之。先是，張氏在閭里不拘小檢，使酒忤物，鄉人賤之。及天神所憑，則詳雅方正，真有道之士。景德中，王人張綸因被命來岐下，與府尹語張氏在鄉曲爲人所惡，一時之語不復記憶。適值長安宰魏昌弼亦在府中，相拉詣太平宫焚禮，方升殿拜，神降幃中，謂綸曰：「卿數日前與鳳翔知府説何事？」綸戰汗驚怛，罔知所措，但俯伏稱不省知。又曰：「卿再思。」綸忽悟曰：「臣曾與知府説張在鄉曲事。」又曰：「鄉曲縱逸，未足爲累，自今更不得説。」自陝以右，雖有見者，憚公方嚴，不敢妄泄。及公首冠治衡，出俸修飾圃田神祠，自爲文記，始與人言，則爛熳於衆口矣。

曹州定陶縣長樂鄉吕焕，操心凶險，使酒剛暴，動作不法，閭里爲患。大中祥符五年

校勘記

【一】固非其物　「其」原作「具」，據宛委本改。

春，民間太牢，瘴疫大起，焕家所有皆殞，同鄉則十損三四。焕恨己無孑遺，而妬他存者，常蓄致害之意。間有斃踣，以物拽歸，剖磔腸胃，棄於放牧之地，欲令熏染，覬令似己，遠近畏之，莫敢爲言。是歲夏，焕以無力耕鑿，亦不播植，復見他人之畝鬱然佳苗，顧己之田鞠爲茂草，心愈不平。一旦風雹驟至，焕亟詣野中，仰天祈曰：「願風雨更甚，雹塊益大，擊仆稼穡，用快我心！」言未畢，陰雲轉濃，咫尺不辨，忽見三人衣青執捶，叱焕曰：「爾愚賤之人，不能勤力自養，而乃幸如此！吾雷電之使也，殺爾何益？然俾世人知有天道，欲加小懲。」遂驅之南去，於是持冰片，令抱之而行，長與身等，旋驅旋叱，艱苦備極。時於袖中探冰丸，使含之，仍謂曰：「茲爾之自招也。」但覺寒凛徹骨，戰慄靡定，奔馳百餘里，各不少息。相次晴霽，焕忽如夢覺，復在舊處，四肢疲薾，若中沉疾。家人扶之而歸，厥後疾雖平愈，而精神恍惚，疑奪其魄也。

陝西山川形勝，而耀州爲最，故唐帝陵多在其境。天聖三年，李夕拜防典是郡，予自回中入京，公以書邀予過郡，館于東齋。郡有僧道元者，且九十餘，耳目不衰，予往訪焉。謂予曰：「茲郡即唐京兆府華原縣，因温韜建焉。老僧少年時嘗見一薛將軍説唐末事，一一可憶。」薛將軍者，即當時閹監，歷事昭宗，相獻議誅宦官，薛避難竄身草莽。及莊宗入汴，反星冠羽服爲道士焉。厥後隸名是郡開元觀【二】，至太祖受命時尚在，亦九十餘，但民間仍呼爲將軍焉。温韜之起兵連邠，次梁華【三】，内外相結合蟻聚，動至數萬，睢盱

【二】隸名　原作「聲名」，據宛委本改。

【三】次梁華　「梁」字原空缺，據宛委本補。

屈强，法令莫制，遂建縣爲郡，自領符節。唐帝諸陵，靡不開發，金寶之玩，取以自資。既開簡陵，內有銀羅漢十八身，各高五尺，其山座具備，環列于梓宮，每一身以十餘牛牽致，方出隧道，載以大車，碎之造器，他物莫有存者。簡陵乃懿宗也，今在州東北山造作側，旁有民肆，謂之園陵店，其開發之跡依然可尋。予按《唐書》，自武宗憤釋氏恣横，思去根本，詔令一出，掃蕩幾盡。大中已後，漸次仍舊。及懿宗愍前朝之致毀，乃竭力以興復，故修崇寺宇則又過之【四】，羅漢環于梓宮，即其意也。

唐段成式說：大歷中有乞兒無兩手，以右足夾筆而寫經，此誠詭遇也。然今京師有一婦人，年四十餘，全無兩臂，自兩肩如削，巡行衢井，求丐爲事。每梳頭髻，右足夾櫛，左足綰髮，及繫衣浣面亦如之，其輕捷便穩，匹手無異。人多擲錢贈之，亟伸足取貫革繩之上，略無凝滯。予爲兒時見之，雖出處不定，時踰一紀，而豐凶寒暑，彼且無恙，體常充，衣亦自蔽。又段夕拜曄言【五】：景德中因事到岳下【六】，曾見一婦人無雙臂，但用兩足刺繡鞵片，纖緻與巧手相若，服飾頗潔，每止之處，觀者如堵，人競以錢投之。噫！世有無賴之人，手足完具，不能自養，乃甘死于溝壑。是其手臂反不如此二婦人足也，悲夫！引以驗成式之言，信不誣矣。

相國呂公端任補闕，與一供奉官被命同往高麗。既達其國【七】，宣朝命畢，以風信未便，在高麗將及半年。未幾，風便回檝，王加等贈遺，奇珍異貨，盈載而歸。先是，供奉者

【四】故修崇寺宇　「修」原作「終」，據宛委本改。

【五】段夕拜曄　「曄」宛委本作「煜」。

【六】因事到岳下　「因」原作「爲」，據宛委本改。

【七】既達其國　「達」原作「逮」，據宛委本改。

以公所得置之船底，己之所得在公物上，慮水氣見過也。公亦不問，措置委之而行。方至海心，風濤四起，舟欲傾倒，公神色自若，供奉者倉皇失圖。舟子前曰：「風濤之由，以公等所載奇異，海神必惜，不欲令多到中國，但少抛水中，風必止矣。」公如其言，令左右擲之，才半風息。得達登州岸，遂開其載，則在下者吕公之物咸在，而供奉之物居上者略無孑遺矣！校供奉之物已罄矣！諒非海神祕惜，蓋罪小人用心奸險也。公以所存者中分入之，亦仁厚矣。

邠州靈應廟者，景德中詔修飾，内翰楊貳卿億在西掖日【八】，被旨述記，今揭示于翠琰即其事【九】。而州人嚴奉，其來久矣，被奸濫之輩互相表裏，鼓惑愚民，於殿堂後別起密室，室内有巨穴，穴上覆繡綃，映以旌旛，香几外不得窺。廟祝稱云【一〇】：「神已親享。」但見舉空器而出，以是莫敢致辨。大中祥符中，故掌武侍中王嗣宗自長安移鎮邠土，素聞其事而無跡可究，心常怒之。下車將半載，會子弟院有娩懷者，遂募民婦乳焉。其婦乃廟祝棄妻，怨舅姑無恩，懷憤頗極，遂言其穴乃羣狐所聚，潛兩童子其間，俾竊杯柈之薦也。聞者達其事于公【一一】，公喜得其狀。翌日入廟，俯覘穴中，僞神其事，廟祝因而贊之，都不知公審其詐，遂令設酒殽于穴側，而謂曰：「豐潔之祀，覬神必享，吾當扃鑰其户，慮外物所侵，慎無擅開，信宿後躬來省視也。」廟祝不諭其意，及期公至，啓户則杯柈宛然，據棄妻之言鞫之，于是引伏，立笞其背，盡室逐去。後召騎兵千人，執弓矢鷹犬，環

【八】貳卿　「卿」原作「鄉」，據宛委本改。

【九】翠琰　「琰」宛委本作「玉」。

【一〇】廟祝稱云　「稱」原作「前」，據宛委本改。

【一一】聞者　原作「間」，據宛委本改補。

于廟垣，投薪塞穴，秉炬燎之，烟涌四出，羣狐奔走，頃刻擒戮，靡有噍類。密以泥緘其門，禁絶祭事，但春秋旅奠而已。異哉！城狐社鼠，古昔所嗟，未若此飽飫鮮肥，憑恃廟貌，一旦蕩其窟穴，小大無遺，雖滿盈而自招，亦值王公之毒手也。

故滄州節度使米信，本銀下部落，以軍功累官至加節鉞，纖嗇聚斂，爲時所鄙。京師龍和曲築大第，外營田園，内造邸舍，日入月算，何啻千緡！其長子任供奉官，以信之故，不敢自專，但于富室厚利以取錢自用，謂之老倒還錢，兼與契券爲約，其詞以「若父死【一二】，鐘聲才絶，本利齊到」之語，蓋謂信才瞑目而亟還也。於是私募僕夫十餘輩【一三】，飾珍異以袍帶，令伺于宅左右，俟其出門，擁掖而去，鞍馬服玩，備極珍異。其黨則京師摇唇鼓舌獵炙之徒，日有千數，謂其嬉遊，則信陵、孟嘗諸公子；謂其用度，則石崇、王濟。爲鄙人諂佞互攻，聾駭不悟，而復大言「人間之物，靡有難致，錢去便到，其速如神」。至于進會有奉其歡心者，器皿之具盡傾與之，嘗謂：「盡此生逸樂【一四】，惟我而已。」至信之卒時，已用過十餘萬緡，乃約齊交還。及信葬畢，籍其餘財【一五】，比信時十餘五六焉【一六】，外無官槖，内無私帑，闔門百口之給不可缺者，加以恣縱費蕩，更踰于前，以至鬻田園、貨邸店，未周歲而日入之緡亦絶。其弟方四歲，乳母與家人竊議：「若此不改，我輩皆爲餒鬼。」乳母乃抱小兒詣府陳訴，是時真宗在壽邸，尹開封府，聞之赫怒，具以上言舉餘財與所訴之弟。供奉者斥出之，一簪不著身，仍除其班籍，因茲索然無歸，寄

【一二】若父死　「死」原作「危」，據宛委本改。
【一三】十餘輩　「輩」原作「豊」，據宛委本改。
【一四】此生逸樂　「生」原作「身」，據宛委本改。
【一五】籍其餘財　「財」宛委本作「者」。
【一六】十餘五六焉　「餘」宛委本作「去」。

跡旅舍，乃歷自來遊從之處求衣食。人既數四，亦皆厭矣，遂于京師多假代獄卒，摇夜鈴于軍巡，聊充餬口，素不服勞，又以疎怠被逐。京師貨藥者多假弄獅子猢孫爲戲，聚集市人，供奉者形質幺麽，頤頰尖薄，克肖猢孫，復委質于戲場焉。韋繩貫頸，跳躑不已，旁觀爲之掩淚，而彼殊無愧色。噫！公侯之門，一旦如此，有其父必生其子，何足怪耶？

貝州歷亭縣民李忠爲本郡鄉兵首領，家頗儲蓄，雄視門里，多借貸與人，至收穫時，必親往聚斂。有石氏兄弟，事母不孝，最推凶暴，亦嘗舉忠物，每怨忠躬來督責，俟忠及門，二石潛殺其母，曳忠于官，誣其殺也。忠以二石所執旁證明白，甘心伏法，案成棄市，忠家載其柩歸，焚之。未幾，風雨暴作，掣電迅雷，擊死二石，頃刻開霽，踣尸于户外，背上各有朱字，言殺母之由，鄉人始知忠之寃也。時鄰村蘇氏被疾亡，經信宿忽然而興，鄉人喜其再生，競來問訊，遽揮霍將起【一七】，曰：「兹非我家也。我本李忠，昨爲石氏執，稱殺其母，致自誣伏法。陰府主者曰：『爾被枉死，其執爾者今已俱至，于理甚明，爾須卻回。』我訴以本身已焚爇，回且何依？主者召案吏持簿閲之，云：『恰有李忠近鄰蘇公到方兩日，但令托其身以生。』我是以得歸。」蘇家以爲狂言，都不之信，因問蘇氏之事，懵然莫省；李氏之家事，細微畢知。先是，忠少壯而形美，蘇則長髯而麄村【一八】。及召忠妻至，見其朴貌，惡之，忠曰：「爾何得棄我？我真爾夫也！」妻問以生平所有，乃曰：「我有烏色馬，兼有銀數笏，埋于東窗壁下，曾與戲竊采桑刀，置西屋瓦溝中。」驗之皆然，以

【一七】遽揮　「遽」原作「遂」，據宛委本改。

【一八】麄村　「村」宛委本作「朴」。

至話幃箔之密，悉親屬小字，妻方果決爲信。其蘇家不肯，李氏偕詣郡訴，靡能裁剸其始末，聲聞朝廷，亦無奈何，但敕本路均輸爲辨析焉。其人後終歸李氏，時大中祥符八年也。

班行錢允凝，大中祥符末督役于亳州太清宫，惟採宫中鵓鴿充庖膳，多自彈之，靡不應弦而落，朝夕不舍，栖宿咸稀【一九】。或有勉之，則曰：「天生此物供口腹，若而致罪？况人乎！」採捕之心從兹益□，衆皆怒其輕脱，更一日，因彈鐘樓上者，繽紛墜地【二〇】，允凝自往取之，忽躍入殿前花欄，允凝遂踰欄而入，不覺折栢一枝，正穿足心，尖上腕露，流血斗餘，人掖之置于寢室，號呼彌月而卒。識者謂其餘誅焉。

【一九】栖宿咸稀　「咸」宛委本作「或」。

【二〇】墜地　宛委本作「墮地」。

卷中

定陶髣山，按《皇覽・冢墓記》云，本曹國葬地，彷彿似山，故名焉。其上有神祠，不詳建置，境內祈禱，頗彰靈應。太平興國三年，以地爲廣濟軍，其廟備春秋之奠，至五年，秘書丞安德裕出治軍事。下車之明年，自首春不雨，至仲夏多稼將槁，庶民其咨，驕陽日熾，或言髣山神祠，安備禮詣禱，方炷香奠斝，神自幃中冉冉而出，古服峨冠，拱揖而立。安以至誠所感，殊不爲懼，遂訴愆亢之災，答曰：「某堆阜之神，久竊鄉人之薦，愧無酬答，恨力小位卑，不能興致雲雨。雖則龍司厥職，動息由天，然上帝亦知旱暵時久，將施甘澤。今念公靡憚炎爍，俯爲生聚，某當至主者室，密伺雨信，必得先期而報也。」言訖而隱。安詢于左右，皆云適無所見，惟爵小吏覩焉。安既歸，是夕纔寐，夢其神曰：「雨候甚近，只在來早。」安大喜，詰旦，會僚佐而白之，衆以爲誕，未有信者。俄而陰雲四塞，雷電齊至，大澍三日，千里告足，乃賀曰：「此明公之誠感髣山之驗也。」翌日，安具牲牢拜謝。

泰州推官滕宗諒有知人之鑒。向侍中珙，本路下丁操刀者，最無行檢，滕布衣日偏與親狎，不以刲宰待之。向私一婦人，相得頗厚，其婦人患厥夫窺伺，寘堇毒斃之，洎向之來，具道其實云：「兹後無礙矣。」向聞之大怒，捽婦人至市，具疏其事，而逸人義之，而亦不逐。或謂滕曰：「向凶穢若此而與之交，豈不累盛德乎？」滕曰：「似向公者，真奇士也！爾輩碌碌，焉能知之？」才十數年，果奮發遭遇，出建旌鉞，首辟滕公入幕，及保釐西郊隨軒，亦至恩顧隆盛，終始不衰焉。

户部張侍郎雍，滕之壻也。張本河朔人，世作田業，值犬戎入寇，盡室爲虜。既達漁陽，暮留張在寺中，主僧見之喜，令侍左右，將七八年，例得剃度，文字欲下，張思之曰：「若髡首披緇，無由逃矣。」是夕潛遁，與牧馬者偕行，始得達鄉里，井閭桑麻，易之他姓，孑然無依，因游學洛中。滕時退居，見張於門側，召至而奇之，曰：「有前程人也，吾女可以妻之。」歸告夫人，夫人怒曰：「嘗謂此女奇相，當擇佳壻，如何許與丐者？是棄之耳。」滕曰：「非卿所知，況已言約在官【一】，法不可移，違之必貽咎矣。」夫人信而從焉，乃促張定物，張曰：「懷無百錢，何力可致？」滕笑曰：「但酒數升足矣。」依而餉之，答以襲衣束素，延於清淨院，俾勤志焉。來春果明經登科，方克備禮成會。厥後歷踐清顯，周旋三紀，終于貳卿之禄，其子今列閨籍焉。且夫向侍中之居屠肆，張户部之爲囚虜，謂張寒餓可也，而待之以殊禮，妻之以愛女，苟非達識，曷以臻此乎？今世之人以貧富爲賢愚，以炎涼爲去就，聞之得不包羞乎？

呂蒙周任江南幕職，既受代，與室家婢僕輩泛舟西歸，内一僕患疫未得瘥，蒙周以船

【一】況已言約在官　「已言」原作「言已」，據宛委本改。

小人衆【二】，妨于出處，又慮相染，心頗厭之，因濟江擠于中流。僕者久熱被體，忽得水涼，兼素善游泳，雖困憊且甚强，隨波上下，相次至岸。有漁叟愍之，寘於家，身沾席間，聞兩岸喧然，僕者扶力出望，見蒙周之船傾側波間，篙檝莫制，移時沉溺。僕者雪涕嗟嘆，與漁叟具聞官司，俾爲索焉。不數日，盡得蒙周及家人之屍，而僕者疾已間矣。于是悉心致哀，畀置具櫬而焚之【三】，辨析立標掩瘞，乃踰越險阻，白其親屬，靡懷擠江之怨焉。夫趨走事人，誠爲愚賤，蒙周厭其卧疾，致之死地，是不仁也。及兹傾没，僕當鼓舞而幸災，乃不念舊惡，力爲主張，掩瘞而告其族，此事之難能也！則服名教、曳縉紳者，外貌是矣，其中心未必如斯人也。

柳如京開與處士潘閬爲莫逆交【四】，尚氣自任，潘常嗤之。端拱中典州，途出睢陽，潘先卜居在彼，迎謁河涘。時正炎酷，柳云：「可偕往傳舍，就清涼宵話也。」洎到傳舍，止于廳事，中堂扃鐍甚秘，柳怒，將笞驛吏，吏曰：「此非敢靳，舊傳舍者多不自安，向無人居十稔矣。」柳强曰：「吾文章可以驚鬼神，膽氣可以讋夷夏！縱有凶怪，因而屏之。」於是啓門掃除，處中坐。閬潛思曰：「古人尚不敢欺暗室，何紿我之甚？豈有人不畏神乎？」乃謂柳曰：「今夕且歸，製少湯餌，凌晨用藉手爲别。此室虚寂，請公卜宵可也。」柳喏之，閬出，密謂驛吏曰：「柳公我之故人，常輕言自衒，今作戲怖渠，無致訝也。」閬薄暮方來，以黛染身，衣豹文犢鼻，吐牙被髮，執巨箠，由外垣上，正據廳脊，俯視堂前。是夜

【二】船小人衆　「人衆」宛委本作「暑毒」。

【三】櫬　原誤作「襯」，宛委本同，據文意改。

【四】處士　宛委本作「處諸藩」。

月色晴霽，洞鑒毛髮，柳尚不寐，或斂衣循墻而行。閬忽叱之，柳竦然舉目，初不甚懼，再呵之，似覺皇恐，遽云：「某假道赴任，暫憩此館，非意干忤，幸乞恕之！」閬遂疏柳平生幽隱不法之事，揚聲曰：「陰府以汝積戾如此，俾吾持符追攝，便須行也！」柳乃茫然設拜曰：「事誠有之，其如官署未達，家事未了，盛年昭代，忽便捨焉！倘垂恩庇之，誠有厚報。」言訖再拜，繼之以泣。閬徐曰：「汝識吾否？」柳曰：「塵下士不識聖者。」乃曰：「只吾便是潘閬也。」柳知其所爲，不勝慚沮，再三邀閬下屋。閬曰：「公性躁暴，不奈人戲，他日必辱我以惡言矣。」於是潛遁。柳亟歸舟，解纜便去。聞者爲之絶倒。河東剛毅，人皆畏之，一旦爲逍遥所怖，幾乎泣血。古人云：「雖能言之，而不能行之。」此之謂也，況其下者乎！

都官員外郎中師言，至道初在京師，上元夜與朋立端門下，俟車駕以觀。俄頃太宗乘步輦自南來。棘闈中宜僚、都盧、曼延之戲，溢目不可紀。其間一人負巨盎膏焰，其人迎立於駕前，乃揚言曰：「大家看臣藏火之戲。」聖君亦爲屬目，負盎者遂褫去餘服，止披一綈袍，向火盎而掩之，拉綈袍在兩手，團之如無物，移時擲於地，即舉而披之，襟袖間尚氣焰四□，仍灼其鬢眉焉。逡巡豁開綈袍火而披之盎，盎如故而火猛烈之勢愈甚。太宗駭視久之，賜與加等。又説應舉時于天街見弄盞者，其盞百隻，置于左右手，更互擲之，常一半在空，遞相拽擊，聲皆中節，雖觀者如堵【五】，但心目眩轉，莫測其所學焉。夫技藝駭

【五】觀者如堵　「觀」原作「覩」，據宛委本改。

衆，世自有之，不經見者以爲妄談，而《列子》所説「周穆王時，西極之國有化人來，入水火，貫金石，千變萬化，不可窮極」，則藏火之人近之。又宋簡子弄七劍，迭而躍之，五劍常在空，則擲盞者方之，彼何足異乎！

瀛州團練使李廷渥涖邊郡日，虞人獲子母胡孫爲獻，子甚小，繫在馬院，其子跳躍出院，爲鴟所搏，母號呼奮擲，晝夜不絶。一旦囓其繩而逸之，捕之莫得，忽於庖中竊肉置瓦溝上，潛身屋隙間，伺鴟下，矍跳而擒之，遽抉雙目，次除兩翅，乃攜至廐舍，緩剖其腹，磔裂腸胃，陳之於前，哀號數聲，以祭其子，然後寸寸斷之，肉皆析爲縷焉【六】。廐吏驚報廷渥，覩而嘆息，遂令人送入山中。噫！天性之慈由於人也，教被於質則愛，愛生于心，周旋而不失其正者，厥惟上智乎？横目蚩蚩，識有愚下，惑於遠而泥于近【七】，捨其本而存其末，猜嫌於是起，慈愛以絶之，且藥脯之詐、黄臺之詩，見聞而終弗悟者，其心不如禽獸，悲夫！

給事中董儼蓄妓妾二十餘人，飾珠翠，曳紈綺，食粱肉，自比于王公家，而身没未浹旬，爲壽陽豪民王氏納錢三百萬易之，以二犢車載歸。諸妓妾輩悉無戚容，欣然而去，見者無不嘆惋。夫生共其樂，死忘其哀，是董之恩無一日可思，而別姓之室喜于再聚矣！此豈女子之心耶？豈厥嗇貪其直耶？

天禧中有丐者，莫知姓氏，往來闤闠間，每至之處，亦不妄取，衣雖敝陋，形且充澤，祁

【六】析爲縷焉　「析」原作「折」，據宛委本改。

【七】泥於近　「泥」原作「泛」，据宛委本改。

市井徒有張生者，率以爲常【八】。如此十餘年，俛首便過，人或呵叱，未嘗改易，寒暑雨，貨銀爲業，設肆于界中。丐者旬歲間凌晨必至，生怜之，日以五錢贈焉，頗懷感激。忽一日，生見丐者袍帶巾櫛，跨馬引僕而過，生深以爲訝。丐者曰：「某有兄官於交廣，連綿數任，留某京師，以至貧窶，地遠絶信，乃丐於人。兄適方歸，相見甚歡，衣裝僕馬皆兄與也。」生然之。又曰：「自十餘年，感君之恩多矣！思欲報答，今得其時。兄于曹門斜街僦得一宅，暫邀過門，夙令具饌奉俟。」生辭以故，丐者曰：「已約數賓，不可拒矣。」遂留僕導生而來，丐者躍馬先行，生隨僕出曹門，入斜街，委曲深巷，生心疑惑，且曰：「此間豈有宅乎？」僕出門指曰：「更進百步便到也。」及至門，但破簾蔽之，及入見，丐者卻著敝衣如故，出邀生入一堂中，惟破席而已，糞穢堆積，生愈惡之，復謂僕曰：「召諸賓來。」又見數人藍縷更甚，從堂後至，身皆瘡穢，環席而坐，生益不自安。又敕其僕擕一器，貯濁水斗餘，置之而去。旋又取一盤，中有蒸小兒手足具備，炎氣蓬勃，丐者親加擘折，酌水舉肉勸生，生掩口愕懼，只欲逃竄。丐者嘆曰：「此而不食，信是命也！以感恩之厚，方有茲設，他人固不得預食，吾亦無奈！」生惶恐。丐者乃于懷中出藥一帖，與生曰：「酒肉不食，君命也。此藥百粒，聊以爲報。」生急置懷中，奔競而回，開視之，乃真金也，均約其直，與十數年日贈之數恰相酬也。生方悟其神仙，悔恨無地，尋再詣其處，則迷而莫知。

【八】率以爲常　「常」原作「嘗」，据宛委本改。

卷下

婺州郡署舊傳凶怪，後堂尤甚，累年已來，但泥封窗户，雖白晝亦無人敢至。每二千石到者，先詣焚香，然後禮上，率以爲常。景德中，太常博士趙沂出典是郡，素聞其事，下車之明日，命撤去泥封，豁其窗户。將吏輩驚愕，以爲開之必見異物，及啓扉，一無所有，惟糞壤而已。沂曰：「倘使凶怪，詎肯白晝而出？且久扃之室亦宜預防。」遂令掃除，還選勁卒三十人，各持長鎗，分坐堂中，沿及户外，嚴約曰：「惟側聆其間，稍有動處，便起向空交刺焉。」俄頃相繼而墮，佇伺移時，更無飛者，亟白燃燭□□□□□□□□□□□□□□□□席帽餘者似扇，朱目雪爪，尤可怖畏，悉中鋒刃而斃矣。沂令潔置廳事，黎明召僚吏以觀之，無不嘆咤。自兹郡署凶怪亦絶。噫！造化之含育至大，奇形異類世自有之。《神異經》注：蝙蝠三百歲化形爲人飛，誠有之也。

光禄寺丞劉泳少游洛下，嘗謂予言：昔天津橋南有一第，人稱史公公宅，亦傳凶怪，閉而不居將三十年，水竹臺榭，花木亭館靡不備具，每春時，遊人多率其徒，挈酒殽，攜管絃以就賞，實洛下之勝概也。端拱中，有酒徒朱生者使氣凌人，一日少年輩邀置于席，乃曰：「兹宅凶怪，公素知之，我等願獻一醉，可能宵乎？」生曰：「是吾心也。夫人之所畏者死，吾死且無畏，況凶宅乎！」少年以爲然，遂掃除堂前，設一榻而去，生酣寢其上。時方首夏，竹樹陰薄，風聲月色，蕭然滿軒，忽見兩廂閣子内門次第而開，各有小丫鬟攜燈檠而出，置於階際，抽身卻入。未久，有數婦人盛飾，分坐于燈下紉縫焉。生凝睇訝之，俄頃，後堂門一時大啓，牀帷器用倏忽皆至，然後燭引二婦人，艷妝袨服，執毬杖、前驅而出傳語，呼云：「令公至。」見生不覺驚，又言「且住」。中有一人，峨帽戎粧，據胡牀而坐，連叱婦人輩曰：「此必盗也，舁棄他所！」回顧間至榻前，身已在空中，被擲于堂西竹林中，體爲枯枿所傷，流血焉。生憤怒而起，徑至中堂，戟手大詬曰：「爾生前盗名位，佞媚于時。殁後盗人居室，煩擾於世，反以吾爲盗，不自愧乎？」於是舉枕而擊之，正中其肩，驚惶而散，俄失其在。時初五更，少年輩持火炬，突門而入，訝生之無恙，競詢其由。生具以實對，及示爲枯枿所傷，衆方服其膽勇焉。兹宅厥後終無人敢居，淳化四年爲洛水所漂，但存故基耳。

鄧州廉察長城錢公若水，本洛下右族，未第時，婦翁、殿中丞鄭處升守官大名，公往省焉。既入境，道逢故人龐登，登亦有河朔之游，相見甚歡。公先令僮僕驅輜重行，與登居後聯騎，方語笑間，公所乘馬忽雙蹄跲地而斃，公望僮僕已遠，别無乘可代，又艱于徒行，莫能爲計。正相顧嗟呀，俄有一人，衣短裓衣，若王侯家紀綱僕，詢以馬斃之由及所詣，告之，笑曰：「岐程不遠，不足爲慮。」遽探懷中刃，當脅刺之，舉尾再三呵叱，馬振奮如舊，更掖公上馬，仍戒公促行，今日須達大名，公執鞭揖謝，馬行如舊，遂不見此人，惟各駭懼而靡知其怪，但如其言，聳轡而進，至暮到大名，處升才離鞭下，復有弊帷之事，亦異矣。

麟府州在黄河西、古雲中之地，與蕃漢雜居，黄茆土山高下相屬，極目四顧，無十步平坦，廨舍、廟宇覆之以瓦，民居用土，止若棚焉。架險就平，重復不定【一】，上引瓦爲溝，雖大澍亦不浸潤，其梁柱榱題頗甚華麗，在下者方能細窺。城邑之外，穹廬窟室而已。人性頑悍，不循理法，事公惟吏，稍識去就，降茲而下，莫我知也。俗重死輕生，侮法忘義，凡育女稍長，靡有媒妁，暗有期會，家不之問，情之至者，必相挈奔逸于山石掩映之處，並首而卧，繩帶置頭，各悉力緊之，倏忽雙斃。二族方率親屬尋焉，見而不哭，謂男女之樂何足悲悼？用繒綵都包其身，外裹之以氈，椎牛設祭。乃條其革，密加纏束【二】，然後擇峻嶺架木高丈餘，呼爲女棚，遷尸于上，云于飛升天也。二族于其下擊鼓飲酒，數日而散。予大中祥符七年隨侍至彼【三】，聞他人多言，都不之信。是時王師折惟中出巡邊徼，拉余偕往，遂深入不毛，往往見女棚置于嶺上，而新者氈角宛然。異俗如此，且低幃昵愛又如此，嗚呼！州境去京不及二千里，而風俗差殊可駭耳目，則邕州溪洞、戎瀘之蠻蜑【四】，前達名公書其怪，以此思彼，真爲實録【五】。

咸平中，家尊任蘭臺佐著，出宰建之浦城縣。到官周歲，忽有一道士司徒玥具筆札謁婉，焕然可愛。家尊素惡人詭譎，不甚在意。復值有同僚之會，一啜後令兄長延於書室，

【一】重復不定　「重」原作「望」，据宛委本改。

【二】密加纏束　「加」原作「如」，据宛委本改。

【三】予大中祥符七年隨侍至彼　「予」原作「于」，据宛委本改。

【四】蠻蜑　「蜑」原作「涎」，据宛委本改。

【五】真爲實録　「真」原作「其」，據宛委本改。

珝有怏怏之色。及見兄長幼齒，愈失所望，既坐乃曰：「某昨自汀、劍經由貴邑，爲閽吏所報，須至款關。然則奔走塵埃，且非投丐者適，殊不蒙見禮，深增慚怍。」乃索酒獨汎五甌，自引聲高歌，拂袖而舞，遂以手伸其兩耳，頃刻長數寸，交於頦上，放之仍舊，復令左右伸之，俄長尺餘，亦不言止。人懼而捨之，觀者悉異焉。更無語，爲求乳香數塊，置冠中，長揖而去。潛令人隨之，云出西門，雖奔馬莫及也。

舊説馬嵬店媪收得楊妃襪一隻，祕爲奇玩，人欲觀者，但賂百錢得一縱目，故店媪致富。此其好色不好德者也。今咸陽元氏，財雄陝右，家有一古合，其大如缶，外砌之以雜寶，内托之以上金，旁有微缺，製作特妙，傳云開元宫中物，太真貯首飾者也。世事悠遠，莫能詳悉。尹京兆者下車之後，多假以傳玩，留不信宿，返卻持去。雖與馬嵬之襪輕重不侔，而誇人之心，歸乎一揆。夫物之奇者，賞其古則古矣，若謂今之所無，則謬也【六】。

王校理質言：祠部蘇員外耆，名德之裔，好古博雅，有寶裝帶十餘條，云是陳後主所服者；及唐相小許公告身數紙，真希世物也。予侍家尊到回中，回中舊稱巨鎮，民間尚有唐時組繡佛像，廣袤丈餘，奇絶精巧，隣于鬼工，下述贊文，末署「開元」之號，字亦刺出，點畫分明，而年祀深邈，止顔暗故而已。復有西塔院者，主僧世傳一袈裟，予假觀焉，大爲殊絶，方如寢衣渾背，織其面狀山水之類，周回作雲氣，有裹紫色而綾文反覆，無縫與邊相合，四面如之，其貼相亦有開處，纖緻可愛，故非紉縫之所及。旁有織出金字，云「王

【六】則謬也　「謬」委宛本作「謂」。

子年高麗國王奉爲西天三藏國師造」。僧徒寶惜，迄今如新，但知流傳，亦不省所得之由。予因元氏之合舉兹數事，且金寶之玩則無古今，他物易毁而久存者珍之，無損于廉矣。昔陸龜蒙《記錦裙篇》説天后羅裙紼旛皆繡組之妙，信乎古之奇妙有之矣；而出于高麗者，尤足異也。

光禄寺丞卞禹在科場日，不修邊幅，喜酒任達，形貌麄率，膽氣自許，嘗説少年時薄遊曹社，寓于客邸，一日醉歸，夜分酒解寢興，欲拳足偃卧，但覺有物壓之，重不可收。時微有呻吟聲，極以爲訝，引顧僕夫，又各大鼾，壁燈復熒熒，莫測其事，而其聲漸急。禹遂蹶身而起，見一物横加于膝，色黑而難辨，舉手捫之，初不甚懼。及持于燈下細窺，乃是人之一臂也，烏毛茁然覆其上，掌大而指巨，頗異于常，仍呻吟不已。禹汗出大怖，亟擲于地，嗾呼僕夫燃燭遍覓，寂無影響。禹立遷他室，後亦無患，及訪于博識者，莫窮其怪。

段全者，薄有才思，不拘細行，歷幕席，浪跡陜右，務嘲誚取悦于人。雷掾濟陽江丁謂好蹴踘，既貴後亦爲之。全撰《踘詩》二十韻以獻，公奇之，内有「斜搊花脚面，闊大打廉摝」之句，稱爲中的。全即公同年生也。全在長城偶香城院蓋經閣，將上梁，院僧請全作文。全俾城中少年探摭花柳中所缺之事，欲綴于詞以播揚之。時有名妓添蘇者知之，大懼，遂與羣妓議曰：「段推官口吻可畏，倘遭攻擊所短，則我輩掃地矣！」乃醵宴作樂，召全洎諸少年，妓等再拜，祈以掩惡之意。全酒酣，聆其言，甚有得色，顧謂諸少年曰：「昔仲尼《春秋》成而亂臣賊子懼，吾今上梁文作而羣妓哀。如是，吾于仲尼之門無愧色矣！」聞者莫不大噱。

金部田員外居中說：應舉時，在京與豪家子張生同科而俱少年，情頗相得，出處飲食未嘗不同。一日晚攜手閑步，經西車子曲，覩一大宅旁有看窗，居中與生逼其下行，密聆其中贊美聲，洎過百餘步，生卻回，窗中之人尚在，忽擲下金釵一隻，生得之，亦莫測其意。未旋踵間，宅門中有紫衣者趨出，手招生與居中云：「得釵否？此某官第幾子，居班籍，奉使入蜀，久而未回，擲釵子者其婦也，約以某日於崇夏寺某院爲期，先以此致意爾。」居中及生依期而往，果見酒殽承迎，相次子婦從中而出，相與雜坐。時復詣之，居中屢勸生，生怒不聽，居中亦不能苦諫。未幾，某官子歸，備知其事，隱而不問，款曲間謂婦曰：「吾昨度險棧，顛危萬端，願飯百僧，庶保無恙，爾往尼院，與吾償之。」婦喏之而往，某官子潛伺其迹，值邀生不至。未浹旬，又謂婦曰：「後過某處，其願如初，可再往償。」妻不辭而往，張生知之，遽往會焉。某官子於是率健僕、攜利劍入院，不問僧尼少長，皆殺之，厥婦與生一對就刃之【七】，自拘於有司待罪。太宗皇帝聞之，謂執政曰：「茲人間最巨蠹者也，傷風敗教，殺之宜矣。況勲臣之裔，何必致問，遽舍之！」中外之人莫不慶聖君之獨斷，革末俗之汚濫也。居中今老矣，每想其事，亦爲戰慄。

棘丞張亢，八九歲時夢皂衣人遺筆一管，及寤，言與親友間。後因戲于庭樹下，有鳥

【七】就刃之　「之」原作「某」，據宛委本改。案：若作「某」，則屬下句，即「某自拘於有司」。而據下文太宗之言，則所拘者爲「某官子」，非「某」，故從宛委本。

御筆，正落亢前，其大小宛如夢中所得，人皆奇之。及長，果俊敏有文聲，愛酒落魄，不事檢束。天禧三年科場，未嘗以習讀爲意，曾于友人家假得書數册，都不省覽，每醉歸，但用楮頭。南省奏名，來日殿試，猶尚暮回，酒醒初意闌，夜深無寐，因取楮頭書看，乃《尚書》也。燈下披讀，頓忘倦怠，不覺盡其一編。詰旦，御題有《日宣三德論》，亢恍然大悟，乃是夜來詳讀者矣，於是一揮成名，年方二十。

曹州司吏盧平，秉性姦蠹，侮文尤甚，恃兹酷虐，儕伍憚焉，好擿人陰私，多岐致害。至道中，殿中丞蔣非熊悦之，凡有施爲，無不信納，郡人畏之。間日平謂非熊曰：「州界累年薦經荒歉，民室逃散，閑田且多，兼併之家冒恣耕墾，縣胥與里户之輩交結爲弊，掩而不發，當爲申明。」非熊諾其請，於是追攝四縣民吏，連繫者八百餘人，委平推約。平任性拷掠，鞫出其妄官税洎收子價錢十餘萬緡。平喜得實，待悉置于法。會真宗即位，赦恩宥之。平枉法受財，是時非熊已替，郡政又新，平失所倚，復知單坦告訐，懼亦潛匿。新守素知始末，仍怒平巧詆，嚴加搜訪，未幾就擒。先笞而後鞫，平甘從吏訊，情無隱焉。案牘將具，平忽瘍生兩髀，信宿潰爛，呼號苦楚，晝夜不息，一夕爲羣鼠食其雙睛及齒脣舌，手足桎梏，無奈之何，頃刻告斃【八】，人謂慘毒所召。歲餘，告人單坦者因迎官出城，至安院陵店，俄墜馬，奔逸哀祈，衆頗訝之，逐而致詰，則曰：「盧平將刃斫我。」衆皆愕懼，旋踵間死于井中。平與坦相報之後，非熊在闕下愈不自安，朝廷令非熊鞫獄于陶丘，每就食，則

【八】頃刻告斃　「告」原作「苦」，據宛委本改。

見平在前，必先祭方敢下筯。非熊謂曰：「當初之事，職汝之由，及至其死，又是單坦。且互聞報讐，彼此無寃，今卻復來向我，何意？」平曰：「前事雖平造意，實自殿丞方行。陰司辨析甚明【九】，須要殿丞爲證，更月餘方來追攝也。」後非熊鞫勘畢，到曹州果卒，尋火化轊櫝，值雷雨大作，涉旬不止，暴露野外，靡能致焚，時亦謂其報應焉。

【九】辨析甚明　「析」原作「折」，據宛委本改。

黄鑑筆録
宋庠重訂

楊文公談苑

李裕民 整理

點校説明

《楊文公談苑》，爲楊億口述、黄鑒筆録、宋庠整理而成。楊億（九七四——一〇二〇），字大年，建州浦城（今屬福建）人。七歲能文，十一歲時，宋太宗親試詩賦，下筆立成，即授秘書省正字。歷官左正言、知制誥、工部侍郎、翰林學士兼史館修撰、判館事。卒年四十七，《宋史》卷三〇五有傳。

楊億作詩摹仿李商隱，是西昆詩派的領袖，又兼長史學，是《册府元龜》、《太宗實録》的主要編纂人。由於他才高學博、見多識廣，《談苑》雖屬談話記録，卻自有特色，書成不久，即遠傳日本。北宋早期的筆記傳世極少，因此本書的價值，更值得重視。

此書的記録人黄鑒（約九九六——一〇三四），字唐卿，是楊億的同鄉，舉進士後爲國子監直講。楊億以其善文，延置門下。《宋史》卷四四二有傳。

黄鑒所作的記録，名《南陽談藪》。慶曆七年（一〇四七），宋庠（九九六——一〇六六）作了删訂改編，分爲二十一門，易名《楊公談苑》。後世以楊億謚『文』而尊稱爲《楊文公談苑》。庠字公序，天聖二年（一〇二四）狀元，位居宰相，以文學名擅天下，《宋史》卷二八四有傳。

此書卷數，各家著録不同，宋庠序作十二卷，《郡齋讀書志》作八卷，《直齋書録解題》作十五卷。此書《永樂大典》引及，知明初尚存，以後散佚。

此書內容包羅萬象，以時間而論，宋初爲多，其次爲五代十國，又次爲唐代。以地域而論，從京城到邊遠地區，甚至遠及日本、交州、高麗等國。就涉及的領域而論，以人事、詩文居多，旁及科學技術、宗教、藝術、典章制度、手工業、農業、民俗、特産、醫學、軍事等。關於它的價值，略舉一例，即可概見。

本書所記名將楊業的籍貫、生平甚詳，最後一戰前的軍事會議上的爭議，如同身臨其境一般，是研究楊業史事的第一手資料。楊億從未從軍，其說可靠性到底有多大呢？新出土的李若拙墓誌說明，它源自李氏所作《楊繼業傳》，而李是隨同楊業上前線的官員，爲楊業的被誣陷而死鳴不平，因而寫傳行於世，同時抄送史館，楊億正好是史官，《太宗實錄》的主要編寫人，在修史之餘，自然會將細節講述給門生聽。毫無疑問，其真實性比一般道聽途說的筆記高的多。

本書現存有三個節本，但都不理想。宋代有兩種：《類說》（卷五三）本，凡六十四條，但其內容多作刪節，其中不見於他書或相對較全的僅十九條。《紺珠集》（卷十一）本，凡十七條，其內容多刪節，可取者僅三條。明代有《說郛》本，其商務（卷二二）本十二條，宛委（卷十六下）本八條，去其重複，得十三條。其中一條不全，實得十二條。而宋代有數十種書引及，數量達二百多條，內容也較全。如果僅取一種節本爲主，其內容不過占百分之幾，其他百分之九十以上歸入附錄，顯得頭輕腳重，太不合理，因此本書擬重新編爲八卷。具體如下：

卷一收《類說》（卷五三）本，十九條。

卷二，收《紺珠集》（卷十一）本，三條。《説郛》本十二條。

卷三，收北宋至南宋初各書所引《談苑》者。

卷四、五、六、七，收紹興十五年編纂的《宋朝事實類苑》所引《談苑》，以其條數多，故分爲四卷。

卷八，收南宋紹興十六年以後各書所引者。

各書所引有標題者儘量保留，無者保留原狀。各書原標出處爲《談苑》，經考證非本書内容者删去。如《類苑》卷二一《茶利》（四）實出《夢溪筆談》卷一一，《類苑》卷二三《孔中丞》等四條實出《涑水記聞》卷一〇。《類苑》卷五六《喃嘶囉》條，實出《涑水記聞》卷一二。《類苑》卷七四《穆修》條實出《東軒筆録》卷三。《錦繡萬花谷前集》卷四二所引《范仲淹》條實出孔平仲《談苑》。《類苑》卷六九擔夫頂有圓光條，所記爲慶曆年事，遠在楊億去世之後，則予删去。有些未注出處，經考證確爲《談苑》者，則予收入，並在該條末略作説明。如《類苑》卷三七《干越亭詩》以下四條，據《詩話總龜》、《後村詩話後集》；《類苑》卷四三建寺及西域僧條，據《類説》及《永樂大典》，《類苑》卷四五陳洪進條，據《樂善録》、《莆陽比事》，知均出《楊文公談苑》。

目録

談苑序　三三
卷一　三四
卷二　四一
卷三　四七
卷四　五九
卷五　八〇
卷六　一〇四
卷七　一二八
卷八　一四八

談苑序

宋庠

故翰林楊文公大年，在真宗朝掌内外制，有重名，爲天下學者所服。文辭之外，其博物殫見又絶人甚遠【一】。故常時與其遊者【二】，輒獲異聞奇説。門生故人往往削牘藏弆，以爲談助。江夏黄鑒唐卿者，文公之里人，有俊才，爲公奬重，幼在外舍，逮于成立【三】，故唐卿所纂，比諸公爲多。余雖耳剽有年，而求本未獲。前年春，始得其稿於宗人秘書郎敏求。秘書郎，宣獻公之令嗣。宣獻與楊爲中表昆弟，文采風尚，皆一代之宗師。緒立所傳，可謂審而無愧。然按本録，但雜抄旁記，交錯無次序，好事者相與名曰《談藪》。余因爲掇去重複，分爲二十目，勒成一十二卷。昔隋有陽松玠紀南北朝事，已著此號行於世，今襲之，將爲後生所惑，輒改題曰《楊公談苑》。其間有云公言某事云云者，皆黄志也。楊於國史自有傳。唐卿，天聖中預修正史，位太常博士、直集賢院。年未四十卒，搢紳痛悼。余昔與之善，因詳録之。慶曆丁亥孟春，中書後閣宋庠書。

右《談苑》計二十類，曰《聖範》、曰《德量》、曰《風節》、曰《才品》、曰《武幹》、曰《奇逸》、曰《舊聞》、曰《記異》、曰《雜評》、曰《事志》、曰《正誤》、曰《名式》、曰《書藝》、曰《方技》、曰《敘釋》、曰《僭亂》、曰《豪侈》、曰《惡戒》、曰《戲謔》、曰《夷紀》，共十二卷。（《宋元憲集》卷三五）

【一】絶人甚遠　《説郛》商務本作「過人遠甚」。

【二】故常時　「常」，《説郛》商務本作「當」。

【三】逮于　「于」，《説郛》商務本作「乎」。

校勘記

卷一

永昌陵

太祖生洛陽夾馬營，樂其風土，國初營繕宮室，有遷都之志。九年四幸郊祀，而宮殿宿衛多不安處，或見怪異，遂東歸。歎曰：「我生不得居此，死當葬於此。」登闕發鳴鏑，指其所曰：「後當葬此。」永昌陵即其地也。《類説》卷五三

馮道使虜

晉天福中，奏寶策戎衣之號，輔相中當一人爲使，趙瑩、桑維翰、文崧咸懼將命，馮道索紙書云：「道去。」遣人語妻子不復歸家。不數日，北行，虜主以道有重名，留之，賜牛頭牙笏爲殊禮，道作詩曰：「牛頭偏得賜，象笏更容持。」道凡得賜，悉市薪炭，云：「北地苦寒，老年所不堪，當爲之備。」戎人頗感其意，乃遣歸。道三上表乞留，固遣始去，更住月餘。既行，所至留駐，凡兩月，出境即馳歸。左右曰：「得生還，恨無羽翼，公獨宿留，何也？」道曰：「戎人多詐，總急還，以彼筋脚，一夕即追及，亦何可脱？但徐緩，即不能

測矣。」道歸作詩云：「去年今日奉皇華，只爲朝廷不爲家。殿上一杯天子泣，門前雙節國人嗟。龍荒冬往時時雪，兔苑春歸處處花。上下一行如骨肉，幾人身死掩風沙。」道在虜中有詩云：「朝披四襖專藏手，夜蓋三衾怯露頭。」其苦寒如此。《類説》

按：阮閱《詩話總龜》卷一《叢苑》：「晉天福三年與戎和，晉祖曰：『當遣輔相爲使。』趙瑩、桑維翰、同堂皆未言，以戎雖通好而反覆難測，咸懼於將命。馮道與諸公中書食訖，分聽堂吏前白，道言北使事，吏人色變手顫，道索紙一幅書云：『道去』。即遣寫敷屬吏泣下，道遣人語妻子不復歸家，舍都亭驛。不數日即行，晉祖餞，語以家國之故，煩耆德使遠，自酌巵酒飲之。虜以道有重名，欲留之，命與其國相同列，所賜皆等，戎賜臣下以牙笏及臈月賜牛頭，皆爲殊禮，道皆得之，以詩謝云：『牛頭偏得賜，象笏更容持。』戎甚喜，潛諭留之，道曰：『兩朝皆臣，豈有分別。』賜悉市薪炭，云：『北地寒，老年不堪。』及還京師，作詩五章，以述北使之意，其首章云：『去年今日奉皇華，祇爲朝廷不爲家。殿上一盃天子泣，門前雙節國人嗟。龍荒冬往時時雪，兎苑春歸處處花。上下一行如骨肉，幾人身死掩風沙。』虜中大寒賜錦襖、貂襖、羊狐貂衾各一，每入謁，悉服四襖衣，宿館中，併覆三衾，詩曰：『朝披四襖專藏手，夜蓋三衾怕露頭。』」考其引用書目並無《叢苑》之名，《叢苑》當爲《談苑》之誤，以其與《類説》文互有出入，故附于此。

臥榻側他人鼾睡

開寶中，王師圍金陵，李後主遣徐鉉入朝，對於便殿，懇述江南事大之禮甚恭，徒以被病未任朝謁，非敢拒詔。太祖曰：「不須多言，江南有何罪？但天下一家，臥榻之側，豈可許他人鼾睡？」鉉復命。未幾，城陷，隨後主歸期。鉉性質直，見士大夫寒日多被褐，曰：「中朝自五胡猾亂，其風未政，荷氈被毳，實煩有徒。」一日，見其壻亦被毛裘，責曰：「吴郎上流，安得效此？」淑曰：「晨興苦寒，朝中服者甚衆。」鉉曰：「士君子有操者亦未嘗服。」蓋自謂也。《類説》

吴綾汗衫寫詔

唐末，有朱書御劄徵兵方鎮，蓋危難中以此示信。昭宗以吴綾汗衫寫詔，間道與錢鏐，告以國難。《類説》

獺祭魚

舊説李商隱爲文，多檢閱書册，鱗次堆積，時號獺祭魚。《類説》，又見《紺珠集》卷十一、《白孔六帖》卷八六

辜負口眼

諺曰：「不到長安辜負眼，不到兩浙辜負口。」《類説》

太平興國

太宗改元太平興國，識者謂太平字一人六十也，太宗壽六十九，中間歲内改元，亦葉其數。《類説》

靈棋經

《靈棋經》乃黄石公法，南齊江謐嘗以棋占，得金益玉杯之卦。《唐經籍志》五行部有《十三靈棋經》十一卷，蓋所傳舊矣。凡一字再卜，卒不驗。《類説》

臍裂

殿中丞王全嗜酒，忽臍裂有聲，以盎承之，得清酒斗餘而卒。《類説》

按：《類苑》卷四九引《澠水燕談》「酒病」条云：「殿中丞王全，吴人，嗜酒，常沉醉，爲嶺南知州日縱酒，忽一日臍裂有聲，以榼承之，得清酒斗餘，後數日乃卒。」考今本《澠水燕談録》無此文，此與《類説》所記爲一事，「澠水燕談」當爲「談苑」之誤。以其所記較詳，故附於此。

周世宗作詩

周世宗嘗作詩以示學士竇儼，曰：「此可宣佈否？」儼曰：「詩，專門之學。若勵精叩練，有妨幾務；苟切磋未至，又不盡善。」世宗解其意，遂不作詩。《類説》。又見潘自牧《記纂淵海》卷五三。葉夢得《避暑録話》卷上引作「周世宗嘗爲小詩示竇儼，儼言：『今四方僭僞主各能爲之，若求工則廢務，不工則爲所竊。』世宗遂不復作。」

地獄受苦

人或疑釋經所述地獄受苦之期太長，公曰：「律文有流三千里，地甚遠；徒三年，日甚長。造罪之初，止一念頃耳。」《類説》

比試制誥

張去華任拾遺，上言：「今制誥張澹不才，願得比試。」詔令中書引試，澹果不勝，去華遷補闕，澹罷知制誥。去華負時名，雖勝，遂爲清議所鄙，而澹亦當引退，豈宜與新進士爭鋒？其亦失也。《類説》

兩制作詩賦

晉開運中，詔兩制各作詩賦一篇，付禮部爲考試之目。李懌獨曰【四】：「懌識字有數，因人成事，使令衣白袍入貢部，下第必矣，胡能作文章，爲世楷模？」終不肯作【五】。《類説》，又見任淵《山谷外集詩注》卷一〇

築太一宫

太平興國中，方士楚芝蘭上言：「按《太一經》，五福太一爲天九貴神，凡行五宫，四十五年一徙，今當入吴分，五福所至，民獲其佑，宜築宫於蘇州。」太宗從之。宫成，芝蘭又言：「祠太一於吴，但福及吴民，可徙築京城南三十里蘇村。」遂改築新宫，凡十殿，曰君棊太一、臣棊太一、民棊太一、九氣太一、大游太一、小游太一、十神太一、天太一、地太一，并五福爲十八。《類説》

毁銅佛鑄錢

周世宗毁銅佛像鑄錢，曰【六】：「佛教以爲頭目髓腦有利於衆生，尚無所惜，寧復以銅像爲愛乎？」鎮州大悲銅像甚有靈應，擊毁之際，以斧鑁自胸鏡破之。彼世宗北

【四】李懌獨　《山谷外集詩注》卷一〇作「獨學士李懌不肯」。

【五】終不肯作　《山谷外集詩注》作「時論美之。」

【六】曰　《林間録》卷上「曰」前有「謂宰相」三字。

征【七】，病疽發胸間，咸謂報應。《類説》。又見《長編》卷八乾德五年秋七月丙申注引楊億《談苑》

謁金門詞

江南成幼文爲大理卿，好爲歌詞，嘗作《謁金門》曲，有「風乍起，吹皺一池春水」之句，後因奏牘稽滯，中主曰：「卿試與行一池春水，又何缺於卿哉！」《類説》

【七】彼世宗　「彼」，《林間録》作「後」，其前尚有「太祖親見其事」。

校勘記

【一】尤難　《類說》卷五三作「爲難」。

卷二

三多

學者當取三多：看讀多，持論多，著述多。三多之中持論尤難【一】，爲文須辭理相稱，不然同乎按檢，不足取也。朱勝非《紺珠集》卷一一。又見《類說》卷五三、《錦繡萬花谷前集》卷二〇、《韻府群玉》卷五

眠兒歌

内翰所作文字，名目至廣，唐學士撰《宫中眠兒歌》，即是今之剃胎頭文也。《紺珠集》卷二

黑牡丹

劉訓，京師富人。梁氏開國，嘗假貸以給軍。京師春遊，以觀牡丹爲貴，而劉氏邀客賞花，乃繫水牛數百頭在前，曰：「此劉家黑牡丹也。」時牛極貴，一頭牛不下一百千也。

《紺珠集》卷一一

王彦超

太祖微時，嘗遊鳳翔，王彦超遺十千遣之。後即位，悉徵藩侯入覲，宴苑中，縱酒爲樂。諸帥競論疇昔功勳，惟彦超獨言：「久忝藩寄，無功能可紀，願納符節，入備宿衛。」上喜曰：「前朝異世事安足論？彦超之言是也。」後從容語彦超曰：「卿當日不留我，何也？」對曰：「蹄涔之水，安可容神龍【二】？萬一留止，又豈有今日之事？帝王受命，非細事也。」上益喜，曰：「當復遣卿還鎮，一政以爲報【三】。」餘諸帥悉歸班。《説郛》商務本卷二一，又見宛委本卷一六

太宗作弈棋三勢

太宗作弈棋三勢【四】，使内侍裴愈持以示館閣學士，莫能曉者。其一曰獨飛天鵝勢，其二曰對面千裏勢，其三曰大海取明珠勢，皆上所制。上親指授【五】，諸學士始能曉之，皆歎伏神妙。前後待詔等衆對弈【六】，多能覆局，爲圖藏於秘閣【七】。《説郛》商務本卷二一，又見《類苑》卷二、《類説》

【二】容神龍　「容」，《説郛》宛委本、《類苑》卷二作「延安」。

【三】政以爲報　「政」，《説郛》宛委本、《類苑》卷二作「意」。

【四】太宗　《類苑》卷二作「上」。

【五】上親指授　「授」，《類苑》下有「喻令语」三字。

【六】待詔等衆　《類苑》作「召待詔等」。

【七】圖藏　「藏」，原無，據《類苑》補。

徐鉉改棋圖之法

古棋圖之法，以平上去入分四隅爲記，文雜難辨【八】。徐鉉改爲十九字：一天、二地、三才、四時、五行、六官、七門、八方、九州、十日、十一冬、十二月、十三閏、十四雉、十五望、十六相、十七笙、十八松、十九客。以此易故圖之法【九】，甚爲簡便。《説郛》商務本卷二一，又見《類苑》卷二、《類説》

禁教坊以夫子爲戲

至道二年重陽，皇太子、諸王宴瓊林苑，教坊以夫子爲戲者，賓客李至言於東朝【一〇】，曰：「唐大和中，樂府以此爲戲，文宗遽令止之，笞伶人，以懲其無禮【一一】。魯哀公以儒爲戲尚不可，況敢及先聖乎？」東朝驚歎，言於上而禁止之，此戲遂絶。《説郛》商務本卷二一，又見《類苑》卷一七、陳元靚《歲時廣記》卷三五

陶穀草祭文

陶穀【一二】，開運中爲詞臣，時北戎來侵晉，楊光遠以青州叛，大將爲節帥卒【一三】。少帝命草文以祭之，穀立具草以奏，曰：「漠北有不賓之寇【一四】，山東起伐叛之師【一五】。

【八】難辨　「難」，原無，據《類苑》卷二、《類説》補。

【九】以此易故　「故」，《類苑》作「古」。

【一〇】東朝　「東」，原無，據《類苑》卷一七、《歲時廣記》卷三五補。

【一一】以懲其無禮　「其無」，《歲時廣記》卷三五作「失」。

【一二】陶穀　原誤作「祭穀」，據《類苑》卷四六、《餘師録》卷四改。

【一三】大將爲節帥　《類苑》、《餘師録》作「而大將馬節」。

【一四】漠北　「漠」，原誤作「漢」，據《類苑》改。

【一五】山東起　「起」，《類苑》作「屯」。

雲陣未收，將星先落。」少帝甚激賞。《説郛》商務本卷二一，又見《類苑》卷四〇、王正德《餘師録》卷四

錢若水草祝辭

錢若水爲學士，一日，太宗自作祝辭，久而不成，令左右持詣翰院中，命即草之。若水對使者撰成，其首句云【一六】：「上帝之休，雖眇躬是荷；下民之命，乃明神所司。」上喜曰：「朕閣筆思之久矣，不能措辭。」尤激賞其才美。《説郛》商務本卷二一，又見宛委本、《類苑》卷四〇

勑字

《千字文》題云：「勑員外散騎侍郎周興嗣次韻。」勑字乃梁字傳寫誤爾，當時帝王命令尚未稱勑。至唐顯慶中始云：「不經鳳閣鸞臺，不得稱勑。」勑之名始定於此。《説郛》商務本卷二一，又見宛委本、趙明誠《金石録》卷二二

砌臺

砌臺即今之擦臺也【一七】。王侯家多作砌臺，以爲林觀之景【一八】。唐張仲素詩云：「寫望臨香閣，登高下砌臺。林間見青使【一九】，意上直錢來【二〇】。」即知唐來有之。太祖

【一六】其首句云　「其」，原無，據《説郛》宛委本、《類苑》卷四〇補。

【一七】擦臺　《事物紀原》卷八作「擦擦臺」，《詩話總龜前集》卷一五作「拔擦臺」。

【一八】林觀之景　「景」，《事物紀原》作「戲」。

【一九】見青使　《詩話總龜》、《唐詩紀事》作「踏青去」。

【二〇】意上直錢來　《説郛》宛委本作「意上賜錢來」，《詩話總龜》、《唐詩紀事》卷四二作「席上意錢來」，《全唐诗》作「席上寄牋來」。

朝大王都尉家，其子曰承裕，幼時其父戲補砌臺使。《説郛》商務本卷二一，又見宛委本、《詩話總龜前集》卷一五、《事物紀原》卷八

銅牌記

梁沙門寶志銅牌記，多讖未來事【二一】，云：「有一真人在冀川，開口張弓在左邊【二二】，子子孫孫萬萬年。」江南中主名其子曰弘冀，吴越錢鏐諸子皆連弘字，期以應之，而宣祖諱正當之也。《説郛》商務本卷二一，又見宛委本、《類苑》卷四七、惠洪《林間録》卷上

麻胡

馮暉爲靈武節度使，其威名羌戎畏服【二三】，號「麻胡」，以其面有黥文也【二四】。《説郛》商務本卷二一，又見宛委本

學士草文

學士之職，所草文辭，名目浸廣。拜免公王將相妃主曰制，賜恩宥曰赦書、曰德音【二五】，處分公事曰敕，榜文號令曰御劄，賜五品以上曰詔，六品以下曰敕書，批羣臣表奏曰批答。賜外國曰蕃書，道醮曰青詞，釋門曰齋文，教坊宴會曰白語，土木興建曰上梁

【二一】多讖　「讖」，原誤作「識」，據《林間録》卷上、《類苑》卷四七改。

【二二】在左邊　原作「左右邊」，《林間録》、《類苑》作「在左邊」。考「弘」字「弓」正在左，故改。

【二三】其威名　「其」，《説郛》宛委本作「有」。

【二四】黥文　宛委本作「黶子」。

【二五】曰德音　原無，據《説郛》宛委本、《類苑》卷二九補。

文，宣勞錫賜曰口宣。此外更有祝文、祭文、諸王布政榜、號薄、隊名、贊佛文、疏語，復有別受詔旨作銘、碑、墓誌、樂章、奏議之屬。此外文表【二六】、歌頌、應制之作。舊説：唐朝宮中，常於學士取眠兒歌，僞蜀學士作桃符，孟昶學士辛寅遜題桃符云【二七】：「新年納餘慶，佳節號長春」是也。《説郛》商務本卷二一，又見宛委本，《類苑》卷二九

白氏六帖

人言白居易作《六帖》，以陶家缾數千【二八】，各題門目作七層架，列置齋中，命諸生採集其事類投缾，倒取之【二九】，抄録成書，故其所記時代多無次序。《説郛》宛委本，又見《類説》本，祝穆《古今事文類聚別集》卷二一、《記纂淵海》卷七五

【二六】文表　宛委本、《類苑》作「章表」。

【二七】辛寅遜　「辛」，原作「幸」，據宛委本、《類苑》改。

【二八】數千　「千」，《古今事文類聚別集》卷二作「十」。

【二九】倒取之　宛委本作「中倒取」。

校勘記

卷三

公言：雍熙初，日本僧奝然來朝，獻其國《職員令》、《年代記》。奝然依録自云：姓藤原氏，爲真連，國五品官也。奝然善筆劄而不通華言，有所問，書以對之。國有《五經》及釋氏經教，並得於中國。有《白居易集》七十卷。地管州六十八，土曠而人少，率長壽，多百餘歲，國王一姓，相傳六十四世。文武僚吏皆世官。

予在史局閲所降禁書，有《日本年代記》一卷及奝然表啟一卷，因得修其國史，傳其詳。奝然後歸國，附商人船奉所貢方物爲謝。案日本，倭之别種也，以國在日邊，故以日本爲名。或言惡倭之名不雅，改之。蓋通中國文字，故唐長安中遣其大臣真人來貢，皆讀經史，善屬文，後亦累有使至，多求文籍釋典以歸。開元中，有朝衡者，隸太學，應舉，仕至補闕，求歸國，授檢校秘書監，放還。王維及當時名輩皆有詩序送别，後不果去，歷官至右常侍、安南都督。

吴越錢氏多因海舶通信，《天臺智者教》五百餘卷有録而多闕，賈人言日本有之，錢俶置書於其國王，奉黄金五百兩，求寫其本，盡得之，訖今天臺教大布江左。日本僧成尋《參天台五臺山記》卷五景德三年，予知銀臺通進司，有日本僧入貢，遂召問之。僧不通華言，善書劄，命以牘對，云：「住天臺山延曆寺，寺僧三千人，身名寂服，號圓通大師。國王年二十五，大臣十六七人，郡寮百許人。每歲春秋二時集貢士，所試或賦或詩，及第者常三四十人。國中專奉神道，多祠廟，伊州有大神，或託三五歲童子降言禍福事。山州有賀茂明神，亦然。書有《史記》、《漢書》、《文選》、《五經》、《論語》、《孝經》、《爾雅》、《醉鄉日月》、《御覽》、《玉篇》、《蔣魴歌》、《老》、《列子》、《神仙傳》、《朝野僉載》、《白集六帖》、《初學記》。本國有《國史》、《秘府略》、《交觀詞林》、《混元録》等書。釋氏論及疏鈔傳集之類多有，不可悉數。」寂照領徒七人，皆不通華言。國中多有王右軍書，寂照頗得其筆法。上召見，賜紫衣束帛，其徒皆賜以紫衣，復館於上寺。寂照願遊天臺山，詔令縣道續食。三司使丁謂見寂照，甚悦之。謂，姑蘇人，爲言其山水可見，寂照心愛，因留止吴門寺，其徒不願住者，遣數人歸本國，以黑金水瓶寄謂，並詩曰：「提攜三五載，日用不曾離。曉井斟殘月，春爐釋夜漸。鄱銀難免侈，萊石自成虧。此器堅還實，寄君應可知。」謂分月俸給之，寂照漸通此方言，持戒律精至，通内外學，三吴道俗以歸向。寂照東遊，予遺以印本《圓覺經》並詩送之。後寄書舉予詩中兩句云：「身隨客槎遠，心學海鷗親。」不可忘也，《圓覺》固目不暫舍云。後南海商人船自其國還，得國王弟與寂照書，稱野人若愚，書末云：「嗟乎！絶域殊方，雲濤萬里。昔日芝蘭之志，如今胡越之身。非歸雲不報心懷，非便風不傳音問，人生之限，何以過之？」云云，後題寬弘四年九月。

又左大臣藤原道長書，略云：「商客至，通書，誰謂宋遠？用慰馳結。先巡禮天台，更攀五臺之遊。既果本願，甚悦。懷土之心，如何再會？胡馬獨向北風，上人莫忘東日。」後題寬弘五年七月。

又治部卿源從英書，略云：「所諳《唐曆》以後史籍，及他内外經書，未來本國者，因寄便風爲望。商人重利，唯載輕貨而來。上國之風絶而無聞，學者之恨在此一事。」末云：「分手之後，相見無期，生爲異鄉之身，死會一佛之土。」書中報寂照俗家及墳墓事甚詳悉。後題寬弘五年九月。

凡三書，皆二王之跡，而野人若愚章草特妙，中土能書者亦鮮及。紙墨尤精。左大臣乃國之上相，治部九卿之列。《參天台五臺山記》卷五

金雞肆赦

杜鎬言金雞肆赦，不知起於何代。《關東風俗傳》曰：「宋孝王問司馬膺之後魏北齊赦日立金雞事，膺之曰：『按《海中星占》云：天雞星動爲有赦，蓋王者以天雞爲度。』」《隋書・刑法志》：「北齊赦日，令武庫設金雞及鼓於閶闔門右，撾鼓千聲。」宣赦建金雞，或云起於西涼呂光，未知孰是。究其旨，蓋西方主兑，兑爲澤。雞者巽神，巽主號令，故合

二物，置其形，楬於長竿，使衆覩之。高承《事物紀原》卷三引《楊文公談苑》，又見《紺珠集》、《類苑》卷五八、《漁隱叢話後集》卷一四、《錦繡萬花谷前集》卷八

左右侍禁

本朝太宗雍熙四年，增置左右侍禁。《事物紀原》卷六引《談苑》

三班奉職

宋朝建國之初，承舊制，有殿前承旨。雍熙四年，改爲三班奉職。《事物紀原》卷六引《談苑》

三班借職

舊制有借職承旨，太宗雍熙中，改曰三班借職。自供奉至借職，其員無數，亦漢三郎署比也。《事物紀原》卷六引《談苑》

通判

通判，太宗始置，即古監郡也。《事物紀原》卷六引《楊文公談苑》

禁節帥販易

五代以來，節帥牧專多遣親吏往諸道往來販易，所過不收算，率以致富，養馬至千匹，僕廝至一千餘人。國初，大功臣十數人猶襲舊風，太祖患之，未革其弊。太平興國初，遂下詔禁之，俟伯但給其俸及鹽酒商税課利分數錢，後又罷之，定歲給公用自三萬貫及千貫，自此藩鎮量入爲用，無復向之豪侈。

太平興國初，右拾遺李幹上言：諸道藩鎮所管支郡，多遣親吏掌其市征，留滯商賈不便。詔邠、寧、涇、原、渭、鄜、坊、延、丹、陜、虢、襄、均、房、復、鄧、唐、澶、濮、宋、亳、鄆、濟、曹、單、青、淄、兗、沂、貝、冀、滑、衛、鎮、深、趙、定、祁等支郡，並直屬京師，不隸節鎮。孫逢吉《職官分紀》卷三九引《談苑》，又見《類苑》卷二一

菩薩石

嘉州峨眉山有菩薩石，人多采得之。色瑩白，若太山狼牙石、上饒州水晶之類。日光射之，有五色，如佛頂圓光。唐慎微《證類本草》卷三引《楊文公談苑》

蛙變爲鶉

至道二年夏秋間，京師鬻鶉者，積於市門，皆以大車載而入，鶉才直二文。是時雨水絶，無蛙聲，人有得於水次者，半爲鶉，半爲蛙。《列子・天瑞篇》曰：「蛙變爲鶉。」張湛注云：「事見《墨子》。」斯不謬矣。又田鼠亦爲鶉，蓋物之變，非一揆也。《證類本草》卷一九引《楊文公談苑》

芋蘿蔔

江東居民，歲課種藝，初年種芋三十畝，計省米三十斛。次年種蘿蔔二十畝，計益米三十斛，可知蘿蔔消食也。《爾雅》：「葖，蘆葩。」郭璞注：「葩爲菔，蘆菔蕪菁屬，紫花大根，俗呼雹葖。」更始敗，掖庭中宫女數百人幽閉殿門内，掘庭中蘆菔根食之，今蘿蔔是也。《證類本草》卷二七引《楊文公談苑》

倚卓

咸平、景德中，主家造檀香倚卓一副。黄朝英《靖康緗素雜記》卷三引《楊文公談苑》

王感化善詩

伶人王感化，少聰敏，未嘗執卷，而多識故實，口諧捷急，滑稽無窮。會中主引李建勳、嚴續二相遊苑中，適見系牛於株枿上，令感化賦詩，應聲曰：「曾遭寧戚鞭敲角，幾被田單火燎身。獨向殘陽嚼枯草，近來問喘更何人。」因以譏二相也。又中主徙豫章，潯陽遇大風，中主不悦，命酒獨酌。指北岸山問舟人，云皖公山，愈不懌。感化獨前獻詩曰：「龍舟萬里架長風，漢武潯陽事正同。珍重皖公山色好，影斜不落壽杯中。」中主大悦，賜束帛。《靖康緗素雜記》卷七引《楊文公談苑》

宋捷

太平興國四年，北戎寇邊，車駕幸大名府。方渡河，有人持手版邀乘輿，前騶斥之，號呼通旁，自言獻封事。太宗令接取視之，乃臨河主簿宋捷，上甚喜，即以爲將作監丞。《靖康緗素雜記》卷九引《楊文公談苑》

重戴

重戴者，大裁帽也。本野夫岩叟之服，以皂爲之。後魏孝文帝自雲中遷代，以賜百寮。五代以來，惟御史服之。淳化初，宰相、學士、御史臺，比省官、尚書兩省五品以上，皆令服之。汪應辰《石林燕语辨》卷三引《楊文公談苑》，又見《類説》、《事物紀原》卷三、《類苑》卷二五

楊玢

楊玢，靖夫虞卿之曾孫也。仕僞蜀王建，至顯官，隨王衍歸後唐，以老，得工部尚書，致仕，歸長安。舊居多爲鄰里侵佔，子弟欲詣府訴其事，以狀白玢，玢批紙尾云：「四鄰侵我我從伊，畢竟須思未有時。試上含元殿基望，秋風禾黍正離離【一】。」子弟不復敢言。《詩話總龜》卷一引《談苑》，又見《類苑》卷三六、張鎡《仕學規範》卷八

王彦威粗官詩

長安舊以不歷臺參省使出鎮廉車節鎮者爲粗官，大率重内而輕外，今東都乾元門舊宣武軍鼓角門，節度王彦威有詩刻其上云：「天兵十萬勇如貔，正是酬恩報國時。汴水波濤喧鼓角，隋堤楊柳拂旌旗。前驅紅旆關西將，坐間青娥趙國姬。寄語長安舊冠蓋，粗官到底是男兒。」彦威自太常博士出辟使府，至茲鎮，故有是句，至今不知所在。薛能亦有《謝寄茶》詩，云：「粗官寄與真抛擲，賴有詩情合得嘗。」《詩話總龜》卷三引《談苑》

【一】秋風禾黍正離離　「禾黍」，《類苑》卷三六、《厚德录》卷二作「秋草」。

盧延讓詩淺近自成一體

盧延讓詩淺近，人多笑之，惟吴融獨重其作，盛稱於時，且云：「此公不尋常，後必垂名。」延讓詩至今傳之，亦有絶好者。《宿東林》云：「兩三條霓欲爲雨，七八個星猶在天。」《旅舍言懷》云：「名紙毛生五門下，家僮骨立六街中。」《贈玄上人》云：「高僧解語牙無水，老鶴能飛骨有風。」《蜀路》云：「雲間聞驛騾馱去，雪裏殘骸虎拽來。」《懷江上》云：「餓貓臨鼠穴，饞犬舐魚砧。」《八月十六夜》云：「只訛些子緣，應耗没多光。」《寄人》云：「吟成一個字，撚斷數莖髭。」又云：「樹上諮諏批頰鳥，窗間壁駁叩頭蟲。」餘在翰林嘗召對，上舉延讓詩云：「臂鷹健卒一氈帽，騎馬佳人卷畫衫。」雖淺近，亦自成一體。《詩話總龜》卷八引《談苑》

杜牧詩

牧之《寄人》云：「世味嫌爲枳，時光怨落冥。」《閒居》云：「歌懷飯牛起，書憤抱麟成。」《蟬》云：「二子自不食，三閭何獨清。」《登樓》云：「遠水淨林色，微雲生夕陽。」《塵》云：「已傷花榻滿，休妬畫屏飛。」《詩話總龜》卷一二引《談苑》

劉經野韭詩

劉經爲虞政事舍人，來奉使，路中有野韭可食，味絶佳，作詩云：「野韭長猶嫩，沙泉淺更清。」《詩話總龜》卷一七引《談苑》

題翠微詩

翠微寺在驪山絶頂，舊驪宫也【二】。唐太宗避暑於此，后寺亦廢，有遊人題云【三】：翠微寺本翠微宫，樓閣亭臺幾十重。天子不來僧又去，樵夫時倒一株松。《詩話總龜》卷二四引《談苑》

鍾謨

鍾謨，建安人。爲李璟奏表稱臣於周，孫晟遇害，獨赦謨爲輝州司馬，有詩與州將云：翩翩歸盡塞垣鴻，隐隐惟聞蟄户蟲。渭北離愁春色裏，江南家事戰塵中。還同逐客紉蘭佩，誰聽縲囚奏土風。多謝賢侯振吾道，免令搔首泣途窮。後畫江爲界，世宗召謨爲衛尉卿，放還，因作詩獻，其畧云：三年耀武羣雄伏，一日回鑾萬國春。南北通歡永無事，謝恩歸去老陪臣。世宗覽而悦之。《詩話總龜》卷二四引《談苑》

【二】驪宫　《類説》卷五三作「離宫」。
【三】題云　「題」，《類説》下有「詩」字。

畬田

江南人多畬田，先熂爐。熂音餼，縱火燎草也；爐，火燒山界也。俟經雨乃下種，歷三歲，土脈竭，不可復種藝，但生草木，復熂傍山。宋西陽王子尚所部鄞縣有嘐田，音嘐留，畬田也。子尚言：「山湖之俗，熂山封水澤，山須熂爐後種。」劉禹錫謫連州，作《畬田詩》云：「團團縵山腹，鑽龜得雨卦，上山燒臥木。」又云：「下種暖灰中，乘陽拆牙蘖。蒼蒼一雨後，苕穎如雲發。」白樂天《子規歌》云：「畬田有粟何不啄？石楠有枝何不棲？」畬，音羊諸反。《爾雅》云：「一歲曰菑，二歲曰新，三歲曰畬。《易》曰不菑畬。」皆同音，凡三歲而不可復種，蓋取畬之義也。《詩話總龜》卷二九引《談苑》，又見《紺珠集》

江東士人深於學問

淮南張佖知舉進士，試「天雞弄和風」，佖但以《文選》中詩句爲題，未嘗詳究也。有進士白試官云：「《爾雅》：螒，天雞、鶾，天雞，天雞有二，未知孰是？」佖大驚不能對，亟取《爾雅》，檢《釋蟲》有「螒，天雞，小蟲，黑身赤頭，一名莎雞，一名樗雞。」《釋鳥》有「鶾，天雞，赤羽，《逸周書》曰：文鶾若彩雞，成王時蜀人獻之」。江東士人深於學問有如此者。《詩話總龜》卷三一引《談苑》

滅蜀之兆

僞蜀每歲除日，諸宫門各給桃符，書「元亨利貞」四字，時昶子善書劄，取本宫策勳府書云：「天垂餘慶，地接長春。」乾德中伐蜀，明年，蜀除，二月，以兵部侍郎吕餘慶知軍府事，以策勳府爲治所，太祖聖節號長春，此天垂地接之兆也。《詩話總龜》卷三三

樂人王感化善詩

江南李氏樂人王感化，建州人，隸光山樂籍，建州平，入金陵教坊。少聰敏，未曾執卷而多識，善爲詞，口諧捷急，滑稽無窮，時本鄉節帥更代餞别，感化前獻詩曰：「旌旆赴天臺，溪山曉色開。萬家悲更喜，迎佛送如來。」至金陵宴，苑中有白野鵲，李景令賦詩，應聲曰：「碧岩深洞恣遊遨，天與蘆花作羽毛。要識此來棲宿處，上林瓊樹一枝高。」又題怪石九八句，皆用故事，但記其一聯云：「草中誤認將軍虎，山上曾爲道士羊。」《詩話總龜》卷四八引《談苑》

卷四

太祖皇帝

王全斌伐蜀之歲，是時大寒，太祖著帽絮被裘，御講武殿氈帳曰：「此中寒尚不能禦，況伐蜀將士乎？」即脱所服裘帽，遣使持賜全斌【一】。其伐江南也，曹彬、李漢瓊、田欽祚入辭，以匣劍授彬曰：「副將而下，不用命，斬之。」漢瓊等皆股栗畏懾，此所以見御將之恩威，皆出於一。《宋朝事實類苑》卷一引《楊文公談苑》

太祖服用儉素，退朝常衣絁袴麻鞵，寢殿用懸青布緣簾，殿中設青布縵。《類苑》卷一第三頁引《楊文公談苑》

長主衣貼綉鋪翠

魏咸信言：故魏國長公主在太祖朝，嘗以貼繡鋪翠襦入宮中，太祖見之，謂主曰：「汝當以此與我，自今勿復爲此飾。」主笑曰：「此所用翠羽幾何？」太祖曰：「不然，主家服此，宮闈戚里皆相效，京城翠羽價高，小民逐利，展轉販易，傷生寖廣，實汝之由。汝生

校勘記

【一】遣使 「使」，《類苑》庫本作「將」。

長富貴，當念惜福，豈可造此惡業之端？」主慚謝。主因侍坐，與孝章皇后同言曰：「官家作天子日久，豈不能用黄金裝肩舁，乘以出入？」太祖笑曰：「我以四海之富，宫殿悉以金銀爲飾，力亦可辦，但念我爲天下守財耳，豈可妄用？古稱以一人治天下，不以天下奉一人。苟以自奉養爲意，使天下之人何仰哉？當勿復言。」《類苑》卷一引《楊文公談苑》，又見《類説》卷五三

太祖平蜀，得孟昶七寶裝溺器，擲之於地，令杵碎之，曰：「汝以何器貯食？似此，不亡何待？」《類苑》卷一引《楊文公談苑》

宋白言：開寶九年，雩祀西洛，陰雨踰月，齋宿之旦，尚未霽，太祖遣中使禱無畏三藏塔，與之誓言，儻不止，即毀其浮圖【二】。又俾近臣齎三木與嶽神宿【三】，齋日雨不止，當施桎梏於汝。至太極殿宿齋【四】，辰巳間雨霽，洛陽令督役夫輩除道上泥，布乾土。及郊祀還，御明德門賜赦，觀衛士歸營，車駕還宫，雨復作。無畏，胡僧，唐開元中至長安，玄宗甚禮重之，每祈雨輒應，事具李德裕《次柳氏舊聞》及李華碑。《類苑》卷一引《楊文公談苑》

江南遺後主銀五萬兩

開寶中，趙普猶秉政，江南後主以銀五萬兩遺普，普白太祖，太祖曰：「此不可不受，但以書答謝，少賂其來使可也。」普叩頭辭讓，上曰：「大國之體，不可自爲寖弱，當使之

【二】儻不止即　「止即」，《類苑》庫本作「即止」。
【三】三木　《類苑》庫本作「詔」。
【四】宿齋　《類苑》庫本作「齋宿」。

勿測。」既而後主遣其弟從善入貢，常賜外，密賚白金如遺普之數，江南君臣始震駭，服上之偉度。《類苑》卷一引《楊文公談苑》，又見《類説》卷五三、朱熹《五朝名臣言行録》卷一之一

周廣者，開寶中爲内外馬步軍都頭，親近【五】，好言外事。一日白太祖曰：「朝廷遣使吳越，錢俶南面坐，傍設使者位。俶雖貴極人臣，況尊無二上【六】，而奉命者不能正其名，此大辱國。」太祖曰：「汝頗能折之否？」廣曰：「臣請行。」俶生辰，即遣廣爲使【七】，俶猶襲故態，廣曰：「比肩事主，不敢就席。」俶遂移牀西向，正賓主之禮。復命，廣氣甚驕，將希寵賞。太祖曰：「汝蓋倚朝廷威勢，不然者，俶何有於汝哉？」廣大慚，其御下之英略如此。《類苑》卷一引《楊文公談苑》，又見《長編》卷一五開寶七年二月庚辰朔条

劉鋹性絶巧，自結真珠鞍勒爲戲龍之狀，獻太祖，太祖以示尚方工，皆駭伏，償以錢三百索。上謂左右曰：「移此心以勤民政，不亦善乎？」鋹在國中，多置酖以毒臣下。太祖幸講武池，從官未集，鋹先至，詔賜巵酒，鋹心疑之，棒杯泣曰：「臣承父祖基業【八】，違拒朝廷，煩王師致討，罪在不赦。陛下既待臣以不死，願爲大樑布衣，觀太平之盛，未敢飲此酒。」太祖笑謂之曰：「朕推赤心於人腹中，安有此事？」即取鋹酒自飲，别酌以賜鋹，鋹慚謝。《類苑》卷一引《楊文公談苑》

【五】親近　《類苑》庫本作「嘗」。

【六】況尊　《類苑》庫本作「民」。

【七】俶生辰即　《類苑》庫本作「上即日」。

【八】臣承父祖　「父祖」，《長編》卷一二、羅從彦《遵堯録》作「祖父」。

令死即死

太祖善御豪傑，得人之死力。居常多幸講武池，臨流觀習水戰，因謂左右曰：「人皆言忘身爲國，然死者人之所離，言之易耳。」時禁衛將帥軍廂主皆侍側，有天武廂主李進卿前對曰：「如臣者，令死即死耳。」遂躍入池中，上急令水工數十人救之，得免，幾於委頓。左右内侍數十人，皆善武藝，伉健，人敵數夫，騎上下山如飛，其慰撫養育，無所不至，然未嘗假其威權。泗州檻生虎來獻，上令以全羊臂與之，虎得全肉，決裂而食，氣甚猛悍，欲觀之也。俄口呿不合，視之，有骨横鯁喉中，上目左右，内侍李承訓即引手探取，無所傷【九】。嘗因御五鳳樓，有風禽罥東南角樓鴟尾上【一〇】，上顧左右曰：「有能取之否？」一内侍，失其姓名，攝衣攀屋桷以登緣，歷危險，取之以獻，觀者膽落，蓋試其趫捷也。《類苑》卷一引《楊文公談苑》，又見《永樂大典》卷一三一〇九《楊内翰談苑》

太祖始自總戎，爲士衆畏服【一一】，及踐祚，善訓戎旅，隸兵籍者多以配雄武軍。自此或習試武藝，或角力鬬毆，以較勝負，漸增俸緡，遷隸上軍。十月後，騎兵皆侵晨出城習馬，至暮歸飼馬，不令飽，雖苦寒，馬常汗洽，耐辛苦，不甚肥盛。初議取蜀，有天武軍主武超曰：「西川除在天上不可到，若舟車足跡可至，必取之耳。」士皆賈勇思奮，平蜀止六十日，用精兵才七千人。居常衛士直廬中，咸給以棋枰，令對弈爲樂，曰：「此徒端居終日，

【九】無所傷　「傷」，《類苑》庫本作「畏」。

【一〇】禽罥　《類苑》庫本作「鳶墮」。

【一一】爲士衆　「衆」，《類苑》庫本作「卒」。

無他思慮，以此使之適情耳。」《類苑》卷一第九頁引《楊文公談苑》

太祖平蜀，擇其親兵驍勇者百餘人，補内殿直，别立班院，號川殿直。南郊賞給，比本班減五千，遂相率擊登聞鼓訴其事，上大怒曰：「朝廷給賜，自我而出，安有例哉？」盡捕連狀者四十餘人，斬於市，餘悉配隸下軍，遂廢其班。一日，内酒坊火，悉以監官而下數十人棄市，詰得遺火卒，縛於火中，自是内司諸署，莫不整肅。《類苑》卷一引《楊文公談苑》

太宗皇帝

至道二年夏，大旱，遣中使分詣五嶽祈雨，學士草祝，上自書名，隨其方設香，再拜而遣之。王禹偁時在翰林，上言：「五嶽視三公，從前祝版御署，已踰禮典，固無君上親書之理。」上署之紙尾云：「昔成湯剪爪斷發，禱桑林之社，尚無愛，矧爲百姓請命，豈於筆劄而有所惜哉？」《類苑》卷二引《楊文公談苑》

宣政使

内侍王繼恩平李順之亂，中書議欲以爲宣徽使，太宗曰：「宣徽者，執政之階也，朕覽前籍多矣，皆不欲宦者預政，止可授以他職。」宰相等懇言，繼恩有大功，今任昭宣使，河北團練使，非此拜不足以爲貴。上不悦，因召翰林學士張泊、錢若水，議置宣政使之名，

班在昭宣使之上，以授之，加領順州防禦使。《類苑》卷二引《楊文公談苑》，又見《事物紀原》卷六

海東青

登州海岸林中，常有鶻自高麗一夕飛度海岸，未明至者絶俊，號曰「海東青」。淳化中，夏帥趙保忠得獻上，上報曰：「朕久罷畋遊，盡放鷹犬，無所事此，今卻以賜卿，當領之也。」《類苑》卷二第一五頁引《楊文公談苑》，又見《類説》卷五三

史館，貞觀三年置，以宰相監修，復有修國史、史館修撰、直館之員。集賢院，自開元五年置麗正修書院於集仙殿，十三年改爲集賢殿，以麗正書院爲集賢書院，有學士、侍講學士之名，後置大學士，以宰相領之，並有修撰、校理、直院之職。貞元中，增置校書、正字。梁氏都汴，貞明中，以今古長慶門東北小屋十數間爲三館，湫隘卑庫，周廬徼道在旁，衛士騶卒喧雜，每受詔有所撰述，徙它所以就之。太宗即位，因臨幸周覽，曰：「若此之陋，何以待天下賢俊耶？」即日詔有司，度左升龍門東北車府地爲三館，棟宇宏大，自舉役，車駕再臨視，勞賜工卒。又令作園囿，植卉木，引金水河以注焉。西序啟便門通乾元殿，以俟行幸。三年春，新館成，賜名崇文院。悉遷西館書分佈兩廊，東廊爲昭文書庫【一二】，南廊爲集賢書庫。西廊爲經史子集，南廊爲史館書庫。初平蜀得書一萬三千卷，平江左又得二萬卷，參以舊書，爲八萬卷，凡六庫，皆周雕木架，青綾帊幂之。昭文館、

【一二】兩廊東廊　「兩」，原误作「西」，「東廊」原缺，《職官分紀》卷一五《羣書考索後集》卷六、《玉海》卷五二補正。

集賢殿大學士，監修國史，常以宰相兼領。此外有史舘修撰、直史舘、集賢院直學士、校理之名。淳化中，復置直昭文舘、直集賢院，亦有修國史、崇文院檢討、編修、祗候，皆無定員，不常置。《類苑》卷二引《楊文公談苑》

太平興國八年，日本國僧奝然至，言其國王傳襲六十四世矣。文武僚吏，皆是世官。上顧宰臣等曰：「此蠻夷耳，而嗣世長久，臣下亦世官，頗有古道。中國自唐季，海内分裂，五代世數尤促。又大臣子孫鮮能繼述父祖基業。朕雖德不及往聖，然而孜孜求治，未嘗敢自暇逸，深以畋遊聲色爲戒。所冀上穹降鑒，亦爲子孫長久計，使皇家運祚永久，而臣僚世襲禄位。卿等各思盡心輔朕，無使遠夷，獨享斯美。」《類苑》卷二引《楊文公談苑》

一佛出世

太宗尤重内外制之任，每命一舍人，必諮詢宰輔，求才實兼美者，先召與語，觀其器識，然後授之。嘗謂近臣曰：「詞臣之選，古今所重，朕嘗聞人言，朝廷命一舍人，六姻相賀，諺以謂一佛出世，豈容易哉？郭贄，南府門人，朕初即位，以其樂在詞筆，遂命掌誥，頗聞制書一出，人或哂之，亦其素無時望，不稱厥任，朕亦爲之靦顏，業已進用，亦終不令入翰苑。後因覽《唐書》故事，見其多自卑位作學士者，遂令杜鎬檢閲録唐朝學士，不拘品秩，自校書正字畿尉至尚書，皆得爲之。」會光禄丞尹少連上書，引馬周遇太宗事，其詞多擗闔，上異其才，召試《何以措刑論》，文理可觀，即欲超擢，詢及樞宰，無有知少連名者，慮不協時望，遂止。蘇易簡薦吴人浚儀尉周亨俊拔可任，因御試貢舉人，遂令亨考校，臨觀與語，以察器局，俾易簡索其文章，得《白花鷹賦》，以比張茂先《鷦鷯》之作，文彩亦可尚。上意其非大器也，語易簡曰：「且可令序遷京秩，更徐觀之。」改光禄寺丞，月餘，暴遇疾卒。上之衡鑒精審如此。《類苑》卷二引《楊文公談苑》，又見《類説》、《錦繡萬花谷前集》卷一一

太宗嘗謂侍臣曰：「國若無内患，必有外憂；若無外憂，必有内患。外憂不過邊事，皆可預爲之防。惟奸邪無狀，若爲内患，深可懼焉。」帝王當合用心於此。《類苑》卷二第一六頁引《楊文公談苑》

太宗初即位，幸左藏庫，視其儲積，語宰相曰：「此金帛如山，用何能盡？先皇居常焦心勞慮，以經費爲念，何其過也！」薛居正等聞上言，皆喜。其後征晉陽，討幽薊，歲遣戍邊，用度寖廣，鹽鐵榷酤，關市礬茗之禁彌峻。太宗嘗語近臣曰：「俟天下無事，當盡蠲百姓税。」終以多故，不果。《類苑》卷二引《楊文公談苑》

故錢俟若水言：至道中，嘗知樞密，太宗嘗召至玉華殿議邊事，議既定，向敏中取紙筆將批之，上曰：「卿大臣，不當自作文。李撰在外否？」即召入，授其意，令具草之。撰，副承旨也【一三】。《類苑》卷二引《楊文公談苑》

太宗留心政事，淳化五年，自署一幅云：「勤公潔己，奉法除奸，惠愛臨民，始可稱良

【一三】撰副承旨　《類苑》庫本作「時撰承旨」。

吏。本官有俸，並給見緡。」凡手劄三十餘通，命有司擇京朝官之有課最者賜之。殿中丞李虛己以循良清白預其選，得知遂州，虛己作敘感詩以獻，自陳祖母年八十餘，喜聞其孫中循吏之目。上喜甚，批紙尾云：「吾真得良二千石矣。」賜錢五十萬以遺祖母，翌日，對宰相言及之，云：「已與五十緡。」宰相曰：「前日所賜蓋五百緡。」上曰：「此誤也，不可以追改。」虛己父寅，舉進士，年六十餘，以母老，求致仕，得著作佐郎【一四】，有詞學，清苦。虛己亦純學篤慎，家極貧，雖至尊之誤筆，乃天之所賜，如郭巨得金、黄尋飛錢之比歟？然自是詔閤門，不得受羣臣詩賦雜文之獻，欲自薦者，授文於中書宰臣，第其臧否上之。

《類苑》卷二引《楊文公談苑》

太宗淳化五年《日曆》載，上謂侍臣曰：「聽斷天下事，直須耐煩，方盡臣下之情。昔莊宗可謂百戰得中原之地，然而守文之道，可謂懵然矣。終日湛飲，聽鄭衛之聲，與胡家樂合奏【一五】，自昏徹旦，謂之聒帳。半酣之後，置畎酒篚，沈醉射弓，至夜不已，招箭者但以物擊其銀器【一六】，聲言中的。與徘優輩結十弟兄，每略與近臣商議事，必傳語伶人，敘相見遲晚之由。縱兵出獵，涉旬不返，於優倡猱雜之中，復自矜寫春秋，不知當時刑政如何也？」蘇易簡書於《時政》曰：「上自潛躍以來，多詳延故老，問以前代興廢之由，銘之於心，以爲鑒戒。」上來數事，皆史傳不載，秉筆之臣，以記録焉。《類苑》卷二引《楊文公談苑》

太宗將討太原，選軍中驍勇趫捷者數百人，教以舞劍，皆能擲劍高丈餘，袒裼跳躍，以

【一四】得著作佐郎　「得」，《類苑》庫本作「得署」。

【一五】與胡家樂合奏　《類苑》庫本作「與伶官等嘲謔」。

【一六】銀器　「器」，《類苑》庫本作「磬」。

身左右承之，妙絶無比，見者莫不震懼。會北戎使至，宴便殿，因令劍舞者數百人，科頭露股，揮劍而入，跳擲承接，霜鋒雪刃【一七】，飛舞滿空，戎使懼形於色，淮海國王錢俶等驚懼不敢仰視。俶言於上曰：「此《尚書》所謂『如熊如羆，如虎如貔』者也。」上甚悦，及親征，每巡城督戰，必令前導呈技，賊乘城望之，破膽。《類苑》卷二引《楊文公談苑》

太宗詔作上清宫，謂左右曰：「朕在藩時，太祖特鍾友愛，賞賚不可勝紀，今悉貿易以作一宫，爲百姓請福，不令費庫物。」王沔曰：「土木之作，必有勞費，不免取百姓脂膏耳。」上嘿然。既營繕，命中人董役，役夫常不滿三千人，三司率多移撥三五百人給它作。中人言於上，上曰：「有司所須之人，皆要切，汝當自與計議圓融，勿令有妨。」既而數年功不就，言事者多指之，遂令罷役。歲餘，内道場與道流言及之，上即令出南宫舊金銀器數萬兩，鬻於市以給工錢，訖其役。宫成，常服一詣，焚香而已。《類苑》卷二引《楊文公談苑》

至道初，李繼遷遣其大校張浦入貢。上御便殿，召衛士數百輩，習射御前，所挽弓皆一石五鬥以上。先是，賜繼遷一弓，皆一石六鬥，繼遷但以朝廷威示戎虜，識非人方所能挽，至是，衛士皆引滿平射，有餘力。上問浦：「戎人敢敵否？」浦曰：「藩部弓弱矢短，但見此長大，固已逃遁，豈敢拒敵？」上悦，後以浦爲鄭州防禦使，留京師。《類苑》卷二引《楊文公談苑》

有司歲調竹索以修河橋，其數至廣，太宗曰：「渭川竹千畝，與千户侯等，自河渠之

【一七】霜鋒雪　「雪」，《類苑》庫本作「露」。

役歲調寖廣，民間竹園率皆蕪廢，爲之奈何？」吕端曰：「芟葦亦可爲索，後唐莊宗自楊劉口渡河【一八】，爲浮梁，用葦索。」上然之，分遣使臣詣河上刈葦爲索，皆脆不可用，遂寢。當莊宗渡河，蓋暫時濟師也。《類苑》卷二引《楊文公談苑》

飛白

太宗善飛白，其字大者方數尺，善書者皆伏其妙。又小草特工，語近臣曰：「朕君臨天下，亦何事筆硯？但心好之，不能舍耳。江東人多稱能草書，累召詣之，殊未知向背，但填行塞白，裝成卷帙而已。小草字學難究，飛白筆勢難工，吾亦恐自此廢絶矣。」以數十軸藏秘府。《類苑》卷二引《楊文公談苑》，又見《類説》

咸平初，修《太宗實録》，命錢若水主其事。若水舉給事中柴成務、起居舍人李宗諤、侍御史宗度洎予及職方員外郎吴淑。上指宗諤曰：「自太平興國八年已後，昉皆在中書，日事史策，本憑直筆，儻子爲父隱，何以傳信於後代乎？」除宗諤不許，餘悉可之。《類苑》卷三引《楊文公談苑》，又見《類苑》卷一六

太宗善草、隸、行、八分、篆、飛白六體，皆極其妙，而草書尤奇絶。今上悉各賂求編次【一九】，凡三十餘卷，以于闐玉水晶檀香爲軸，青紫綾標文錦【二〇】綿絛，黄綃帕，金漆櫝，作龍圖閣於含元殿之西南隅以藏之。頻召近臣觀覽稱歎，上自作《太宗聖文神筆

【一八】楊劉口　原誤作「楊留口」，據《舊五代史》卷九《梁末帝紀》改。

【一九】今上悉各　「各」，原誤作「賂」，據《類苑》庫本改。

【二〇】文錦　「錦」，原作「綿」，據《類苑》庫本、陶宗儀《輟耕録》卷二三改。

頌》，親書刻碑，以美其事。碑陰列其部袟名題，以墨本賜迎臣焉。《類苑》卷三引《楊文公談苑》

蘇内翰

蘇易簡爲學士，最被恩遇。初與賈黄中、李沆同時上擢，黄中、沆參知政事，以易簡爲中書舍人，充承旨，並賜白金三千兩【二一】，諭旨曰：「朕之待卿，非必執政而爲重矣。」上作五七言詩各一首賜之，爲真、草、行三體，刻於石。又飛白書「玉堂之署」四字以賜本院，今龕於堂南門之上【二二】。易簡以御書三體石本【二三】，分遺秘書監李至及從祖修撰江陵公洎梁周翰，知制誥柴成務，吕佑之，錢若水、王旦，直秘閣潘慎修，翰林侍書王著，侍讀吕文仲等凡十五人。及召至等宴於翰林，以觀神筆之跡，上遣内可供擬坐客，各賦詩。宰相李昉等亦以詩貽易簡，易簡悉以奏御。上謂昉等曰：「易簡以卿等詩來上，有以見儒墨之盛，而學士之光也，可别録一本進入。」以其本賜易簡。《類苑》卷六引《楊文公談苑》

郭進

郭進少以壯勇依漢祖於太原，開國，歷刺史、團練使。國初，遷洺州防禦使【二四】，爲西山巡檢，以扞太原。進御軍嚴而好殺，部下整肅，每帥師入晉境，無不克捷，太祖因遣戍西山，必語之曰：「汝輩當謹奉法，我猶赦汝，郭進殺汝矣。」嘗擇御龍官三十人隸麾下押

【二一】三千　「千」，《類苑》庫本作「十」。

【二二】今龕於　「今」，《類苑》庫本作「令」。

【二三】御書三體　原作「御三體書」，據《類苑》庫本改。

【二四】洺州　「洺州」原誤作「洛水」、「洛州」，據《長編》卷一建隆元年五月辛丑、《宋史》卷二七三《郭進傳》改。

陣，適與晉人戰，多退卻，進斬十餘人【二五】。奏至，上方御便殿閲武，厲聲曰：「御龍官千百人中始選擇得一二，而郭進小違節度，遽殺之，誠【二六】如此龍種健兒，亦不足供矣。」潛遣中使諭進曰：「恃其宿衛親近，驕倨不稟令，戮之甚得宜矣。」進感泣，由是一軍精勇無敵。上爲治第，令廳堂悉用甋瓦，有司言，親王公主始得用此，進何得用此【二七】。上曰：「進事國盡忠，我待之豈不比吾子，有何不可哉？」太宗征太原，北戎自石嶺關入援，進大破之，獻俘行在，暴於城下，並人喪氣，遂約降。進功高負氣，監軍田欽祚所爲不法，進屢以語侵之，欽祚心銜，因誣以他事，進不能甘，自縊死。太宗微知之，黜欽祚，終其身不復用。《類苑》卷六引《楊文公談苑》，又見《類苑》卷五五

竇偁諫議

竇偁爲晉府賓佐【二八】，後至左諫議大夫、參知政事。僖起居郎，儼文甚高，皆有集在秘閣。偁亦有文，爲晉府記室。賈琰爲判官，每諸王宗室宴集，琰必怡聲下氣，動息褒贊，諂辭捷給【二九】，偁叱之曰：「賈氏子，何巧言令色之甚？獨不懼於心邪【三〇】！」太宗甚怒，白太祖，斥出爲涇州節判【三一】。後即位，思之，召爲樞密直學士，數月參政，中謝，語之曰：「汝知何以及此？」偁曰：「陛下以臣往年霸府遭逢所至耳。」上曰：「不然，以卿嘗面折賈琰，故任卿左右，思聞直言耳。」《類苑》卷六引《楊文公談苑》，又見《五朝名臣言行録》卷一之

【二五】十餘人　《類苑》庫本作「三十人」。

【二六】誠如此　「誠」，原誤作「試」，此據《類苑》卷五五。

【二七】進何得用此　原無，據《類苑》卷五五補。

【二八】賓佐　《五朝名臣言行録》卷一、《合璧事类备要后集》卷四八作「記室」。

【二九】諂辭　「諂」，原誤作「諂」，據《類苑》庫本改。

【三〇】獨不懼　「懼」，《類苑》庫本作「愧」。

【三一】涇州　原誤作「經州」，據《類苑》庫本、《五朝名臣言行録》改。

四、謝維新《合璧事類備要後集》卷四八、《翰苑新书前集》卷三〇

董遵誨

董遵誨父宗本，嘗爲隨州將，太祖微時往依，宗本令與遵誨遊。常共臂鷹逐兔，小不如意，爲遵誨所辱，太祖遂辭去，宗本固留，厚給遣之。即位之初，訪求遵誨，遵誨欲自殺，其妻止之，曰：「等死，亦未晚耳。萬乘之主，豈念舊惡？將因禍致福，豈可測哉？」遵誨感其言，幅巾見於便殿，叩頭請死。上笑曰：「汝昔日豪蕩太過，我方將任汝事。」即命左右掖起，賜冠帶，設食案，賜食上前。語及舊故歡笑，以爲通遠軍使，專委一面之事，市租悉以給軍用【三二】，不藉於有司。每歲賜予無數，幕府許自辟署，選精甲數千人，隸麾下，不復更代。隔歲以春夏令歸，營省妻子。遵誨至，申嚴邊候，鎮撫蕃部，號令如一，戎族之强盛者，倚爲腹心，有謀爲寇者，必立以告，發所部襲之，剪滅無噍類。凡再出師，大克捷，黨項諸羌，畏威惕息。養馬數千匹，擇其良以入貢，親僕數百人，皆厚給衣食，日夕馳射畋獵，擊鞠呼盧，飲食作鼓吹爲樂。羌中動静，即時知之，朝廷不復西顧。歲時，其親表押馬來獻，上必召問遵誨晨夕所爲，擊節大喜曰：「是能快活也。」多解服御衣物、珠貝、珍異以爲賜，遵誨捧之，未嘗不泣下。三數歲一來朝【三三】，賜食御前，笑語移晷，賜御膳羊，上樽酒，皆五百數，金帛累萬，復遣去。終太祖朝，不易其任。末年，稍遷羅州刺史，

【三二】市租　《類苑》庫本作「賦入」。

【三三】三數　「三」，《類苑》庫本作「每」。

有判官者，因朝廷訪利害，上言通遠軍養兵，每歲轉運使調發内地錢粟，勞費民力，本軍關榷之入，自可市糴給用。上遣録判官所奏，下本軍，及申約外，計凡歲調如故，不得竊議市租，徙判官於佗郡。遵誨感激流涕，左右皆泣。《類苑》卷七引《楊文公談苑》，又見《永樂大典》卷一〇三一〇上引《楊内翰談苑》武幹篇

李文靖

公嘗言：李丞相沆重厚淳質，言無枝葉，善屬文，識治體，好賢樂善，爲丞相，有長者之譽。頗通釋典，尤厭榮利，世務罕以嬰心【三四】。其自奉甚薄，所居陋巷，廳事無重門，其逼下已甚，頽垣壞壁，沆不以屑慮。堂前藥欄壞，妻戒守舍者勿令葺，以試沆。沆朝夕見之，經月，終不言。妻以語沆，沆笑謂其弟維曰：「豈可以此動吾一念哉？」家人勸治居第，未嘗答。維與言，因語次及之，沆曰：「身食厚禄，時有横賜，計囊裝亦可以治第。但念内典以此世界爲缺陷，安得圓滿如意，自求稱足？今市新宅，須一年繕完，人生朝暮不可保，又豈能久居？巢林一枝，聊自足耳，安事豐屋哉？」後遇疾，沐浴左脅而逝【三五】，時盛暑，停屍七日，室中無穢氣，亦履行之報也。沆在相位，接賓客常寡言。馬亮與沆同年生，又與維善，語維曰：「外議以大兄爲無口匏。」維乘間嘗達亮語，沆曰：「吾非不知也，然今之朝士，得升殿言事，上封論奏，了無壅蔽【三六】，多下有司，皆見之矣。

【三四】嬰心　《類苑》庫本作「攖其心」。

【三五】左脅　「左」，《類苑》庫本作「右」。

【三六】壅蔽　「蔽」，《類苑》庫本作「滞」。

若邦國大事，北有强虜，西有戎還，日旰條議，所以備禦之策，非不詳究。薦紳中如李宗諤、趙安仁，皆時之英秀，與之談，猶不能啟發吾意【三七】。自餘通籍之子，坐起拜揖，尚周章失措。即席必自論功最，以希寵獎，此有何策而與之接語哉？苟屈意妄言【三八】，即世所謂籠罩，籠罩之事，僕病未能也。爲我謝馬君。」沆常言，居重位，實無補萬分，唯中外所陳利害，一切報罷之，唯此少以報國爾。朝廷防制，纖悉備具，或徇所陳請施行一事【三九】，即所傷多矣。此蓋陸象先「庸人擾之」之論也【四〇】。《類苑》卷八引《楊文公談苑》，又見《五朝名臣言行録》卷二之三、《錦繡萬花谷前集》卷一〇

范魯公

范質初作相，與馮道同堂，道最舊宿，意輕其新進，潛視所爲。質初知印，當判事，語堂吏曰：「堂判之事【四一】，並施簽表，得以視而書之，慮臨文失誤，貽天下笑。」道聞歎曰：「真識大體【四二】，吾不如也。」質後果爲名相。《類苑》卷九引《楊文公談苑》，又見《五朝名臣言行録》卷一之三、《錦繡萬花谷前集》卷一〇

不信異端

李司空家，累世不置佛堂，不畜内典經文。王似宗家，不然楮鏹，祀其先人，酒炙而

【三七】猶不能　「猶」，《類苑》庫本作「皆」。

【三八】妄言　「言」，《類苑》庫本作「行」。

【三九】或徇所陳請施行一事　《錦繡萬花谷前集》卷一〇作「苟畢徇所陳一一行之」。

【四〇】此蓋陸象先庸人擾之之論也　《五朝名臣言行録》卷二之三作「陸象先曰庸人擾之，正此謂也。憸人苟一時之進，豈念於民耶！」

【四一】堂判　「堂」，《類苑》庫本、《五朝名臣言行録》卷一之三作「當」。

【四二】真識大體　「真」，《五朝名臣言行録》卷一作「自」。

已。《類苑》卷九引《楊文公談苑》

竇尚書

竇儀，開寶中爲翰林學士，時趙普專政，帝患之，欲聞其過。一日召儀，語及普所爲多不法，且譽儀早負才望之意。儀盛言普開國勳臣，公忠亮直，社稷之鎮。帝不悦，儀歸，言於諸弟，張酒引滿，語其故曰：「我必不能作宰相，然亦不詣朱崖【四三】，吾門可保矣。」既而召學士盧多遜，嘗有憾於普【四四】，又喜於進用，遂攻普之短，果罷相，出鎮河陽。普之罷甚危，賴以動舊脱禍。多遜遂參知政事，作相。太平興國七年，普復入相，多遜有崖州之行，是其言之驗也。儀弟儼、侃、偁、僖，並舉進士，父禹鈞，范陽人，爲左諫議大夫致仕，諸子皆成名，士風家法，爲一時之表。馮道贈禹鈞詩云：「燕山竇十郎，教子有義方。靈椿一株老，仙桂五枝芳【四五】。」人多傳誦。儀至禮部尚書，儼至禮部侍郎，皆爲翰林學士；侃左補闕；偁爲晉府賓佐，後至左諫議大夫，參知政事；僖起居郎。儼文甚高，皆有集，在秘閣。偁亦有文，爲晉府記室。《類苑》卷一一引《楊文公談苑》，又見《五朝名臣言行録》卷一之四

潘承裕

潘承裕，建安人，有才識，名重於州里。王延政建國，欲以爲相，承裕力諫其僭號，不

【四三】不詣 「詣」，《類説》卷三三作「謫」。

【四四】嘗有憾 「嘗」，《類苑》庫本七上有「多遜」二字。

【四五】仙桂 「仙」，《類苑》庫本作「丹」。

受僞署，延政將殺之，慮失人心，囚於私第。江南平建州，甚禮重之，以爲禮部侍郎，判福建道。凡一道之征租、獄刑、選舉人物，皆取決焉。告老，以尚書致仕，歸洪州西山。子慎修，亦爲要官，臺城危蹙，入都爲置宴使，館懷信驛，時後主弟從鎰先入貢，亦留驛中。每王師克捷，外庭入賀，邸使督金帛之獻，慎修獨建議，以國將亡，而旅賀非禮，但奉方物，以待罪爲名，斯可也。太祖大喜，謂使者有禮，立遣易供帳物，加賜牢醴，深歎重之。《類苑》卷一三引《楊文公談苑》

馮起

馮起，父炳，有清節，任知雜卒。起官【四六】，僦舍圃田。時侍御史趙承嗣掌市征，炳歷任憲府【四七】，承嗣以官聯，素重之。屢往見起，知其賃廡【四八】，爲出己俸百千市之，起固辭不受。未幾，承嗣以奸贓敗，棄市，由是名聞。於是蘇易簡在翰林【四九】，夜召語及此事，太宗因此知起名，後擢知制誥。《類苑》卷一三引《楊文公談苑》

李南陽

李至爲參知政事，今上初即位，朝士韓見素、彭繪、淳於雍等數人，連乞致仕，上頗訝之，謂宰相曰：「搢紳中多求退跡，何也？」至對曰：「退跡者幾何人？躁進者蓋甚衆

【四六】任知雜卒起官　《類苑》庫本作「不起第嘗」。
【四七】炳　《類苑》庫本作「起」。
【四八】知其賃廡　《類苑》庫本作「因」。
【四九】於是　「是」，《類苑》庫本作「朝」。

矣。」上默然。後或引疾者，皆遂其請，亦仁者之言也。《類苑》卷一五第一七七頁引《楊文公談苑》

自開元中，李林甫受詔，與學者重加增損，多所改易舊文，升其篇居第一，至今用之。《禮記·月令篇》，舊第四，鄭玄注，孔穎達作疏，皆依此篇。李至任秘書監日，因召對，言其事。至道末，遂下館閣議，胡旦草議狀，取鄭、李二家對駁之，凡數百言，攻林甫之失。兼云：「貢舉三禮，所試用孔疏，而文注乃用林甫，甚相矛盾，請復用鄭玄爲是。」宰相呂端不能決，報罷之。後至參政，亦不能釐正其事。《類苑》卷一五引《楊文公談苑》

諸監鑪鑄錢

江南因唐舊制，饒州置永平監鑄錢，歲六萬貫。江南平【五〇】，增爲七萬貫，常患銅少。張齊賢任轉運使，求得江南舊承旨丁釗，盡知信、建等州各銅鉛處【五一】，齊賢即調發丁夫采之。初年增十數倍，明年得銅鉛八十五萬斤，錫六十萬斤，因雜爲鉛錫錢鑄三十六萬貫【五二】，以釗爲殿前承旨，領三州銅山。先是永平監所鑄錢，用開通元寶錢法，肉好周郭精好。至是雜用鉛錫，兼失古制，數雖增而錢惡。其後信州鉛山縣出銅無筭，常十餘萬人采鑿，無賴不逞之徒，萃於淵藪。官所市銅錢【五三】數千餘萬斤，大有餘羨，而銅山所出益多，有司議減銅價，鑿山者稍稍引去。饒州官市薪炭不能給鼓鑄，分於池州置永寧監，建州置永豐監【五四】，並歲鑄錢二十萬貫，以鉛山銅給之。既有所泄【五五】，價乃復舊，而

【五〇】江南平　「江」，《錦繡萬花谷前集》卷一九前有「國初」二字。

【五一】各　原誤作「谷」，據《類苑》庫本改。

【五二】錢鑄　《錦繡萬花谷前集》作「鑄錢」。

【五三】銅錢　「錢」，《類苑》庫本作「鉛」。

【五四】置　據《類苑》庫本補。

【五五】所泄　「泄」，《類苑》庫本作「供」。

工徒並集【五六】。杭州置保興監，凡四監，歲鑄百餘萬貫，爲極盛矣。唐天寶之制，絳、揚、潤、宣、鄂、蔚、益、郴、洋、定十州【五七】，共置九十九鑪，鑄錢一鑪役丁匠三十人。每年六七月停，餘十月作十番。一鑪約用銅二萬一千二百三十斤，白鑞三千七百九十斤【五八】，黑錫五百四十斤，每鑪鑄錢三千三百貫，計一工日可鑄錢三百餘。國家之制，一工日千餘，用銅鉛鑞之法亦異於古，其數雖倍，而錢稍惡，每系擲亦多缺。予在史局，因録唐制與今王丞相，後數月，有詔暑月諸監減半工，蓋主上勤恤之至也。《類苑》卷二一引《談苑》，又見《錦繡萬花谷前集》卷一五

榜刻儀制令四條

孔承恭爲大理正，太平興國中上言【五九】：「《儀制令》云：『賤避貴，少避長，輕避重，去避來。』望令兩京諸州於要害處刻榜以揭之，所以興禮讓而厚風俗。」詔從之，處處衢肆刻榜【六〇】，訖今多有焉。《類苑》卷二一引《楊文公談苑》，又見《事物紀原》卷七

江翶

江翶，建安人，文蔚之兄子也。爲汝州魯山令，邑多曠土，連歲枯旱，艱食。翶自建安取早稻一種【六一】，此稻耐旱，繁實可久蓄，宜高原，至今邑人多種之，歲歲足食。《類苑》卷

【五六】工徒　《類苑》庫本作「二監」。

【五七】郴　原誤作「柳」，「洋定」，原缺，據《新唐書食貨志》補改。

【五八】鑞三　《類苑》庫本作「蠟二」。

【五九】太平興國中　《事物紀原》卷七在「孔」字之前。

【六〇】處處　《類苑》庫本作「令於通」。

【六一】一種　「一」，《類苑》庫本作「令」。《仕學規範》卷二三無「一」字。

二二三引《楊文公談苑》，又見《仕學規範》卷二三

賜衣服

國朝之制，文武官諸軍校在京者，端午、十月旦、誕聖節，皆賜衣服。其在外者，賜中冬衣襖，遣使將之。舊制，在內者，中書、樞密、察院、節度使至刺史，諸軍列校以上，學士、金吾、駙馬，冬給袍有差。而學士給黄師子錦，品極下，淳化中，改給盤雕法錦，在暈錦之亞。凡袍錦之品四，曰天下樂暈錦，以給樞宰、親王、皇族、觀察使以上，侍衛步軍都虞候以上，節度使。盤雕法錦，以給學士、中丞、三司使、觀察使、廂主以上，軍頭團練使以上，皇族、將軍以上，駙馬都尉，舊宰相。翠毛細錦，以給防團刺史、軍主軍頭領刺史者。黄師子，以給三司副使、知開封府、審刑、登聞、龍圖直學士。旋欄錦之品十，曰天下樂暈，以賜節度、觀察使、領部署者。次暈錦，以賜尚書以上及學士管軍者。盤雕，以賜觀察使、丞郎。翠毛，以賜閤門使以上、防團刺史管禁軍者。倒仙牡丹，以賜刺史以上。方勝宜男，賜諸司使領郡以上。盤毬雲鴈，賜諸司使。方勝練鵲，賜河北、河東、陝西轉運使副。餘軍校，復有黄師子，寶照之品焉。《類苑》卷二五引《楊文公談苑》，《歲時廣記》卷二一及卷三七節引

卷五

賜帶

腰帶，凡金玉犀銀之品，自樞宰、節度使賜二十五兩金帶，舊用荔枝、松花、倒仙三品【一】。端拱中，詔作瑞草、地毬、文路方圓胯帶，副以金魚，賜中書密院。其武臣有宣徽樞密使者，仍舊制。學士三司使、中丞觀察使、管軍四廂主而下，賜二十兩金帶。知制誥賜犀帶塗金魚，亦嘗賜金飾牯犀，副以金魚，非常例。凡面賜紫者，給犀帶。賜緋者，塗銀寶瓶帶。其賜伎術官，雖紫緑，皆給銀帶。出使賜金束帶，雨數如其官秩，刺史而上受邊寄者，辭日亦賜二十兩金束帶。其赴任者，出賜塗金銀帶。諸司使至崇班，出爲邊城鈐轄者、都監者，亦賜金束帶，十五兩、十二兩凡二等。唯駙馬都尉初選尚，賜白玉帶。自親王皇族皆許通服工夫金帶，雕玉、白玉、通犀、牯犀等帶。《類苑》卷二五引《楊文公談苑》

賜鞍韂

鞍韂，除乘輿服，黄金、白玉、雕玉、玳瑁、真珠等鞍【二】，垂六鞘韂，有三領，諸王或賜

校勘記

【一】倒仙　「倒」，《九家集注杜詩》卷十八作「御」。

【二】真珠　《類苑》庫本作「珍寶」。

金鞍者得乘之。宰相、使相賜繡寶相花韉【三】，八十兩鬧裝銀裹銜鐙【四】。參政、副樞、宣徽、節度使、駙馬，繡盤鳳雜花韉，七十兩陷銀銜鐙。學士、中丞、三司使、觀察使，麻皮錦韉，五十兩撤皇素銜鐙【五】。復有三十兩決束鞍，以賜東宮官屬。《類苑》卷二五引《楊文公談苑》

重戴

重戴者，大裁帽也。本野夫巖叟之服，以皂爲之。後魏孝文帝自雲中徙代，以賜百僚。五代以來，惟御史服之。淳化初，宰相、學士、御史臺、北省官、尚書省五品以上皆令服之。《類苑》卷二五引《楊文公談苑》，又見汪應辰《石林燕語辨》、《類説》卷五三

憲銜

唐德宗幸奉天還京，應諸州郡衙吏並假憲銜，後至有郡王者，訖今用之。《類苑》卷二五引《楊文公談苑》

勑書樓

太祖朝令天下置勑書樓。《類苑》卷二五引《楊文公談苑》

【三】相花　「相」，原誤作百，據《類苑》庫本、《山谷内集詩注》卷九改。

【四】鬧裝銀裹　《類苑》庫本作「金塗銀裝」。

【五】撤皇　「皇」，《類苑》庫本作「星」。

學士預曲宴承旨預肆赦

故事，便殿宴勞將帥，翰林學士預坐。開寶中，閤門使梁迥輕鄙儒士，啟太祖以曲宴將相，安用此書生輩？遂罷之。淳化中，蘇易簡爲參知政事【六】，始引故事爲請。詔自今後，當直學士與樞密直學士並預長春殿曲宴【七】。又引元積《承旨廳記》：「御樓肆赦，唯承旨得升丹鳳樓之西南隅。」《類苑》卷二六引《楊文公談苑》，又見《錦繡萬花谷前集》卷一一、《合璧事類後集》卷二二、《翰苑新書前集》卷一〇

駕親臨問臣僚

邢昺常被疾，請告，真宗親臨問，賜藥一奩、銀器千兩、彩千匹。國朝故事，非宗戚將相，問疾臨奠，帝不親行，惟昺與郭贄以恩舊，特用此禮，儒者榮之。邢止問疾，郭上復臨喪【八】。《類苑》卷二八引《楊文公談苑》

白麻

翰林規制，自妃后、皇太子、親王、公主、宰相、樞密、節度使並降制，用白麻紙書，每行四字，不用印。進入後，降付正衙宣讀，其麻即付中書門下。當日本院官告院取索綾

【六】爲參知政事　「爲參」，原無，據《錦繡萬花谷前集》卷一一、《合璧事類後集》卷二二、《翰苑新書前集》卷一〇補。

【七】與樞密直學士　「與」下原有「文明」二字，據《類苑》庫本、《錦繡萬花谷前集》卷一一等刪去。

【八】郭上　「上」，原誤作「止」，據《類苑》庫本改。

紙【九】，待詔寫官告【一〇】，只用麻詞。官告所署，中書三司官宣奉行，並依告身體式，常用閣長一人銜位。《類苑》卷二九引《楊文公談苑》，又見《永樂大典》卷一三四九七

江南書籍

雍熙中，太宗以板本九經尚多譌謬，俾學官重加刊校。史館先有宋臧榮緒【一一】、梁岑之敬所校《左傳》，諸儒引以爲證。祭酒孔維上言：「其書來自南朝，不可案據。」章下有司，檢討杜鎬引貞觀四年敕：「以經籍訛舛，蓋由五胡之亂天下，學士率多南遷，中國經術浸微之致也。今後並以六朝舊本爲正。」持以詰維，維不能對。王師平金陵，得書十餘萬卷，分配三館及學士舍人院，其書多讎校精當，編帙全具，與諸國書不類。《類苑》卷三〇引《談苑》，又見《紺珠集》卷一一

乾德鑄印

乾德三年，重鑄中書門下、樞密院、三司使印。先是，舊印緣五代舊文非工，至是得蜀鑄印官祝温集【一二】，自言其祖思，唐禮部鑄印官，世習繆篆，即《漢志》所謂屈曲纏繞以摹章者也。臺省寺監及開封、興元尹印，悉令温集改鑄。《類苑》卷三二引《楊文公談苑》

【九】取索　「索」，《類苑》庫本作「素」。

【一〇】待詔寫官告　「寫」，《類苑》庫本作「爲」。

【一一】臧榮緒　「臧」，原誤作「藏」，據《南史》卷七六《臧榮緒傳》改。

【一二】祝温集　「集」，《宋史》卷一五四《輿服志》、《玉海》卷八四作「柔」，下同。

李文肅

李昉再入相，以司空致仕。爲詩慕白居易之淺切，所居有園林，畜五禽，以客爲名，白鷴爲閑客，鷺鷥爲雪客【一三】，鶴爲仙客，孔雀爲南客，鸚鵡爲隴客。昉各爲詩一章，畫五客圖傳於好事者。又慕居易西京九老之會，得宋琪等八人，皆年七十餘，時爲九老會，未果而卒。《類苑》卷三四，缺出處，據《類説》、《紺珠集》知實出《談苑》

玉溪生

公嘗言：至道中偶得玉溪生詩百餘篇，意甚愛之而未得其深趣。咸平、景德間因演綸之暇，偏尋前代名公詩籍觀富於才調，兼極雅麗，包藴密緻，演繹平暢，味有窮而久愈出，鑽彌淡而酌不竭，曲盡萬變之態精索，推言之，要使學者少窺其一班，略得其餘光，若滌腸而换骨矣，由是孜孜求訪，凡得五七言、長短韻、歌行、襍言共五百八十二首，唐末浙右多得其本，故錢鄧帥若水嘗留意捃拾，纔得四百餘首，錢君舉其賈誼兩句云：「可憐夜半虛前席，不問蒼生問鬼神。」錢云其措辭如此，後人何以企及。余聞其所云，遂愛其詩彌篤，乃專緝綴鹿門先生唐彦謙慕玉溪，得其清峭感愴，蓋聖人之一體也，然警拔之句亦多。予數年類集搆求，得薛廷珪所作序凡百八十二首，世俗見予愛慕二君詩什，誇傳於書

【一三】鷺鷥　「鷺」，原無，據《類説》、《紺珠集》補。

林，文苑淺學之徒相非者甚衆。噫！大聲不入俚耳，豈足論哉！《類苑》卷三四，原缺出處，《詩話總龜》卷一二引錢鄧帥若水舉其賈誼詩，注出自《談苑》，又葛立方《韻語陽秋》卷二引其贊義山文語，作《談苑》，知本文實出《談苑》。

王化基

王化基言：任中丞日，鞫祖吉獄，吉知晉州，受賕事敗。詢其土豪王某者云：「吾小民，見州將貧乏，相醵率爲一日之壽，豈知其犯法哉？」悵歎不已。化基詰其前後郡守，王某言，三十年已來，唯梁都官不受一錢，餘無免者。乃梁勗也。勗，漢乾佑中司徒詡下進士及第，有文詞，太祖欲令知制誥，爲時宰所忌，遂止。化基言於太宗，時勗以老病不任吏事，特授華州行軍司馬，給郎中俸料。其子昭璉，亦舉進士，得杭州從事。化基送以詩曰：「文章換桂雙枝秀【一四】，清白傳家兩地貧。」人多傳誦。《類苑》卷三六引《楊文公談苑》，又見《詩話總龜》卷四一

干越亭詩

公言：咸平初罷處州赴闕，道經饒州餘干縣，登干越亭，前瞰琵琶洲，後枕思禪寺，林麓森鬱，千峯競秀，真天下之絶境。古今留題者百餘篇。張祜云：「扁舟亭下駐煙波，十

【一四】換桂　「桂」，原作「柱」，據《詩話總龜》卷四三、《唐宋分門名賢詩話》卷四改。

五年遊重此過【一五】。洲觜露沙人渡淺，風梢藏行鳥啼多【一六】。層欄漲水痕猶在【一七】，古板題詩字已訛。況是高秋正圓月，可堪聞聽異鄉歌【一八】。」劉長卿云：「天南愁望絶，亭下柳條新。落日獨歸鳥，孤舟何處人？生涯投越嶠，世業陷胡塵。草色迷征路，鶯聲傍逐臣【一九】。秦臺悲白首，楚渚怨青蘋。杳杳鐘陵暮，悠悠鄱水春。獨醒翻取笑，直道不容身。得罪風霜苦，全生天地仁。青山數行淚，滄海一窮鱗。流落機心盡，空憐鷗鳥親。」二篇絶唱也。《類苑》卷三七引《楊文公談苑》，又見《錦繡萬花谷前集》卷五

雍熙以來文士詩

公言：自雍熙初歸朝，迄今三十年，所聞文士多矣【二〇】，其能詩者甚鮮。如侍讀兵部，夙擅其名，而徐鉉、梁周翰、黄夷簡、范杲皆前輩。鄭文寶、薛映、王禹偁、吴淑、劉師道、李宗諤、李建中、李維、姚鉉、陳堯佐，悉當時儕流。後來之著聲者，如路振、錢熙、丁謂、錢易、梅詢、李拱【二一】、蘇爲、朱嚴、陳越、王曾、李堪、陳詁、吕夷簡、宋綬、邵焕、晏殊、江任、焦宗古。布衣有錢塘林逋、縉雲周啟明。錢氏諸子有封守惟濟、供奉官昭度。鄉曲有今南鄭殿丞兄故黎州家君【二二】，及高安簿覺宗人字牧之子。並有佳句，可以摘舉，而錢惟演，劉筠特工於詩，其警策殆不可遽數。自兵部而下，公之所嘗舉，今略記之。

兵部《春望》云【二三】：「杳杳煙蕪何處盡，摇摇風柳不勝垂。」《江行》云：「新霜染

【一五】重此過　「重」，《錦繡萬花谷前集》卷五作「從」。

【一六】風梢藏行　《詩話總龜》卷一五作「樹梢藏竹」。

【一七】層欄　「欄」，《詩話總龜》作「瀾」。

【一八】聞聽　「聽」，《詩話總龜》作「唱」。

【一九】鶯聲　聲，《詩話總龜》作「啼」。

【二〇】所聞　「聞」，《類苑》庫本、《詩話總龜》作「閲」。

【二一】李拱　「拱」，原作挺，據《類説》及本文引李拱詩改。

【二二】故黎州家君　《類苑》庫本、《詩話總龜》作「楊黎州家居」。

【二三】兵部春望　《類説》作「楊徽之會望」。

楓葉，皓月借蘆花。」《嘉陽川》云：「青帝已教春不老，素娥何惜月長圓。」《元夜》云：「雲歸萬年樹，月滿九重城【二四】。」

徐鉉《遊木蘭亭》云：「蘭煙破浪城陰直，玉勒穿花苑樹深。」《觀習水戰》云：「千帆日助陰山勢，萬里風馳下瀨聲。」《病中》題云：「向空咄咄頻書字，舉世滔滔莫問津。」《謫居》云：「野日蒼茫悲鵩舍，水風陰溼弊貂裘。」《陳秘監歸泉州》云：「三朝恩澤馮唐老，萬里江關賀監歸。」《宿山寺》云：「落宿依樓角，歸雲擁殿廊。」

梁周翰《應制》云：「百花將盡牡丹拆，十雨初晴太液春。」

黄夷簡《題人山居》云：「宿雨一番蔬甲拆，春山幾焙茗旗香【二五】。」

范杲《講聖》云：「千里版圖來浙右，一聲金鼓下河東。」

鄭文寶《春郊》云：「百草千花路，華風細雨天【二六】。」《重經貶所》云：「過關已躍樗蒲馬，誤喘猶驚顧兔屏。」《洛城》云：「星沈會節歌鐘早，天半上陽煙樹微。」《張靈州》云：「越絶曉殘蝴蝶夢，單于秋引畫龍聲。」《長安送別》云：「杜曲花光濃似酒，灞陵春色老於人。」《送人歸湘中》云【二七】：「滿帆西日催行客【二八】，一夜東風落楚梅。」《南行》云：「失意慣中遷客酒，多年不見侍臣花。」《淒靈》云：「舊井霜封仙界橋，雙溪晴落海邊鷗。」《送人知韶州》云：「人辭碧落春風晚，花老朱陵古渡頭。」《永熙陵》云：「承露氣清駒送日，觚棱人靜鳥呼風。」《邊上》云：「髩問相似雪，峯外寂寒煙。」

【二四】江行至九重城　原無，據《類説》補。

【二五】焙茗　「焙」，《類説》作「處」。

【二六】華風　「華」，《類説》、《山谷外集詩注》作「斜」。

【二七】歸湘中　《類説》作「去」。

【二八】催行客　「客」，《類説》作「路」。

薛映《送人鄂州》云：「黄鵠晨霞傍樓起，頭陀秋草繞碑荒。」

吴淑《送朱致政》云：「浴殿夜涼初閣筆，渚宫歲晚得懸車。」

劉師道《寄别》云：「南浦未傷春草碧，北山仍愧曉猿驚【二九】。」《與張泌》云：「久師金馬客，勍敵玉溪生。」《荷花》云：「有路期奔月，無媒與嫁春。」《殘花》云：「金穀路塵埋國豔，武陵溪水泛天馨。」《寄陳龍圖》云：「城瞻北斗天何遠，夢斷南柯日未沉。」《歎世》云：「野馬飛窗日，醯雞舞甕天。」《春雪》云：「青帝翠華沈物外，素娥孀影吊雲端。」又《雪》云：「三千世界銀成色，十二樓臺玉作層。」《湘中》云：「逝波帝子魂何在？芳草王孫怨未歸。」

李宗諤《春郊》云：「一溪晚緑浮鸂鶒，萬樹春紅叫杜鵑。」《蘇承旨》云：「金鑾後記人爭寫，玉署新牌帝自書。」

李建中《送人》云：「山程授館聞鴻夜，水國還家欲雪天。」

李維《渚宫亭》云：「故宫芳草在，往事暮江流。」《朱致政》云：「清朝納禄猶强健，白首還鄉正太平。」《和人贈馬太保》云：「轉眄回岩電，分須磔蝟毛。」《寄洪湛》云：「謫去賈生身健否？秋來潘嶽鬢斑無？」

姚鉉《錢塘郡》云：「疏鐘天竺曉，一鴈海門秋。」

陳堯佐《潮州徵還》云：「君恩來萬里，客路出千山。」《送种放》【三〇】：「風樵若邪

【二九】北山　「山」，《類説》作「行」。

【三〇】送种放　《類説》作「送人越州」。

路，霜橘洞庭秋。」《送朱荆南》云：「部吏百亟通爵里，從兵千騎屬韃櫜。」

錢熙《送人金陵拜掃》云：「鶴歸已改新城郭，牛臥重尋舊墓田。」

丁謂《和錢易》云：「珊瑚新筆架，雲母舊屏風。」《送章南安》云：「梅花過嶺路，桃葉渡江舡。」《章明州》云：「泣珠泉客通關市，種玉仙翁寄版圖。」《陳荆南》云：「楚呼夢雲鈴閣密，郢人歌雪射堂開。」

錢易《畫景》云：「雙蜂上簾額，獨鵲嫋庭柯。」《芭蕉》云：「緑章封奏緘初啟【三一】，青鳳求皇尾乍開。」

梅詢《陰陵》云：「千重漢圍合，一夜楚歌聲。」

李拱《春題村舍》云：「犬眠花影地，牛牧雨聲坡。」

蘇爲《湖亭》云：「春波無限緑，白鳥自由飛。」《劉端州》云：「夜浪珠還浦，春泥象印蹤。」

朱巖《贈徐常侍》云：「寓直有誰同騎省？立班獨自戴貂冠。」

陳越《侍宴》云：「十鐘人既醉，九奏鳳來儀。」《與劉從》云：「誰哀城下酌？不廢洛中吟。」《李秦州》云：「擁路東方騎，懸腰左顧龜。」

王曾《李駙馬拜陵》云：「人畏軒臺久，春歸雨澤多。」

李堪《哭黎州家君》云：「桐鄉留語葬，絲路在生悲。」《周建州》云：「海月隨帆落，

【三一】封奏 「奏」，《類説》作「事」。

溪花繞驛流。」《送人》云：「雷風有約春蚓振，霜雪無情紫蕙枯。」《退居》云：「雨密絲桐潤，潮平釣石沈。」

陳詁《閒居》云：「籠雞對窗語，三雀遶門飛。」

呂夷簡《早春》云：「梅無驛使飄零盡，草怨王孫取次生。」《九日呈梅集仙》云：「人歸北闕知何日？菊映東籬似去年。」《寒食》云：「人爲子推初禁火，花愁青女再飛霜。」

宋綬《送人知江陵》云：「奇才劍客當前隊，麗賦騷人託後車。」《送人洪州》云：「江涵帝子翬飛閣，山際真君鶴馭天。」《周賢良》云：「楚澤傷春悲鶗鴂，長安索米愧侏儒。」

邵煥《送晏集賢南歸》云：「舡官風破浪，關吏鼓通晨。」

晏殊《與張臨川》云：「籬邊菊秀先生醉，桑下鷚嬌稚子仕。」又云：「東陽詩骨瘦，南浦別魂消。」《章明州》云：「騷客江山知有助，秦源雞犬更相聞。」《送人洪州》云：「沖鬥氣沉龍已化，置芻人去榻猶懸。」

江任《送人》云：「珠盤臨路泣，鬥印入鄉提。」

焦宗古《送人遊蜀》云：「芳樹高低啼蜀魄，朝雲濃淡極巴天。」《贈周賢良》云：「南陽客自稱龍臥，東魯人應歎鳳衰。」

林逋《湖山》云：「片月通蘿徑，幽雲在石床。」

周啟明《近臣疾愈》云：「一丸童子藥，五返使人車。」《皇甫提刑》云：「鴟夷江上宗田稔，牛門星邊貫索空。」

錢惟濟《太一宮醮》云：「庭下焚香連宿霧，林間鳴佩起棲鸞。」《從駕西巡》云：「曉陌壺漿滿，春風騎吹長。」《故王第》云：「鳳簫通碧落，星石辨靈源。」

錢昭度《村居》云【三二】：「黄蜂銜退海潮上，白蟻戰酣山雨來。」《大寒》云：「雨被北風須作雪，水愁東海亦成冰。」《金陵》云：「西北高樓在，東南王氣銷。」《梅花》云：「東北風吹大庾嶺，西南日映小寒天。」《雁》云：「三年別館風吹入，萬里長沙月照來。」《秋日華山》云：「人間路到三峯盡，天下秋隨一葉來。」又《鄭殿丞》云：「青鳥幾傳王母信，白鵝曾換右軍書。」《將至京》云「近闕已瞻龍虎氣，思鄉猶望鬥牛星。」

家君《黎州赦至》云：「山川百蠻國，雨露九天書。」《寄遠》云：「胡越自爲迢遞國，參商元是別離星。」《自遣》云：「天上羲輪都易失，人間堯曆自難逢。」《哭儲屯田》云：「部中軍雨春無潤，天上郎星夜殞光。」《感悟》云：「頓纓狂走鹿，呴沫倦遊鱗。」《心知》云：「遠別苦驚雲聚散，相逢多倍月虧盈。」《自詠》云：「剛腸欺竹葉，衰髩怯菱花。」《淚》云：「一斑早寄湘川竹，萬點空遺峴首碑。」《春晝》云：「人歸漢後黄金屋【三三】，燕在盧家白玉堂。」《寄人》云：「世味嫌爲枳，時光怨落蓂。」《閒居》云：「歌懷飯牛起，書憤抱麟成。」《蟬》云：「二子自不食，三閭何獨清？」《登樓》云：「遠水淨林色，微雲生夕陽。」《詠塵》云：「已傷花榻滿，休妬畫梁飛。」凡公之所舉者甚多，值公病心煩，不喜人申

【三二】村居　「村居」，《類説》作「春居」。

【三三】黄金屋　「屋」，《類説》作「殿」。

問，今聊託其十之一二耳。《類苑》卷三七引《楊文公談苑》，又見《類説》、《詩話總龜》卷一五、《山谷外集詩注》卷一三

錢惟演劉筠警句

近年錢惟演、劉筠首變詩格，學者爭慕之，得其標格者，蔚爲嘉詠。二君麗句絶多，如惟演《奉使塗中》云：「雪意未成雲著地，秋聲不斷鴈連天。」又云：「客亭厭見名長短【三四】，村酒那能辨聖賢。」《送僧遊楚》云：「宿舍孤煙起【三五】，行衣夢雨涼。」《張并州》云：「戈矛巡霧夕，鐘鼓宴簫晨。」《章衢州》云：「平檻曉波吴舫渡，邊城春樹越禽飛。」《章南安》云：「離人南浦多春草，越鳥棲枝有早梅。」《劉潭州》云：「坐激鮮飈湘竹晚，樹含涼雨越禽歸。」《李太僕北使》云：「漢幟隨移帳，燕鴻伴解鞍。」《何袁州》云：「疎鐘靜起軍城晚，華表雙高水國秋。」《陳江陵》云：「深沈珠綱通歸夢，紫翠春山接去舟。」《太一宫》云：「神庭古柏啼烏起，齋室虚簾宿霧通。」《送人》云：「思滿離堂酒，魂驚客舍烏。」《高泉州》云：「東南一尉宵烽息，西北高樓晚望迷。」《章分寧》云：「小雨郊原連苦霧，夕陽樓閣照丹楓。」《東封應制》云：「羽毛襄野駕，宴喜魯郊民。」《送予知處州》云：「輕飈使車遠，明月直廬空。」《張僕射判河陽》云：「繡野桑麻連四水【三六】，黄堂歌吹擁千兵。」《孫永興》云：「魚尾故宫迷草樹，龍鱗平隰自風煙。」《漢武》云【三七】：

【三四】名長短　「名」，《類説》作「论」。

【三五】宿舍孤煙起　「舍」，《類説》作「榻」。

【三六】繡野　「繡」，《類苑》明抄本作「绿」。

【三七】漢武　「漢」，《後村詩話》前有「詠」字。

「立候東溟邀鶴駕，窮兵西極待龍媒。」《公子》云：「歌黐南國桃根曲，馬過章臺杏葉韉。」《槿花》云：「欲作飛煙散，猶憐反照遲。」《荷花》云：「淚有鮫人見，魂須宋玉招。」《禁中鶴》云：「天淵風雨多秋思，遼海煙波失舊期。」《無題》云：「有時盤馬看猶懶，盡日投壺笑未回。」又云：「春瘦已寬連理帶，夜長誰有辟寒金？」《元夜》云：「千枝火樹連金狄，萬里霜輪上璧璫。」《馬延州》云：「沃野桑麻涵細雨，嚴城鼓角送殘陽。」

劉筠《禁直》云：「雨勢宮城闊，秋聲禁樹多。」《陝州從事》云：「角迴含商氣，橋長斷洛塵。」《周賢》云：「崎嶇一乘傳，憔悴五羊皮。」《章南鄭》云：「渝舞氣豪傳漢俗，丙魚味美敵吳鄉。」《李太僕北使》云：「惟月卿曹重，占星使者賢。」《送僧》云：「卷衲城鐘斷，榰筇嶽雨餘。」《僧崇惠》云：「醉令難同社，仙鵝有換書。」《葉金華》：「柔桑蔽野鳴雛雉，高柳含風變早蟬。」《劉潭州》云：「膝席久虛温樹老，心旌無奈楚風長。」又云：「沙禽兩兩穿鈴閣，江草依依接射堂。」《章九隴》云：「溪牋未破冰生硯，爐酒新燒雪滿天。」又《周賢良》云：「春風亂鶯囀，夕霧一鴻冥。」《張嶺南》云：「山月愁子，風濤怒鱷魚。」《西巡》云：「龍駕昌明御，天旗太一神。」《張婺州》云：「大野幾星分婺女，清風萬古感顏烏。」《章南安》云：「嶺雲夏變梅蒸早，越賈秋藏桂蠹多。」《西京首坐》云：「榮河帶遶中天闊，空樂星懸大士居。」《題雪》云：「劉伶醉席梅花地，海客仙槎粉樹天。」《利州轉運》云：「鴟蹲野芋難爲尹，雪積眾鹽久置宮。」《章分寧》云：「鶴伴鳴琴聽事晚，鳥驚調角武城秋。」《楊處州》云：「朱飾兩轓巡屬邑，月留雙筆在中臺。」《閣宿》云：「三讓月臨承露掌，九雛烏遶守宮槐。」又云：「酒供硯滴濡毫冷，火守更籌沃漏長。」《雲月》云：「已回鄰面三年粉，又結寒絲幾繭冰。」《汾陽道中》云：「鼓音記里繩阡遠，舞節鳴鑾玉步徐。」《楊洪州》云：「桃葉橫波人共醉，劍光牛鬥獄常空。」《李秦州》云：「右城獨登溫樹密，前旌雙抗嶺雲高。」《劉潭州》云：「洛田荒二頃，楚浪漲三篙。」《槿花》云：「吳宮何薄命？楚夢不終朝。」《宮詞》云：「難銷守宮血，易斷舞鸞腸。」又云：「虹跨層臺晚，螢飛下苑涼。」《夏日》云：「雲容倏變千峯險，草色相沿百帶長。」《新蟬》云：「翼薄乍舒宮女鬢，蛻輕全解羽人屍。」《公子》云：「行庖爨蠟雕胡熟，求埒鋪金汗血驕。」《明皇》云【三八】：「黎園法部兼胡部，玉輦長亭更短亭。」《荷花》云：「湔裙無限水，鄣袂幾多風。」《別墅》云：「雲際尋橦技，花間笑躄樓。」《無題》云：「荷心出水終無定，蘿蔓從風莫自持。」又云：「藻井風高蛛壞網，杏梁春暖燕爭泥。」《詠梨》云：「先時櫻熟煩羊酪，遠信梅酸捐瓠犀。」《洞户》云：「密鑠香云深處户，亂飄梨雪晚來天。」《贈希晝》云：「吟餘云散葉，話久塵遺毛。」《夕陽》云：「塞迴橫煙紫，江清照葉丹。」《閨中》云：「籠禽思隴樹，洞犬識秦人。」《柳絮》云：「平沙萬里經春雪，廣陌三條盡日風。」《屬疾》云：「風簾鴟嘯廚煙絶，月樹烏驚藥杵喧。」《燈夕》云：「金吾抱箭催壺水，玉宇來風滿砌蓂。」《禁中》云：「萬年宮省樹，五色帝家禽。」其警句絶多，此但所記者耳。《類苑》卷三七引《楊文

【三八】明皇　「明」，《後村詩話》前有「詠」字。

公談苑》，又見《類説》、《韻語陽秋》卷二、劉克莊《後村詩話後集》卷一

近世釋子詩

公常言，近世釋子多工詩，而楚僧惠崇、蜀僧希晝爲傑出。其江南僧元淨、夢真，浙右僧寳通、守恭、行肇、鑒徵【三九】、簡長、尚能、智仁、休復，蜀僧惟鳳，皆有佳句。

惠崇《贈裴太守》云：「行縣山迎舸，論兵雪遶旗。」《高生山閣》云：「勸酒淮潮起，題詩楚月新。」《周建州》云：「鑠城山月上，吹角海鷗驚。」《東林寺》云：「鳥歸杉墮雪，僧定石沉雲。」《光梵師》云：「梵容存古像，唐語入新經。」《明大師》云：「門掩前朝樹，心懸別郡峯。」《送李堪》云：「秋聲動羣木，暮色起千山。」

希晝《鴈蕩山》云【四〇】：「長天來月正【四一】，危木度猿稀。」《荅黄桂州》云：「來書逢歲闕，去夢歷峯危。」《廣南陳轉運》云：「春生桂嶺外，人在海門西。」《僧東歸》云【四二】：「帆影先寒雁，經聲隱暮潮。」《宋承旨林亭》云：「雪溜懸危石，棋燈射遠林。」《贈僧》云：「漱齒冰溪遠，開禪雪屋深【四三】。」《送人》云：「玉繩天闕遠，金柝海城秋。」《句學士》云：「曉天金馬路，晚歲石霜心。」《寄人》云：「山日秋光短，江虹晚影低。」《新津尉》云【四四】：「劍月啼猿苦，江沙濯錦寒。」《北宫書亭》云：「花露盈蟲穴，梁塵墮燕泥。」《登上人》云【四五】：「寄禪關樹老，乞食塞城荒。」《僧歸新安》云【四六】：「風泉舊聽

【三九】鑒徵　「徵」，《類苑》庫本作「徽」。

【四〇】鴈蕩山　「鴈」，《詩話總龜》前有「游」字。

【四一】長天　《詩話總龜》作「天長」。

【四二】僧東歸　「僧」，《詩話總龜》前有「送」字。

【四三】開禪　《詩話總龜》作「聞蟬」。

【四四】新津尉　「新」，《詩話總龜》前有「送」字。

【四五】登上人　「登」，《詩話總龜》作「贈關」。

【四六】僧歸新安　「僧」，《詩話總龜》前有「送」字。

僧窗改，雲穴曾行鳥逕殘。」《春山》云：「芳樹尋雲老【四七】，孤泉落石危。」《送人歸南海》云【四八】：「落日橫秋島，寒濤兀夜舡。」

寶通《題相國寺》云【四九】：「下朝人帶天香入，出定僧迎御杖來【五〇】。」

守恭《佛跡峯》云：「布髮人來絕【五一】，銜花鹿去多。」《朝海峯》云：「影落揚侯宅，根連覺帝居。」

行肇《送僧》云：「聽錫樵停斧【五二】，窺蟬鳥立槎【五三】。」《送人之鄞江》云：「江聲鼇背出，帆影鬥邊飛。」

簡長《送人歸寧》云【五四】：「煙壘沈寒角，霜空擊怒雕。」

尚能《送僧歸浙右》云：「霜洲楓落盡，水館月生寒。」《送僧歸四明》云：「古寺山光滿，重城海氣圍。」《送人》云：「西風隨雁急，寒柳向人疎。」《孫大諫知永興》云：「關河虎符重，殿閣獸鐏閑。」

智仁《溪居》云：「寒聲病葉落，曉色凍雲開。」《僧歸天台》云：「路遥無去伴，山疊有啼猿。」《冬夕》云：「風窗燈易滅，雪屋夜偏寒。」

休復《送道士西游》云：「日暮長安道，秋深太白峯。」

惟鳳《秋日送人》云：「去路正黄葉，别君堪白頭。」《哭度禪師》云：「海客傳遺偈，林僧寫病容。」皆公之所舉，略記十之二三。

【四七】尋雲老　「尋」，《詩話總龜》作「侵」。

【四八】歸南　原作南歸，據《詩話總龜》改。

【四九】寶通　「寶」，《詩話總龜》前有「浙僧」二字。

【五〇】入出　《詩話總龜》作「出入」。

【五一】布髮人　「布」，《詩話總龜》作「市」。

【五二】聽錫　《詩話總龜》作「定錫」。

【五三】窺蟬　《詩話總龜》作「人」。

【五四】歸寧　「寧」，《詩話總龜》下有「州」字。

公又言，因集當代名公詩爲《筆苑》，輦下江吴僧聞之，竟以詩爲贄，擇其善者，多寫入《筆苑》中。《類苑》卷三七引《楊文公談苑》，又見《類説》、《詩話總龜》卷一八

唱和聯句

唱和聯句之起，其源遠矣。自舜作歌，臯繇颺言賡載，及栢梁聯句，顔延年有和謝監玄暉，謝監有《和伏武昌登孫權故城》等篇。梁何遜集中多聯句，至唐朝文士唱和聯句固多。元稹作《春深》題二十篇，並用家、花、車、斜四字爲韻，白居易、劉禹錫和之，亦同此四字【五五】。令狐楚所和詩，多次韻【五六】，起於此。凡聯句，或兩句、四句，亦有對一句，出一句者，謂之轆轤體。《類苑》卷三七引《楊文公談苑》，又見《類説》、《事物紀原》卷四、趙與旹《賓退録》卷二

大言賦

蘇易簡爲學士承旨日，太宗親書宋玉《大言賦》賜之。易簡因效玉，亦作《大言賦》以獻，曰：「皇帝書白龍牋，作《大言賦》，賜玉堂易簡。御筆煌煌，雄辭洋洋，瓌瑋博達，不可備詳。詔易簡升殿，躬指其理，歎宋玉之奇怪也，因伏而奏言，恨宋玉不與陛下同時。帝曰：『噫，何代無人焉！卿爲朕言之。』易簡曰：『聖人興兮告成功，登昆侖兮展升中，

【五五】同此四字　《事物紀原》卷四作「用其韵」、《賓退録》卷二作「同此韵」。

【五六】多次韻　「次」，《事物紀原》下有「其」字。

地爲席兮饗祖宗，天起籟兮調笙鏞。日烏月兔，曜文明也。參旗井鉞【五七】，嚴武衛也。執北斗兮，奠玄酒也。削西華兮，爲石磩也。迅雷三發，出神呼也。流電三激，爟火舉也【五八】。禮册獻兮淳風還，君百拜兮天神歡，四時一周兮萬八千年。泰山夷兮溟海乾，圓蓋空兮方輿穿，君主之壽兮無窮焉。』」殿上皆呼萬歲，上覽之大喜，又作《大言賦銘》四句以褒之，易簡刻石於院内之北壁。《類苑》卷三九引《楊文公談苑》

潘佑

太祖嘗諭旨江南，令遣使説嶺南歸順。後主令近臣數人作書，惟潘佑所作千餘言，詞理精當，雄富典麗，遂用之。江南莫不傳寫諷誦，中朝士人，多藏其本，甚重之，真一時之名筆也。《類苑》卷四〇引《楊文公談苑》

趙鄰幾

趙鄰幾善屬文，有名於時，太宗用知制誥，未數旬卒，中使護葬。淳化末，蘇易簡上言，鄰幾有子東之，亦好學，善屬文，任北地邑，佐部送芻粟，死塞下，家睢陽。鄰幾平生多著文，家有遺稿。上遣直史館錢熙往訪之，得《補會昌以來日曆》二十六卷【五九】，文集三十四卷，所著《鯫子》一卷，《六帝年略》一卷【六〇】，《史氏懋官志》五卷，及佗書五十餘卷

【五七】參旗井鉞　《類苑》庫本作「龍旗兮」。

【五八】爟火　「爟」，《類苑》庫本作「烽」。

【五九】日曆　「日」，原無，據《宋史》卷四三九《趙鄰幾傳》補。

【六〇】帝年　原誤倒，據《玉海》卷五七、《宋史》卷四三九本傳乙正。

來上。皆鄰幾點竄之跡，令宋州賜其家錢十萬。《類苑》卷四〇引《楊文公談苑》

徐鍇

徐鍇仕江左，至中書舍人，尤嗜學該博，領集賢學士。校秘書時，吳淑爲校理，古樂府中摻字者，淑多改爲操，蓋章草之變【六一】。鍇曰：「非可以一例，若漁陽摻者，音七鑒反，三撾鼓也。禰衡作《漁陽三撾》鼓歌詞云：『邊城晏開漁陽摻，黄塵蕭蕭白日暗。』」淑嘆服之。又嘗召對於清暑閣，閣前地悉布塼，經雨，草生縫中，後主曰：「累遣薙去，雨潤復生。」鍇曰：「《呂氏春秋》云：『桂枝之下無雜木。』蓋桂味辛螫故也。」後主令於醫院取桂屑數鬥，匀布縫中，經宿草盡死，其博物多識如此。嘗欲注李商隱《樊南集》，悉知其用事所出，有《代王茂元檄劉稹書》云：「喪貝躋陵【六二】，飛走之期既絶；投戈散地，灰釘之望斯窮。」獨恨不知灰釘事，乃後漢杜篤《論都賦》云：「焚康居，灰珍奇，椎鳴鏑，釘鹿蠡。」商隱之雕篆如此。《類苑》卷四〇引《楊文公談苑》，又見《類説》、《紺珠集》、《詩話總龜》卷二一、《歲時廣記》卷一一、沈括《夢溪筆談》卷四、陸佃《埤雅》卷一四

錢昭序

錢昭序，鄧王俶之族子也。爲如京副使，知通利軍。至道初，獲赤烏白兔，昭序表獻

【六一】蓋章草　「蓋」，《能改齋漫録》卷三下有「以爲」二字。

【六二】喪貝　「貝」，原误作「見」，据《紺珠集》、《詩話總龜》、《玉海》卷一八八、《文苑英華》卷六四六改。

曰：「烏乃陽精，兔惟陰類。告火德蕃昌之盛，示金方馴服之徵。懿兹希世之珍【六三】，罕有同時而見。」當時多傳誦。昭序有文詞，作數賦，自一至十，凡十篇，甚爲蘇易簡及江陵從祖所傳誦。《類苑》卷四〇引《楊文公談苑》，又見《説郛》商務本

湯悦

湯悦父殷舉，唐末有才名。悦本名崇義，仕江南爲宰相。建隆初，宣祖諱，改姓湯。初在吴爲舍人，受詔撰揚州孝先寺碑，世宗親往，駐蹕此寺，讀其文賞歎。晝江後【六四】，中主遣悦入貢，世宗爲之加禮。自淮上用兵，凡書詔多悦之作，特爲典贍，切於事情。世宗每覽江南文字，形於嗟重【六五】，當時朝臣沈遇、馬士元皆以不稱職，改授他官。復用陶穀、李昉爲舍人，其後擢用扈載，率由此也。《類苑》卷四〇引《楊文公談苑》

陳希夷

陳摶，譙郡真源人，與老聃同鄉里，生嘗舉進士不第【六六】，去隱武當山九室岩辟穀練氣【六七】。作詩八十一章，號《指玄篇》，言修養之事。後居華山雲臺觀，多閉門獨臥，經累月至百餘日不起。周世宗召至闕下，令於禁中扃户以試之，月餘始開，摶熟寢如故，甚異之。因問以神仙黄白修養之事、飛升之道，摶曰：「陛下爲天下君，當以蒼生爲念，豈

【六三】懿　《説郛》作「顧」，《玉海》卷一九八作「念」。

【六四】晝江後　《類苑》庫本作「顯德」。

【六五】嗟重　《類苑》庫本作「嗟歎」。

【六六】生嘗　《五朝名臣言行録》卷一〇作「長興末」。

【六七】練氣　「氣」，《五朝名臣言行録》下有「二十餘年」四字。

宜留意於爲金乎？」世宗弗之責，放還山，令長吏歲時存問。訖太祖朝，未嘗召。太宗即位，再召之。雍熙初，賜號希夷先生。爲修所居觀，留闕下數月，多延入宫中書閣内與語，頗與之聯和詩什。謂宰相宋琪等曰：「陳摶獨善其身，不幹勢利，真方外之士。入華山已四十年，計其年近百歲，且言天下治安，故來朝覲，此意亦可念也。」遣中使送至中書。琪等問曰：「先生得玄默修養之道，可以授人乎？」曰：「摶遁跡山野，無用於世，神養之事，皆所不知，亦未嘗習練吐納化形之術，無可傳授。擬如白日升天【六八】，何益於治？聖上龍顔秀異，有天人之表，洞達古今治亂之旨，真有道仁聖之主，正是君臣合德以治天下之時，勤行修練，無以加此。」琪等表上其言，上覽之甚喜。未幾，放還山。端拱二年夏，令其徒賈德於張超谷鑿石室，室成，手書遺表曰：「臣摶大數有終，聖朝難戀，於七月二十九日化形於蓮花峯下張超谷中。」緘封如法，至期卒於石室中，啟封視之，乃預知也。死七日，支體猶温，有五色雲閉塞洞口，終月不散。《類苑》卷四一引《楊文公談苑》，又見《五朝名臣言行録》卷一〇之一、《錦繡萬花谷前集》卷三〇

江直木

江直木，隱居廬山，有至行。一夕，有盗入齋中，直木假寐不動，清貧無它物，唯持藥鼎而去，遺其蓋。直木俟其出户，隨後擲蓋與之。來日謂人曰：「器不全成，得之安

【六八】擬如　《五朝名臣言行録》作「然正使」。

用？」報曉雞爲狸所食，直木悵然，將有以報雞之寃者。來日持百錢坐路隅以俟，有持死兔過者，即市之，割以祭雞。人或謂直木【六九】，此非狸。直木曰：「亦是其類也。」《類苑》卷四一引《楊文公談苑》

种放

种放字明逸，河南洛陽人，父故吏部令史，滿，調補長安簿，卒官。放七歲能屬文，既長，父勗令赴舉，放辭以業未成，不可妄動。父卒，兄數人皆從賦【七〇】，放與母隱終南山豹林谷，結草茅爲廬，以講習爲業，後生多從之學問，得其束脩以自給。著書十卷，人多傳寫之。工爲歌詩，亦播人口。宋維翰爲陝西轉運使，表薦之，太宗令本州給裝錢三萬，遣赴闕，量其才收用。放詣府受金，治行。素與張賀善【七一】，賀適自秦州從事公累免官，居京兆。放詣賀謀其事，賀曰：「君今赴召，不過得一簿尉耳。不如稱疾，俟再召而往，當得好官。」放然之，即託賀爲奏草，稱疾。太宗曰：「此山野之人，亦安用之？」令本府歲時存問，不復召。其母甚賢，聞有朝命，恚曰【七二】：「常勸汝勿聚徒講學。身既隱矣，何用文爲【七三】？果爲人知，而不得安處，我將棄汝深入窮山矣。」放既辭疾，母悉取其筆硯焚之，與放轉詣窮僻，人跡罕至。後母卒，無以葬，遣僮奴持書于錢若水【七四】、宋湜。若水、湜同上言，以爲先朝嘗加召命，今貧不能葬其母，欲以私覿，是掠朝廷之美。詔京兆府

【六九】直木　「木」，《類苑》庫本下有「曰」字。

【七〇】兄數人皆從賦　《類苑》庫本作「數兄皆干進」。

【七一】張賀善　「賀」，《類苑》庫本作「貨」。

【七二】恚曰　「恚」，《類苑》庫本作「謂」。

【七三】用文　《類苑》庫本作「爲名」。

【七四】持書于　「于」，《永樂大典》卷一〇八一三作「干」。

賜錢三萬、帛三十疋、粟三十石。咸平末，張齊賢知京兆府，表薦，召爲左司諫，直昭文館，賜五品服。《類苑》卷四二引《楊文公談苑》，又見《永樂大典》卷一〇八一三

卷六

呂洞賓

呂洞賓者【一】，多遊人間，頗有見之者。丁謂通判饒州日，洞賓往見之，語謂曰：「君狀貌頗似李德裕，它日富貴皆如之。」謂咸平初，與予言其事，謂今已執政。張洎家居，忽外有一隱士通謁，乃洞賓名姓，洎倒屣見之。洞賓自言呂渭之後，渭四子，温、恭、儉、讓。讓終海州刺史，洞賓系出海州房，讓所任官，《唐書》不載。索紙筆，八分書七言四韻詞一章【二】，留與洎，頗言將佐鼎席之意。其末句云「功成當在破瓜年」，俗以破瓜字爲二八，洎年六十四卒【三】，乃其讖也【四】。洞賓詩什，人間多傳寫，有《自詠》云：「朝辭百越暮三吴【五】，袖有青蛇膽氣麤【六】。三入岳陽人不識，朗吟飛過洞庭湖。」又有「飲海龜見人不識，燒山符子鬼難看【七】。一粒粟中藏世界，二升鐺内煮山川」之句【八】，大率詞意多奇怪類此，世所傳者百餘篇，人多誦之。《類苑》卷四三引《楊文公談苑》，又見《紺珠集》、《新編分門古今類事》卷五、《詩話總龜》卷四六、《錦繡萬花谷前集》卷二六、魏慶之《詩人玉屑》卷二〇

校勘記

【一】呂洞賓者　「者」，《新編古今分門類事》卷五作「仙翁」。

【二】詞一章　《詩話總龜》卷四四作「诗一章」，《分門類事》作「词一绝」。

【三】洎年　「年」，《分門類事》作「果」。

【四】乃其　「其」，《錦繡萬花谷前集》卷二六作「悟」。

【五】朝辭百越暮三吴　《詩話總龜》、《詩人玉屑》卷二〇作「朝游北海暮蒼梧」。

【六】袖有　「有」，《詩話總龜》作「裏」。

【七】燒山　「山」，《詩話總龜》作「丹」。

【八】二升鐺内　「内」，《詩話總龜》作「裏」。

華陰隱人

華山南有川，廣袤數百里，連山洞【九】，不知其極。人有登蓮華峯絶頂俯瞰，人煙舍屋相望，四時常有花木，疑靈仙之窟宅。又云秦人避難者居此，其後裔也。開寶中，有數人衣服異制，出華陰市中，人詰之，曰：「我居華陰川，因采藥迷路至此，何所也？」後不知所詣，或疑其地仙。《類苑》卷四三引《楊文公談苑》

胡僧法調

西晉時有胡僧法調至洛陽，見晉家宮闕【一〇】，歎曰：「此正是兜率天宮，但生死之力營建【一一】，非道力所成耳。」將終，與徒衆別，謂之曰：「山河天下皆變滅，而况人身而得久長【一二】，但能專心清淨，屏除三毒，形骸雖乖【一三】，其會必同。」言訖而終。《類苑》卷四三，原缺出處，據《類説》，知出《談苑》。

佛經

佛經之入中國，自竺法蘭、摩騰二師。以後漢明帝時，暨至白馬寺，首譯《四十二章經》。歷晉及十六國南北朝暨唐，皆有梵僧自五天竺來，及華人之善竺音者，迭相翻譯，

【九】連山洞　「洞」，《類苑》庫本作「洞壑」。

【一〇】宮闕　「闕」，原誤作「門」，據《類説》改。

【一一】生死　「死」，《類説》作「生人」。

【一二】而得久長　「而」，《類説》作「何」。

【一三】形骸　「骸」，《類説》作「數」。

訖開元，録凡大小乘經律論聖賢集共五千四十八卷。至貞元，又别録新經二百餘卷。元和之後，譯經遂廢。太宗太平興國初，有梵僧法賢、法天、施護三人，自西域來，雅善華音，太宗宿受佛記，遂建譯經院於太平興國寺。訪得鳳翔釋清照，深識西竺文字，因盡取國庫新貯西來梵夾，首令三梵僧詮擇未經翻者，各譯一卷，集兩街義學僧評議。論難鋒起，三梵僧以梵經華言對席讀，衆僧無以屈，譯事遂興。後募童子五十人，令習梵學，獨得惟淨者，乃江南李王之子，惠悟絶異，盡能通天竺文字。今上即位初，陳恕逵議，以爲費國家供億，願罷之。上以先朝所留意，不許。訖今所譯新經論學，凡五百餘卷，自至道以後，多惟淨所翻也。大中祥符四年，譯衆上言，請如元正造録，詔令潤文官參知政事趙安仁與翰林學士楊億同編修，凡爲二十卷。乃降賜太宗所作釋門文字，令編其名題入録。安仁等及釋衆再上表，請御制釋門文章，許之。六年三月，賜御制法音前集七卷，共論次其文理，以附於先皇之次，而冠於東土聖賢集之首。譯經院置潤文官，嘗以南北省官學士充，中使一人監院事。譯經常以梵僧，後令惟淨同譯，經梵學筆受二人，譯綴文二人，評議二人，皆選名德有義學僧爲之。《類苑》卷四三，原缺出處，據《事物纪原》卷七、《錦繡萬花谷前集》卷二九節引，知出《談苑》

喻浩造塔

錢鏐曰：「釋迦真身舍利塔，見於明州鄞縣，即阿育王所造八萬四千，而此震旦得十九之一也。」鏐造南塔以奉安，俶在國，天火屢作，延燒此塔，一僧奮身穿烈焰，登第三級，持之而下，衣裳膚體多被燒灼。太平興國初，俶獻其地，太宗命取塔禁中【一四】，度開寶寺西北闕地，造浮圖十一級，下作天宫，以葬舍利。葬日，上肩舁微行，自安置之，有白光由塔一角而出【一五】。上雨涕，其外都人萬衆皆灑泣，燃指焚香於臂掌者無數。内侍數十人，願出家掃灑塔下，悉度爲僧。上謂近臣曰：「我曩世嘗親佛座，但未通宿命，不能了了見之耳。」初造塔，得浙東匠人喻浩，浩不食葷茹，性絶巧，先作塔式以獻。每建一級，外設帷帟【一六】，但聞椎鑿之聲，凡一月而一級成。其有梁柱齟齬未安者，浩周旋視之，持捶橦擊數十，即皆牢整，自云此可七百年無傾動。人或問其北面稍高，浩曰：「京城多北風，而此數十步，乃五丈河，潤氣津浹，經一百年，則北隅微墊，而塔正矣。」塔成，而浩求度爲僧，數月死【一七】，世頗疑其異。《類苑》卷四三引《楊文公談苑》，又見《錦繡萬花谷前集》卷二九

建寺

太平興國寺，舊龍興寺也，世宗廢爲龍興倉【一八】。國初，寺主僧屢擊登聞鼓，求復爲

【一四】取塔　「塔」，《錦繡萬花谷前集》卷二九作「舍利」。

【一五】白光　「白」，《類苑》庫本作「日光」。

【一六】外設帷帟　《類苑》庫本作「即設帷幕」。

【一七】數月死　「數」，《類苑》庫本前有「不」字。

【一八】世宗　「世」，《事物紀原》卷七上「世」有「周」字。

寺，上遣中使持劍以詰之，曰：「此寺前朝所廢，爲倉敖以貯軍糧，汝何故煩瀆帝庭？朝【一九】命令斷取汝首。」仍戒之曰：「儻偃蹇怖畏，即斬之。或臨刑無懼，即未可行刑【二〇】。」既訊，其僧神色自若，引頸就戮。中使以聞，上大感歎，復以爲寺。官爲營葺，極於宏壯。又修舊封禪寺爲開寶寺，前臨官街，北鎮五丈河，屋數千間，連數坊之地，極於鉅麗。《類苑》卷四三，原缺出處，據《類説》、《事物紀原》卷七，知出《談苑》

西域僧覺稱

大中祥符初，有西域僧覺稱來，館於傳法院，其僧通四十餘本經論，年始四十餘歲。丁謂延見之，嘉其敏惠，遣人送至予處，與譯同來，設茶果。問之，譯云：「入此國，見屠殺豬羊，縣肉市肆，甚不忍觀，見此方人心頗惡。彼西土，或一國人全不食肉。」予問能留此土否？覺稱云：「願至五臺，謁文殊即還。」乃心思戀本國，不樂居此。因索紙以竹筆作梵書，横行數十字，請淨公譯云：「稽首摧伏諸魔力，我智者本名覺稱，出家至今十九臘，渠胝偈句義能説。」後復作《聖德頌》以上，文理甚富。上問其所欲【二一】，但求金【二二】襴袈裟，歸置金剛坐而已，詔尚方造以給之。覺稱自言酤蘭左國人刹帝利，性善畫，於譯堂北壁畫釋迦面，與此方絶異。《類苑》卷四三，原缺出處，據《類説》卷一六知出《談苑》

【一九】庭朝　《類苑》庫本作「也朝廷」。

【二〇】行刑　《類説》作「斬」。

【二一】上問其所欲　「上」，《類説》其下有「召」字。

【二二】金襴　「金」，原作「全」，據《類説》、《永樂大典》改。

雲豁入定

吉州西峯寳龍院僧雲豁，常入定，歲餘一出。大中祥符三年，上遣中使趙履信取至闕下，宣於北御園舍中，扃鐍之，月餘始出定。苦告求歸，厚賜以遣之。《類苑》卷四三引《楊文公談苑》

郭忠恕

郭忠恕，字恕先，以字行。能屬文，善史書。周廣順中，累爲《周易》博士，貶乾州司户。秩滿，遂不復仕。多遊岐、雍、宋、洛間，縱酒，逢人無貴賤，常口稱貓。遇山水佳處，絶糧數日不食。盛夏暴於日中，體不沾汗；窮冬大寒，鑿河冰而浴，溶傍冰澌皆釋。太宗召授國子監主簿，縱酒自肆，謗讟時政。太宗怒，決杖配登州。行至齊州臨邑，謂部送吏曰：「我逝矣。」因掊地，窟才容面而卒。遂藁葬於道左，後數日，有取其屍改葬，視之空空，若蟬蛻然。《類苑》卷四三，原缺出處，王十朋《東坡詩集註》卷四、《施註蘇詩》卷一八節引此文均云出《楊文公説苑》，「説」當爲「談」之誤。

趙抱一

秦州趙抱一者，初嘗牧牛田間，一夕，有人叩門召之，以杖引行，杖端有氣如煙，其香可悦。俄至山崖絶頂，見數人會飲，音樂交奏，抱一駭莫能測。會巡檢過其下，聞樂聲，以爲羣盜嚾集，令呼民梯山而上，至則無所覩，唯抱一獨在，援以下之，自是不食。大中祥符四年至京師，猶丱角，詔賜名爲道士。《類苑》卷四四引《談苑》

黑殺將軍

開寶中，有神降於終南道士張守真，自言：我天之尊神，號黑殺將軍，與玄武、天蓬等列爲天之三大將。言禍福多驗，每守真齋戒請之，神必降室中，風肅肅然，聲如嬰兒，獨守真能曉之。太祖不豫，驛召守真至闕下，館於建隆觀，令下神。神曰：「天上宫闕已成，玉鑠開，晉王有仁心。」言訖，不復降。太祖以其妖，將加誅。會晏駕，太宗即位，築宫於山陰，將塑像，請於神。神曰：「我人形，怒目被發，騎龍按劍，前指一星。」如其言造之。太平興國六年，宫成，封神爲翊聖將軍，每歲春秋，遣中使祈醮，立碑記其事。守真時來京師，得召見。至道三年春，太宗弗豫，召守真至，令爲下神。守真屢請，神不降。歸，才至而卒。後數日，宫車晏駕，此事異也。《類苑》卷四四引《楊文公談苑》，《長編》卷一七節引《楊億談苑》

王處訥

王處訥，洛陽人，少時有老叟至其家，煮洛河石爲面以食之。又嘗夢人持巨鑒，衆星燦然滿中，剖其腹納之，後遂通星曆之學，特臻其妙。依漢祖於太原，開國爲尚書博士，判司天監事。周祖素與處訥厚善，舉兵向闕，以物色求之，得之甚喜。因言及劉氏祚短事，處訥曰：「漢氏曆數悠遠，蓋即位之後，專以復讎殺人及夷人之族，結怨天下，所以社稷不得長久。」周祖蹶然歎息。適以兵圍蘇逢吉、劉銖第，待旦加戮，遂命置之。逢吉已自縊死，但誅銖，餘悉全活。國初歷司農少卿，進拜司天監。有子熙元，今爲司天少監。《類苑》卷四五引《楊文公談苑》

陳洪進

陳洪進與張漢恩爲劉從効左右將，有沙門行雲者，若狂人，自福州來。洪進供僧有禮，行雲語洪進曰：「汝當爲此山河主，不出此歲。我且歸長樂，秋後至此。」時建隆二年也。是春，從効卒，子紹錤典留務，至秋，洪進誣紹錤將召越人，執送金陵，漢恩爲留後，自爲副使。漢恩老且懦，洪進實專郡政，行雲果來，謂洪進曰：「凡世報前定，但人有千錢之禄，不可以圖之，況將相之位，豈能力取？今留公多疑人，前後誅殺甚衆，王者不死，豈能害君哉？當須坦然任運，他日善終牖下，子孫蕃盛。苟懷疑殺人，蒙不善之報，鮮克令終矣。」洪進後廢漢恩，幽於別墅，諸子屢勸除之，終不許，漢恩竟以壽終。行雲禿首而不衣僧服，嘗服紫皂揆衫，束帶懸銀魚爲飾，館於州廨十餘年。忽謂人曰：「陳氏當有五侯之象，去此五年後，有戎馬千萬衆，前歌後舞，入此城，喜而不怒，未知何故也。」懇求出舍外宅。洪進次子文顥，牧漳州，將歸寧，行雲曰：「吾不及見矣。」遂沐浴右脇而逝。語館人曰：「過三日，乃得棺斂。」明日，文顥至，亟哭之，行雲遽起坐，執手談至暮，乃入滅。泉人疑所管二州，何以容五侯，當克取汀、建以自益耳。後洪進來朝，獻其地，改鎮徐州，文顯通州團練使，文顥、文顗、文頊三人並授諸州刺史，是爲五侯。王師入城，垂橐作笳鼓爲樂，悉如其言。洪進感行雲之言，帥泉十六年，未嘗妄殺人，有犯極刑而情可恕者，多貸其死。《類苑》卷四五，原缺出處，據李昌齡《樂善録》卷一二、《莆陽比事》卷二所引，知出《談苑》

昇元寺石記

江南將亡數年前，修昇元寺殿，掘得石記，視之，詩也。其辭云：「莫問江南事，江南事可憑。抱雞升寶位，趁犬出金陵。子建居南極，安仁秉夜燈。東鄰嬌小女，騎虎踏河冰。」王師以甲戌渡江，後主實以丁酉年生。曹彬爲大將，列栅城南，爲子建也。潘美爲副將，城陷，恐有伏兵，命卒縱火，即安仁也。錢俶以戊寅年入朝，盡獻浙右之地。《類苑》卷四七。按：此條與上一條「銅碑記」、下兩條「秦淮石記」、「天水碧」，均未記出處，彼三條經考證，確爲《談苑》文，則此條亦應出自《談苑》。

秦淮石志

江南保大中，浚秦淮，得石志。案其刻，有「大宋乾德四年」凡六字，他皆磨滅不可識。令諸儒參驗，乃輔公祏反江東時年號。後太祖受命，國號宋，改元乾德，江左始衰弱。豈非威靈將及【二三】，而符讖先著也【二四】？《類苑》卷四七，缺出處，據《能改齋漫録》卷三引此作《楊文公談苑》。

千葉牡丹

李司空昉，淳化中，家園牡丹一歲中有千葉者五苞，特爲繁豔，李公致酒張樂，召賓客以賞之。自是，再歲内【二五】，長幼凡五喪，蓋地反物之驗【二六】。《類苑》卷四七引《楊文公談苑》

蜀中桃符

辛寅遜仕僞蜀孟昶爲學士，王師將致討之前【二七】，歲除，昶令學士作詩兩句，寫桃符上。寅遜題曰：「新年納餘慶，佳節契長春【二八】。」明年蜀亡。吕餘慶以參知政事知益

【二三】將及　「將」，《能改齋漫録》卷三作「先」。

【二四】先著也　「先」，《能改齋漫録》卷三作「將」。

【二五】再歲内　「再」，《類苑》庫本作「一」。

【二六】反物之驗　「反」，《類苑》庫本作「及」。

【二七】致討　《歲時廣記》卷四〇作「攻伐」。

【二八】契長春　「契」，《歲時廣記》作「號」。

州。長春乃太祖誕聖節名【二九】。寅遜歸朝，爲太子中允，上疏諫獵，詔褒之。《類苑》卷四七引《楊文公談苑》，又見《歲時廣記》卷四〇、《詩話總龜》卷三三

陳昭遇

陳昭遇者，嶺南人，善醫，隨劉鋹歸朝。後爲翰林醫官，所治疾多愈，世以爲神醫。絶不讀書，詰其所習，不能答，嘗語所親曰：「我初來都下，持藥囊，抵軍壘中，日閲數百人。其風勞冷氣之候，皆默識之，然後視其老幼虚實，按古方用湯劑，鮮不愈者，實未嘗尋脈訣也。」莊周所謂懸解，董遇以爲讀書百遍義自見，豈是之謂歟？《類苑》卷四八，原缺出處，據《類説》所引，知出《談苑》。

吴越王錢鏐

公言錢鏐年老，一目失明，聞中朝國醫胡某者善醫，上言求之。晉祖遣醫泛海而往，醫視其目曰：「尚父可無療此，當延六七歲壽【三〇】。若決瘼去内障，眼即復舊，但慮損福爾。」鏐曰：「吾得不爲一目鬼於地下足矣。願醫盡其術以療之，當厚報。」醫爲治之，復故。鏐大喜，凡賂醫金帛寶帶計五萬緡，具舟送醫歸京師。醫至，鏐卒，年八十一矣。醫之孫收得鏐與其祖書數幅，鏐曾孫惟演贖得之，親見焉。《類苑》卷四八，原缺出處，據《類説》所引，

【二九】誕聖節名　「誕」，其下原有衍文「節」字，據《歲時廣記》、《詩話總龜》卷三三删。

【三〇】當延六七　「六」，《類説》、張杲《醫説》作「五」。

知出《談苑》。

治面瘍

楊嵎爲光禄寺丞、直史館，瘍生於頰，連齒，輔車外腫若覆甌，内潰出濃血【三一】，不輟吐之，甚痛楚，醫爲療之百方，彌年不差。人有語之曰：「天官瘍醫中有名方，何不試用？」嵎乃案瘍人療瘍，必攻以五毒，合黄堥、置石膽【三二】、丹砂、雄黄、礬石、磁石其中，燒之三日三夜，煙上著，以雞羽掃取，以注創，惡肉破骨盡出。嵎即依方，注藥創中，少頃，朽骨連兩牙潰出，疾遂愈，至今十五年。嵎見任主客員外郎。《類苑》卷四九引《談苑》

秘閣藏書

端拱元年，以崇文院之中，常置秘閣，命吏部侍郎李至兼秘書，提點供御圖書，選三館正本書萬卷實之。置直秘閣及校理之職，命至，擇其人奏署吏【三三】，以内侍監之。其外省自隸百司，秘閣列於集賢之下，寫御書及百餘卷，即秘監以奉進御，退藏於秘閣，内居從中降圖畫及前賢墨蹟數千軸以藏之【三四】。淳化中，始造閣成，上飛白書額，親幸，召近臣縱視圖籍，賜宴。又以供奉僧元藹所寫御容二軸藏於閣。《類苑》卷五〇引《楊文公談苑》

【三一】濃血　「濃」，《類苑》庫本、《肘後備急方》卷五作「膿」。

【三二】置石膽　「置」，原誤作「買」，據《肘後備急方》、許叔微《類證普濟本事方》卷七、《醫説》卷一〇引楊大年筆記改。

【三三】署吏　「署」，《類苑》庫本作「置」。

【三四】墨蹟　「墨」，《類苑》庫本作「李王」。

置御書院

翰林學士院，自五代已來，兵難相繼，待詔罕習王書，以院體相傳，字勢輕弱，筆體無法，凡詔令刻碑，皆不足觀。太宗留心筆劄【三五】，即位之後，募求善書，許自言於公車。置御書院，首得蜀人王著，以士人任簿尉，即召爲御書院祇候，遷翰林侍書。著善草隸，獨步一時，永禪師真草《千字文》，缺數百字，著補之，刻石，但得形範，而無神妙，世亦寶重之。修東嶽廟，立碑，命著書。著時任著作佐郎，辭以官卑不稱題刻，即日遷著作郎。時呂文仲爲翰林侍讀，與著更宿禁中。太宗每歲九月後，至暮夜，即召宿直侍書，及待詔書藝於内東門北偏小殿内，張燭令對御書字，或問以外事，常以至乙夜而罷。著善大書，其筆甚大，全用勁毫，號散卓筆，市中鬻者一管百錢。初以紙一番令書八字，又一番令書六字，又一番四字，又一番兩字，又一番一字，皆極於遒勁，上稱善，厚賞之。著後官至殿中侍御史，賜金紫。太平興國中，選善書者七人，補翰林待詔，各賜緋銀魚袋，錢十萬，並兼御書院祇候，更配兩院【三六】。餘者以次補外官。自是内署書詔，筆體一變，燦然可觀，人用傳寶，遠追唐室矣。《類苑》卷五〇引《楊文公談苑》，又見《錦繡萬花谷前集》卷三一

【三五】留心　《錦繡萬花谷前集》卷三一作「即賜」。

【三六】更配兩院　「配」，《類苑》庫本下有「宿」字。

太宗棋品第一

太宗棋品至第一，待詔有賈玄者，臻於絶格，時人以爲王積薪之比也。楊希紫【三七】、蔣元吉、李應昌、朱懷璧亦皆國手，然非玄之敵。玄嗜酒，病死，上痛惜之。末年得洪州人李仲玄，年甚小，而棋格絶勝，可侔於玄，歲餘亦卒。朝臣有潘慎修、蔣居才，亦善棋，至三品。内侍陳好玄至第四品，多得侍棋。自玄而下，皆受三道，慎修受四道，好玄受五道。慎修嘗獻詩云：「如今樂得仙翁術，也怯君王四路饒。」又作《棋説》千餘言以獻，上喜歎之，皆涉治道。《類苑》卷五〇引《楊文公談苑》，又見《類説》、《詩話總龜》卷五

撥鐙法

錢鄧州若水嘗言：古之善書鮮有得筆法者，唐陸希聲得之，凡五字：擫、押、鉤、格、抵，用筆雙鉤【三八】，則點畫遒勁而益妙矣【三九】，謂之撥鐙法。希聲自言：昔二王皆傳此法，自斯公以至陽冰亦傳之【四〇】，希聲以受沙門䛒光，入長安爲翰林供奉。希聲未達，以詩寄䛒光，曰：「筆下龍蛇似有神，天池雷雨變逡巡【四一】。寄言昔日不龜手，應念江頭洴澼人。」䛒光感其言，因引薦希聲於貴倖，至宰相。刁衎言【四二】：江南後主得此法，書絶勁，復增二字曰導送。今待詔尹熙古亦得之，而所書爲時之絶。李無惑工篆，亦得其法。

【三七】楊希紫　「紫」，《詩話總龜》卷五、《類苑》庫本作「槊」。

【三八】用筆　「用」，《類説》前有「仍」字。

【三九】則點畫遒勁而益妙矣　「益」，《類説》作「盡」。

【四〇】自斯公　「公」，《類説》、《新安志》卷一〇作「翁」。

【四一】變逡巡　「變」，《紺珠集》作「化」。

【四二】刁衎言　「衎」，《類説》、《紺珠集》、《新安志》作「衍」。

查道始習篆，患其體勢柔弱，熙古教以此法，仍用雙鈎用筆，經半年始習熟，而篆體勢勁直，甚佳。《類苑》卷五〇六，原缺出處，《類説》本、《紺珠集》本《楊文公談苑》均節引此文。《新安志》卷一〇亦引作《楊文公談苑》。又見朱長文《墨池編》卷二

草書

凡章草小草，點畫皆有法，不可率意輒書。近年李居簡善草書，太宗甚愛之，以賛書大夫直御書院。王嗣宗亦習而不能精，諺云：「信速不及草書，家貧不辦素食。」言其難卒置也，然小草尤難。《類苑》卷五〇引《楊文公談苑》

僧善書

近年釋子中多善書者，廬山僧顥彬茂蔣善王書，關右僧夢英善柳書，浙東僧元基善顔書，多寫碑石印板，皆不下前輩。壽春僧【四三】惠崇善王書，又其次。《類苑》卷五〇引《楊文公談苑》

張維

公言：張維者，蜀人也，爲沙門，後反初。尤善王書，絶得懷素之骨，世鮮能及之。王

【四三】僧惠崇　「僧」，原無，據《類苑》庫本補。

嗣宗曾薦於今上，召試御書院。維自負其能，少肯降屈【四四】，入院内，環視諸人所書，不覺微哂，衆怒，非排之【四五】，止得隸秘閣，爲楷書，不就。景德末，扈駕謁陵，還經鄭州，從幸開元寺，觀新塔，僧前揖言，聞公深信内典，願爲之碑，因諾之。後爲撰碑，維爲書，真一時之絶也【四六】。維貧薄甚，後寄死人家。《類苑》卷五〇引《楊文公談苑》

縉雲醞匠

縉雲推署一匠，善醞，經手者罔不醇美。嘗令寫其方，俾建安姻家造之【四七】，味不絶佳【四八】。因召匠詰傳方之謬，匠曰：「方盡於是矣。然其酘漿，隨天氣温炎寒涼，量多少之數，均冷暖之節，攪匀洽，嘗味體測，此不可口授，但心能曉耳。家有二子，亦不能傳其要。」此亦《莊子》斲輪之義也。《類苑》卷五〇引《楊文公談苑》

陳喬

陳喬仕江南，爲門下侍郎，掌機密。後主之稱疾不朝，喬預其謀。及王師問罪，誓以固守，時張洎爲喬之副，常言於後主，苟社稷失守，二臣死之。城陷，喬將死，後主執其手曰：「當與我同北歸。」喬曰：「臣死之，即陛下保無恙。但歸咎於臣爲陛下建不朝之謀，斯計之上也。」掣其手去，入視事廳内，語二親僕曰：「共縊殺我。」二僕不忍，解所服金帶

【四四】肯降屈　《類苑》庫本作「所可意」。

【四五】非排之　「非」，《類苑》庫本作「共」，義較勝。

【四六】書真　《類苑》庫本作「真書」。

【四七】姻家造之　「姻」，《類苑》庫本作「酒」。

【四八】絶佳　「絶」，《類苑》庫本無。

與之，遂雉經。後主求喬不得，或謂張洎曰：「此詣北軍矣。」喬既死，從吏撤扉而瘞之。明年，朝廷嘉其忠，詔改葬。後見其屍如生而不僵，髭發鬱然。初求屍不得，人或見一大夫衣黄半臂舉手影，自南廊而過。掘得屍，以右手加額上，如所覩者。《類苑》卷五三引《楊文公談苑》，又見景定《建康志》卷五〇

相州部民張某

張洎言：典相州日，有部民張某殺一家六人，詣縣自陳。縣上州，洎詰之，曰：「某家之姻貧困，常取息少有所負，被其詬辱，我熟見而心不平，思爲煙家報仇，幸畢其志。然所恨七口而遺其一，使有噍類。私讎已報，願就公法【四九】。」洎曰：「殺人一家，寧無黨乎？」對曰：「某既出身就死，肯復連及同謀？」又曰：「汝何不亡命？」對曰：「姻家即其鄰【五〇】，苟不獲盜，豈得安堵？」又曰：「汝不即死，何就縲絏？」曰：「我若滅口，誰當辨吾姻之不與謀？又孰與暴其事於天下？等死，死義可乎？」洎曰：「吾將聞上，免汝之死。」曰：「殺人一家而苟活，且先王以殺止殺，若殺人不誅，是殺人終無已，豈願以一身亂天下法哉？速死爲幸。」洎嗟歎數四，卒案誅。河朔間無不傳其事者。《類苑》卷五四引《楊文公談苑》

【四九】就公法　《類苑》庫本、《長編》卷二二太平興國六年「是歲」條作「公执法」。

【五〇】其鄰　「其」，《類苑》庫本、《長編》作「某」。

曹武惠

曹彬事太祖，時將討金陵，責後主稱疾不朝之罪。以彬長者，令爲統帥，將終全其城【五一】，彬累遣言城中【五二】：大軍決取，十一月二十七日破城【五三】，宜早爲之圖。後主將遣其愛子清源郡公仲寓入覲，至仲冬下旬，日日克期仲寓將出【五四】，彬屢遣督之，言郎君到寨，即四面罷攻。終惑左右之言，以爲堅壘如此，天象無變，豈可計日而取？蓋敵人之言，豈足爲信？但報言行李之物未備，宫中之宴餞未畢，將以二十七日出。彬又令懇，言至二十六日亦無及矣，果以是日城陷。整軍成列，至其宫城門，後主方開門奉表納降，彬答拜，爲之盡禮。先是，宫中預積薪，後主誓言，若社稷失守，當攜血屬以赴火。既見彬，彬諭以歸朝，俸賜有限，費用至廣，當厚自齎裝，既歸有司之籍，則無及矣。遣後主入治裝，裨將梁迥、田欽祚皆力爭，以爲苟有不虞【五五】，咎將誰執？彬但笑而不答，迥等切諫，彬曰：「非爾所知，觀煜神氣，懦夫女子之不若，豈能自引決哉？」煜果無他【五六】。彬遣五百人爲伴【五七】，致輜重登舟，有一卒負籠下道旋，彬立命斬之，負擔者罔敢蹉跎。後主既失國，殊無心問家計，既升舟，隨軍官吏入觀宫屏幃幾硯什器【五八】，皆設不動，所賫持鮮矣。後賈黄中知州，因領賓客歷覽宫內，見一斜門封鎖甚固，即召官吏同啟鎖視之，得金寶受用物計直三百萬緡。城之陷也，有淨德尼院近四十餘衆，皆宫中人出家者

【五一】將終全其城　「將終」，《類苑》庫本作「以保」。

【五二】言城中　「言」，《五朝名臣言行録》卷一作「告」。

【五三】破城　「城」，原誤作「賊」，據《類苑》庫本改。

【五四】將出　「將」，《五朝名臣言行録》卷一作「未」。

【五五】以爲　「爲」，《永樂大典》卷六五二三下有「不可」二字。

【五六】自「彬曰」至「無他」六句二十七字，據《類苑》庫本、《五朝名臣言行録》補。

【五七】爲伴　「伴」，《類苑》庫本作「搬」、《五朝名臣言行録》作「般」。

【五八】觀宫　《類苑》庫本作「宫觀」，《五朝名臣言行録》作「其宫」。

也，城危，亦積薪於院庭，後主悔之，約如有不虞，宫中舉火爲應，當皆焚死，是日浙兵縱火，淨德遥觀其焰起，一院四十人皆赴火死，無一人肯脱者。《類苑》卷五引《楊文公談苑》，又見《五朝名臣言行録》卷一之二、《永樂大典》卷六五二三

武行德

武行德，太原榆次人，身長八尺餘，絶有膂力，以負薪自給，里人號爲一谷柴，晉祖在鎮州日，因出獵，行德方入城鬻薪，避道左。晉祖見其魁岸，駐馬問之，怪所負薪異於常，令左右數人不能舉，奇其材，因留帳下，後至節帥中書令。國初，終太子太傅。《類苑》卷五五引《楊文公談苑》，又見《古今事文類聚别集》卷一八、《韻府群玉》卷三

呼延贇

呼延贇以武勇爲衛士直長，自言受國恩深，誓不與契丹同生，徧刺其體，作赤心殺契丹字，涅以黑文，反其脣内，亦刺之。鞍韉兵仗，戎具什器，皆作其字，或刺繡雕刻朱重爲之【五九】。召善黥之卒，横劍於膝，呼其妻，責以受重禄，無補報，當黥面爲字，以表感恩之意，苟不然者，立斷其首。舉家皆號泣，以謂婦人黥面非宜，願刺臂，許之。諸子及僕妾亦然。嘗延一舉子，亟走不敢還顧，贇曰：「是家心與我異【六〇】，卒不留之矣。」贇作破陣

【五九】朱重　「重」，《類苑》庫本作「熏」。
【六〇】家心　「心」，《類苑》庫本作「必」。

刀、降魔杵、鐵鞭，襆頭兩旁有刃【六一】，皆重數十斤，乘烏騅馬，緋抹額，慕尉遲鄂公之爲人，自稱小尉遲。母姓李，拜鄭州靈顯王像爲舅，自稱甥以祭。子病，割股肉以爲羹食之。數子亦有勇力【六二】，日夕課其擊劍、馳射、槍鬬、蹶張、挽强，持箠梃相擊撻，殆無完膚。幼子才百晬，服繈褓，持登城樓，擲於地不死。人問其故，曰：「聊試其命耳。」爲忠佐都軍頭，每至直舍中，内侍近臣多環繞之。贊取佩刀刺胸出血，召從吏濡墨爲書，奏言乞捍邊殺虜。内侍或戲曰：「何不割心以明忠？」贊笑曰：「我非愛死，但契丹未滅，徒虚擲其軀耳。」出刺保州，奏太宗曰：「臣服飾奇異，所過必觀者壅遏，願勑郡縣發卒遮列清道。」上笑而不許。至團練使領軍頭。《類苑》卷五五引《楊文公談苑》，又見《錦繡萬花谷前集》卷一五引文公

楊無敵

楊業，麟州人。少倜儻任俠，以射獵爲事，所獲比同輩嘗倍。謂人曰：「我他日爲將用兵，亦如用鷹犬逐雉兔耳。」仕太原劉氏，至建雄軍節度，頻立戰功，國人號爲無敵。太原平，太宗得之甚喜，釋縛授大將軍，數月擢爲鄭州防禦使。以其知邊事，俾爲三交部署知代州，虜寇雁門北，日南向，業從後擊之，虜大敗，以功遷雲州觀察使。雍熙中，副潘美進討，自雲應路，以王侁、劉文裕監其軍，連接雲、應、寰、朔四州，次築乾羽。會歧溝大軍不利，班師，美部遷四州民【六三】於内地【六四】。虜齊妃及耶律漢寧、北皮室、五押惕隱衆

【六一】襆頭　「襆」，《錦繡萬花谷前集》卷一五上有「鐵」字。

【六二】勇力　「勇」，《類苑》庫本作「膂」。

【六三】美部遷四州民　《類苑》庫本作「詔四州民遷」。

【六四】内地　「地」，原誤作「三」，據《類苑》庫本改。

十餘萬，復陷寰州【六五】，業謂美等曰：「賊盛，未可戰。朝廷指令取四州民【六六】，今但領兵出大石路，先遣告雲朔守將，俟大軍離代州，即雲州之衆先出。我師次應州，虜必悉衆來拒，即令朔州吏民悉入石碣谷，分强弩千人覘谷口，騎士援於中路，三州之衆萬全矣。」侁沮之曰：「今精兵數萬，何畏懦如此？趍雁門北川中，鼓行而往可也。」文裕亦贊成之，業曰：「不可，必敗之勢也。」侁曰：「君侯素號無敵，逗撓不戰，豈有他志乎？」業泣下曰：「業非愛死耳，但時有未利，殺傷士衆，而功不立。今君責業以不死，當爲諸君先死耳。」即部帳下騎兵數百人，自石碣路趍朔州，將行，泣謂美曰：「業本太原降將，當死，上不殺，寵以爵位，委我以兵柄，固願立尺寸功爲報，豈肯縱虜不擊，而懷他志哉？今諸君責以避敵，當先死於虜。」因指陳家谷口曰：「公於此張步兵，分强弩，爲左右翼爲援，業轉戰至此，以步兵擊之，不然無遺類矣。」美如其言，與侁等陳谷口，自寅至巳，侁使人登託邏臺望，以爲虜寇遁走，欲爭其功，領兵離谷口，美不能制。乃沿灰河而西南行二十里，聞業敗【六七】，麾兵卻走。業至暮達谷口，望見無人，撫膺大哭，再率帳下決戰，身被十數槍【六八】。業撫下有恩，時從卒尚百餘人，業謂曰：「汝等各有父母妻子，儻鳥獸散，尚有還報天子者，無與我俱死。」軍士皆泣不肯去。其子延玉死之【六九】，業獨手刃數百人後就擒，太息曰：「上遇我厚，爲奸臣所逼致敗，何面目虜中求活哉？」遂不食三日，死。天下寃之，聞者爲流涕。上聞之，侁、文裕並除名，配隸諸州。厚賻業家，録其五子，詔褒贈業

【六五】復陷寰州　「復」，原誤作「後」，據《類苑》庫本改。

【六六】指令　「指」，《類苑》庫本作「止」。

【六七】聞業敗　「敗」，原無，據《宋史楊業傳》補。

【六八】十數槍　「槍」，《類苑》庫本作「創」。

【六九】延玉　原誤作「延昭」，按延昭并未死，今據《長編》卷二七雍熙三年八月、《宋史楊業傳》改。

太尉、大同軍節度使。業子延朗驍勇，爲邊將有威名，戎人畏之。《類苑》卷五五引《楊文公談苑》

崔翰

崔翰風儀偉秀，有勇幹，爲天武左廂主。太宗親征太原，講武於西京，時殿前都將楊義失瘖，不能言，指揮非便，命翰代之。翰執金鼓，周旋進退，軍容甚整。上悦，遣中使密以金帶賜之，曰：「此我藩邸時所服者。」因謂左右曰：「若崔翰者，必不事晉朝矣。」蓋言晉政多門，武經廢紊也。後爲殿前都虞候，從平晉陽，時軍士立功未行賞賚，遽有平燕之議，諸將莫敢言。翰曰：「此一事不可再舉，乘破竹之勢，取之甚易。」上信然之。既而范陽班師，至金臺驛，中黄門閻承翰馳奏，大軍不整，南面而潰。上令翰率衛士十餘人止之，翰請單騎徑往，告諭衆，稍稍乃定，不戮一人，上甚嘉之。後遷領節鎮。《類苑》卷五五引《楊文公談苑》

劉吉

劉吉，江左人，有膂力，尚氣，事後主爲傳詔承旨，忠於所奉。歸補供奉官，以習知河渠利害，委以八作之務。太平興國中，河大決，吉護之，與丁夫同甘苦。使者至，訪吉不獲，甚怒，乃著皂帩頭短布褐，獨負二囊土爲先道，戒從吏勿敢言，使者密訪得之，白太宗，太宗厚賜之。內侍石全振者，領護河堤尤苛急，自謂石爆裂，言其性多暴怒也。居常侵侮吉，吉默然不校。一日，與吉乘小艇督役，至中流，吉語之曰：「君恃貴近，見淩已甚，我不畏死，當與君同見河伯耳。」遂蕩舟覆之，全振號哭，搏頰求哀乞命，乃止，自是不復敢侵吉。其父本燕薊人，自受李氏恩，常分禄以濟其子孫，朔望必詣其第，求拜後主，自李氏子姓，雖童幼必拜之，執臣僕之禮。後遷崇儀使，其刺字謁吳中故舊，題僧壁驛亭，但稱江南人劉吉，示不忘本也，有詩三百首，目爲《釣鼇集》，徐鉉爲之序。其首篇《贈隱者》，有「一箭不中鵠，五湖歸釣魚」之句，人多誦之。以其塞決河有方略，人目爲「劉跋江【七〇】」，名震河上。《類苑》卷五五引《楊文公談苑》，又見《詩話總龜》卷一

王隱

王隱，本期門健步，隸皇城司。太平興國中，河大決，調發緣河丁夫數十萬塞之，將下大楗合堤口，日遣健步數輩來往偵報。將合龍門，凡健步兩輩至，上召問，云：「河決已塞，水復故道。」隱續至，其言亦然，且云：「初來時，頗見津流未斷，恐尚煩聖念。」上怒，令拘之。少頃，報至，果水勢猛暴，沖大楗，復潰注數郡。上召隱慰諭，立遷小校。自是或補擬親從列校，必首記其名，多蒙超擢。至道初，東宫建，擇親衛指揮使二人，已得劉謙，尚闕一名，上曰：「王隱忠直不妄語，可以補之。」後至侍衛步軍都指揮使、保順軍節度使。隱無他能，由一言之不誑人主，而克享世福，況積德者乎？《類苑》卷五五引《楊文公談苑》

【七〇】劉跋江　「江」，《詩話總龜》卷一作「河」。

張繼能

内侍張繼能，嘗爲鎮戎軍鈐轄。初古原州自唐已來，陷於黨項，徙治平涼縣。繼遷之叛，李繼隆、繼和建議城古原州，以保障内屬藩部，並力禦賊，是爲鎮戎軍。以隆、和知軍事，幾七八年，繼能爲鈐轄，題詩於廳事曰：「夜聞磧外鈴聲苦，曉聽城頭角調哀。不是感恩心似鐵，誰人肯向此中來？」繼能讀書有識略，忠直好談論，知治體，今爲入都内領郡。《類苑》卷五五引《楊文公談苑》

卷七

見龍

張洎使高麗，方泛舟海中，因問舟人，龍可識乎？對曰：「常因雲起，多見垂尾於波瀾間，動摇舒縮。良久，雨大作，未嘗見其全體及頭角也。」洎因冠帶焚香，祝以見真龍。時天清霽，忽有龍見於水際，少頃漸多，以至彌望矗然無數，洎甚震駭，良久而没。《類苑》卷五八第七五九頁引《楊文公談苑》

百藥枕

益州有藥市，期以七月七日，四遠皆集，其藥物名品甚衆【一】，凡三日而罷，好事者多市取之。淳化中，有右正言崔邁任峽路轉運。邁苦多病，素有柏枕【二】，方令齎萬錢，遍市藥百餘品，各少取置柏枕中，周環鑽穴，以徹其氣。臥數月，得癩病，眉須盡落，投江水死。説者以爲藥力薰發骨節間疾氣【三】。《類苑》卷五九引《楊公談苑》，又見《歲時廣記》卷二八引《楊文公談苑》

校勘記

【一】名品甚衆　「名」，原誤作「多」，據《歲時廣記》卷二八改。

【二】素有柏枕　「素」，《歲時廣記》作「集」。

【三】發骨節間疾氣　《歲時廣記》作「蒸發骨節間成疾」。

濕紙化爲菌

錢若水言：壬午年洛中大水，室廬多汙瀦。太師之第，屋木有存者，視書屋牀榻尚在，無復卷册，悉化爲菌，熟視尚有墨痕文字，若可識，蓋楮之變也。《類苑》卷五九引《楊公談苑》

音韻之學

今之姓胥姓雍者，皆平聲，春秋胥臣，漢雍齒，唐雍陶，皆是也。蜀中作上聲去聲呼之，蓋蜀人率以平爲去。《類苑》卷五九引《笔談》，按《筆談》並無此文，據《古今姓氏書辯證》卷三、孫奕《示兒編》卷二二，知實出《談苑》。

僧贊寧

徐常侍鉉江南日，嘗直澄心堂，每襆被入直，至飛虹橋，馬輒不進，裂鞍斷轡，箠之流血，掣繮却立，鉉遺書於餘杭沙門贊寧，答曰：下必有海馬骨，水火俱不能毁，唯漚以腐糟隨毁者乃是。鉉斸之去土丈餘，果得巨獸骨脛而上長五尺，膝而下長三尺，腦骨石斷柱積薪焚三日不動，以腐糟纔漚之，遂爛焉。楊文公談苑。《類苑》卷五九引《楊文公談苑》，又見景定《建康志》卷一六

劉吉

劉吉護治京東河決，時張去華任轉運使，巡視河上，方會食，坐客數十人，鲙鯉爲饌。去華顧謂四坐曰：「南人住水鄉，多以魚爲食，殊不厭其腥也。」意若輕鄙南士。吉奮然對曰：「運使舉進士狀元，曾不讀書，何自彰其寡學？《尚書》：禹決九川，有魚鼈，使民鮮食，『淮夷蠙珠暨魚。』《易·姤》之九二『庖有魚』，又下系『庖犧氏以畋以漁，蓋取諸離。』《周官·人》：『掌以時爲梁，辨魚物，供王膳羞。』《詩》載《嘉魚》、《魚藻》、《九罭》之篇，《小雅》云『炰鼈膾鯉』，『張仲孝友』。《國風》云：『豈其食魚，必河之魴？』又曰：『維能烹魚？溉之釜鬵。』《戴記》云：『小潦降，不獻魚鼈。不中殺，不鬻於市。居山者，不以魚鼈爲禮。』『三月，天子乘舟，薦鮪於寢廟。孟秋，天子食稻與魚。』又食魚者，去乙。』孔子，魯人，云：魚餒不食。趙盾，晉人，魚飧。田文，齊人，其上客皆食有魚。子產，鄭人，而人獻生魚。子公，亦鄭人，解黿染指於鼎。公父文伯，魯人，羞鼈致客怒而出。大舜漁於雷澤，吕望釣於渭濱，又何必皆南州之人？況今太官之盛饌，宗祊之備物，皆薦是品，而商旅販鬻，閭閻啖食，其濟民食廣矣。何談之容易？」去華色沮，不能酬其言。

《類苑》卷五九引《楊文公談苑》

茶

建州【四】，陸羽《茶經》尚未知之，但言福建等十二州未詳，往往得之，其味極佳。江左日近方有蠟面之號，李氏别令取其乳作片，或號曰京挺的乳，及骨子等，每歲不過五六萬斤，訖今歲出三十餘萬斤。凡十品，曰龍茶、鳳茶、京挺的乳、石乳、白乳、頭金、蠟面、頭骨、次骨，龍茶以供乘輿及賜執政親王長主，餘皇族學士將帥皆得鳳茶，舍人近臣賜京挺的乳，館閣白乳。龍、鳳、石乳茶皆太宗令造，江左乃有研膏茶供御，即龍茶之品也。丁謂爲《北苑茶録》三卷，備載造茶之法，今行於世。《類苑》卷六〇引《楊文公談苑》，又見《錦繡萬花谷前集》卷三五、《輿地紀勝》卷一二九

仕宦嶺南

嶺南諸州多瘴毒，歲閏尤甚。近年多選京朝官知州，及吏部選授三班使臣，生還者十無二三，雖幸而免死，亦多中嵐氣，容色變黑，數歲發作，頗難治療。舊日小郡及州縣官，率用土人攝官蒞之，習其水土。後言事者以爲輕遠任，朝廷重違其言，稍益俸入，加以賜賚，貪冒之徒，多亦願往，雖喪軀不悔也。《類苑》卷六一引《楊文公談苑》

【四】建州　《輿地紀勝》卷一二九下有「茶」字，義較勝。

小窰李

許州小窰出好李，太常少卿劉蒙正有園在焉，多植之。每遣人負擔歸京師，以遺貴要，竊得嘗之，絶大而味佳，所未曾知也。《類苑》卷六一引《楊文公談苑》

沈香木

嶺南雷州及海外瓊崖，山中多香樹，山中夷民斫來賣與人。其一樹出香三等，曰沈香，曰箋香，曰黄熟香。沈、箋皆二品，曰熟結，曰生結。熟結者，樹自枯爛而得之。生結，伐僕之，久爛脱而剔取。黄熟有三品，曰夾箋，其破者爲黄散香。夷民率以香樹爲槽，以飼雞犬。鄭文寶詩曰：「沈檀香植在天涯，賤等荊衡水面楂。未必爲槽飼雞犬，不如煨燼向豪家。」《類苑》卷六一引《楊文公談苑》，又見《錦繡萬花谷前集》卷三二

麝裂臍狨犛牛斷尾

公嘗言，商汝山多羣麝，所遺糞，嘗就一處，雖遠逐食，必還走之，不敢遺跡他所，慮爲人獲，人反以是求得，必掩羣而取之。麝絶愛其臍，每爲人所逐，勢且急，即自投高岩，舉爪裂出其香。就縶而死，猶拱四足保其臍。李商隱詩云「投岩麝退香」，許渾云「尋麝采

生香」是也。狨類鼠而大，尾長而金色，生川峽深山中，人以藥矢射殺之，取其尾，爲臥褥鞍被坐毯之用。狨甚愛其尾，既中毒，即齒斷其尾以擲之，惡其爲身患。杜甫詩云「狨擲寒條馬見驚」，蓋輕捷善緣木，猿狖之類也。犛牛出西域，尾長而勁，中國以爲纓，人或射之，亦自斷其尾。蓋左氏所謂雄雞自斷其尾，而莊周以牛之白顙，豬之亢鼻與自痔病者，巫祝不以適河，乃無用之爲大祥也。《類苑》卷六一引《楊文公談苑》

猩猩

猩猩，南中獸。《山海經》云：「如豕而人面。」《汲塚周書》云：「狀如黄狗，人面，頭如雄雞。」酈元《水經》云：「形如黄狗，而面目端正，善與人言，聲音妙麗，如婦人對語，聞之無不酸楚。其血可以染紈素，尤爲絶好。」太祖平嶺南，求得猩猩，如雄鴨而大，取其血以染，色如渥丹，與傳記所載不類。《類苑》卷六一引《楊文公談苑》

病癭

夫頸處險而癭，今汝洛間多，而浙右、閩、廣山嶺重阻，人鮮病之者。按《本草》：「海藻昆布，主癭瘤。」注云：「凡海菜，皆療瘤結氣。青苔紫菜亦然。」蓋被海之邦，食其惟錯之味，能療之也。《類苑》卷六一引《楊文公談苑》

土厚水深無病

公嘗言，《春秋傳》曰：「土厚水深，居之不疾。」言其高燥。予往年守郡江表，地氣卑溼，得痔漏下血之疾，垂二十年不愈，未嘗有經日不發。景德中，從駕幸洛，前年從祀汾陰，往還皆無恙。今年，退臥潁陰濱，嵩少之麓，並水深數丈，而絶甘，此疾遂已。都城土薄水淺，城南穿土尺餘已沙濕，蓋自武牢已西，接秦、晉之地，皆水土深厚，罕發痼疾。《類苑》卷六一引《楊文公談苑》

白鹿洞藏書

江州廬山白鹿洞，李公擇常聚書籍，以招徠四方之學者，有善田數十頃給之。選太學中通經者，授以他官，領洞事，以職教授，自江南北，爲學者爭湊焉，常不下數百人，廚廩豐給。太平興國初，洞主明起建議，以田入官，而齒仕籍，得蔡州褒信簿。既乏供餽，學徒日散，室廬隳壞，因而廢焉。《類苑》卷六一引《楊文公談苑》

建州多佛刹

公言：吾鄉建州，山水奇秀。梁江淹爲建安令，以爲碧水丹山，靈木珍草，皆平生所至愛，不覺行路之遠，即吾邑也。而岩谷幽勝，土人多創佛刹，落落相望。僞唐日州所領十一場縣，後分置邵武軍，割隸劍州。今所管六縣，而建安佛寺三百五十一，建陽二百五十七，浦城一百七十八，崇安八十五，松溪四十一，關隸五十二，僅千區，而杜牧江南絶句云：「南朝四百八十寺。」六朝帝州之地，何足爲多也！《類苑》卷六一引《楊文公談苑》，又見《方輿勝覽》卷一一

五丈河

京水自滎陽來至於汴。有陳承昭者，本江南節度使，將兵淮上，爲世宗所擒，以爲上將軍，習知水利。國初上言，可導京水入，踰汴東北注爲河，通山東之漕，遂遣按行京東地。任下，遂調民穿渠，貫曹鄆入於黄河，以大木架汴流上，道京水以過，將引流，車駕臨觀。兩淮未合，聯木施芻草氈絮，塗茭泥，水即隨過，北流爲河，其廣五丈，號五丈河。歲運京東諸州芻粟五十萬斛，商旅交湊，至今賴其利。《類苑》卷六二引《楊文公談苑》

詩嘲

朱貞白，江南人，不仕，號處士。子銑，舉進士，至知制誥。貞白善嘲詠，曲盡其妙，人多傳誦。《詠刺蝟》云：「行似針氈動，臥似栗裘圓。莫欺如此大，誰敢便行拳。」嘗謁一

貴公，不甚加禮，廳事有一格子屏風，貞白題詩其上云：「道格何曾格，言糊又不糊。渾身總是眼，還解識人無？」又《題棺木》云：「久久終須要，而今未要君。有時閑憶著，大是要知聞。」《題狗蚤》云：「與虱都來不較多，擽挑筋鬭大婁羅。忽然管著一籃子，有甚心情那你何？」《詠月》云：「當塗當塗見，蕪湖蕪湖見，八月十五夜，一似没柄扇。」建師陳晦之子得誠罷管沿江水軍，掌禁衛，頗患拘束，方宴客，貞白在坐，食螃蟹，得誠顧貞白曰：「請處士詠之。」貞白題曰：「蟬眼龜形脚似蛛，未嘗正面向人趨。如今飣在盤筵上，得似江湖亂走無？」衆客皆笑絶。又《詠鶯粟子》，其警句云：「倒排雙陸子，稀插碧牙籌。既似柿牛奶，又如鈴馬兜。鼓捶并擽箭，直是有來由」。《類苑》卷六三引《楊文公談苑》，又洪适《盤洲文集》卷六節引

李濤相國，性滑稽，爲布衣時，往來京洛間。汜水關有一僧舍，曰不動尊院，院中有不出院僧，十餘載，濤每過嘗憩其院，必省其僧。未幾，寺爲火所焚，僧衆皆徙他所，濤後過，但門扉猶在，題詩其上云：「走卻坐禪客，移將不動尊。世間顛倒事，八萬四千門。」《類苑》卷六三引《楊文公談苑》

造五鳳樓手

韓浦、韓洎，晉公滉之後，咸有辭學。浦善聲律，洎爲古文，意常輕浦，語人曰：「吾

兄爲文，譬如繩樞草舍，聊庇風雨。予之爲文，是造五鳳樓手。」浦性滑稽，竊聞其言，因有親知遺蜀牋，浦題作一篇，以其牋貽洎曰：「十樣蠻牋出益州，寄來新自浣溪頭。老兄得此全無用，助爾添修五鳳樓。」《類苑》卷六三引《楊文公談苑》。又見《紺珠集》、《詩話總龜》卷三八、《錦繡萬花谷前集》卷二〇、《方輿勝覽》卷五一、《韻府群玉》卷八、《永樂大典》卷三五〇六

诗嘲

蘇易簡父協，蜀中舉進士，性滑稽。易簡任翰林學士，協爲京府掾，時親王爲尹。每朔旦，父子冠帶晨起，協詣府，易簡入禁中。協笑謂人曰：「父參其子，子朝其父，斯事亦倒置矣。」初協爲汝州司户，易簡通判蘇州，書與易簡曰：「吾在汝，汝在吴，吾思汝，汝知之乎？」其好談諧如此。《類苑》卷六三引《楊文公談苑》

劉鋹

太平興國初，陳洪進自漳泉歸闕，錢俶由吴越來朝。江南後主與劉鋹同列，因侍宴，鋹自言：「朝廷威靈，僭竊之主，皆不能保其社稷，今日盡在坐中。陛下明年平太原，劉繼元又至。臣於數人中，率先歸朝，願得持挺爲諸國降王之長。」太祖大笑，賞賜甚厚，其談多此類。《類苑》卷六四引《楊文公談苑》

党太尉

党進，北戎人，幼爲杜重威家奴，後隸軍籍，以魁岸壯勇，周祖擢爲軍校。國初至騎帥，領節鎮。太祖征太原，我師未成列，賊驍將楊業帥精鋭二百餘騎突我師，進挺身與麾下逐業，敗走入城濠，會援兵至，業緣縆得入城，獲免。軍中服進之勇，太祖屢對衆稱之。進不識文字，不知所董禁兵之數，上忽問及軍中人數，先其軍校皆以所管兵騎器甲之數細書，著所持之梃，謂之杖記，如笏記焉。進不舉，但引梃以對曰：「盡在是矣。」上笑，謂其忠實，益厚之。徼巡京師市井間，有畜鷹鷂音禽者，進必令左右解縱之，駡曰：「不能買肉供父母，反以飼禽乎？」太宗在藩邸，有名鷹鷂，令圉人調養，進忽見，詰責欲解放，圉人曰：「晉王令養此。」且欲走白晉王，進遽止之，與錢令市肉，謂之曰：「汝當謹視此，無使爲貓狗所傷。」小民傳之爲笑。鎮許日，幕中賓佐有忤意，必命批其頰。嘗病瘡，賓佐入視疾，進方擁錦衾，一從事竊語曰：「爛兮。」進聞之，命左右急捉從事，批其頰，殆於委頓，大駡曰：「吾正契丹，何奚之者？」蓋謂奚之種賤也。過市，見縛欄爲戲者，駐馬問：「汝所誦何言？」優者曰：「説韓信。」進大怒，曰：「汝對我説韓信，見韓即當説我，此三面兩頭之人。」即命杖之。進名進，居常但稱暉，或以爲言，曰：「自從其便耳。」啖肉至數斤，飲酒斗餘，宴會對賓客甚温雅嬉笑。忽擐甲胄，即髭鬚皆磔

豎，目光如電，視之若神人。故爲杜氏奴，後見其子孫，必下拜，常分俸以給之，其所長也。《類苑》卷六四引《楊文公談苑》

語嘲

後唐盧文度、文紀，俱在翰林，文度喜屬文，文紀思遲澀，每事詔事填委，多文度代草之。一日休暇，文紀當直，文度以禁中無事，送客郊外。會有密詔數道，亟遣僮騎追其兄還，不及餞飲。縉紳聞而笑之，咸曰：「文度自外來，躍馬赴其弟之急難。逮至翰苑中，文紀以書冊圍合矣。」蓋言文紀檢閲舊本倉卒也。《類苑》卷六四引《楊文公談苑》

誣罔

徐鉉不信佛，而酷好鬼神之説，江南中主常語鉉以「佛經有深義，卿頗閲之否」？鉉曰：「臣性所不及，不能留意。」中主以《楞嚴經》一帙授之，令看讀，可見其精理。經旬餘，鉉表納所借經求見，言曰：「臣讀之數過，見其談空之説，似一器中傾出，復入一器中，此絶難曉，臣都不能省其義。」因再拜。中主哂之，後嘗與近臣通佛理者説以爲笑。專搜求神怪之事，記於簡牘，以爲《稽神録》。嘗典選，選人無以自通，詭言有神怪之事，鉉初令録之，選人言不閑筆綴，願得口述。亟呼見，問之，因以私禱，罔不遂其請。歸朝，有江東布衣蒯亮，年九十餘，好爲大言誇誕，鉉館於門下，心喜之。《稽神録》中事，多亮所言。亮嘗忤鉉，鉉甚怒，不與話累日。忽一日，鉉將入朝，亮迎呼爲中闌，云：「適有異人，肉翅自廳飛出，升堂而去，亮目送久之，方滅。」鉉即喜笑，命紙筆記之，待亮如故。江陵從祖重内典，嘗謂鉉曰：「公鄙斥浮屠之教，而重神變之事，瞿曇豈不得作黄面神人乎？」鉉笑而不答。《類苑》卷六五引《楊文公談苑》，又宋本《記纂淵海》卷三節引

嚼舌而死

金陵道士章齊一，善爲詩，好嘲詠，一被題目，即日傳誦，人皆畏之。凡四百餘篇，曲盡其妙。後得疾，嚼舌而死。《類苑》卷六六引《楊文公談苑》，又《樂善録》卷一

語誤

孟蜀後主，凡命宰相，必徵《感皇恩》二章爲謝。有張格者拜相，其所獻之曲，有「最好是，長街里，聽喝相公來」之句，人傳爲笑。《類苑》卷六六引《楊文公談苑》

徐鉉工篆隸，好筆硯。歸朝，聞鄴中耕人，時有得銅雀臺古瓦，琢爲硯，甚佳。會所親調補鄴令，囑之，凡經年，尋得古瓦二，絶厚大，命工爲二硯持歸，面以授鉉。鉉得之喜，即注水，將試墨，瓦瘞土中，枯燥甚，得水即滲盡。又注之，隨竭，湆湆有聲嘖嘖焉。鉉笑

曰：「豈銅雀之渴乎？」終不可用，與常瓦礫無異。《類苑》卷六六第八七五頁引《楊文公談苑》

標目

錢俶獻地，弟儀以越州安撫使授慎、瑞、師等州觀察使，信以湖州安撫使授新、嬀、儒等州觀察使。儀好晝寢，多以夜決府事及遊宴。信爲沙門返初，執政戲之也。《類苑》卷六六第八八三頁引《楊文公談苑》

徐鉉所居，逼五龍堂，宣徽角抵士將內宴，必先肄習於其中，觀者雲集。鉉方蔬食，坐道齋中誦《黃庭》，聞外喧甚，立遣小童視之。還白云：「許、趙二常侍與諸常侍習角抵。」鉉笑曰：「此諸同寮，難可接其歡也。」京師呼宣徽角抵士皆爲常侍故。《類苑》卷六六引《楊文公談苑》

机辨

（盧）文紀性滑稽，孟知祥之僭號，嘗奉使於蜀，適會改元。方春社，知祥張宴，設彘肉，語文紀曰：「上戊之辰，時俗所重，不可廢也，願嘗一臠。」文記笑曰：「家居長安，門族豪盛，彘肩不登於俎。時從叔伯祖頗欲大嚼，終不可致。」一家奴慧黠，衆以情語之。宅後園有古塚空曠，奴掃除其中，設肉數盤，私命諸從祖食之，珍甚，五房不覺言珍。五房曰：『匪止珍哉，今日乃大美元年也。』良久，塚中一鬼驟至，呼曰：『諸君竊食糟巤，敗亂家法，其過已大，乃敢擅改年號乎？』」知祥有愧色。清泰即位，將命相，取達官名十人致瓶中探取之，首得文紀，遂爲宰相。《類苑》卷六七引《楊文公談苑》，又《記纂淵海》卷三節引

坡拜

李文正公言【五】：今呼諫議爲坡拜，蓋唐朝舊語。自外入爲諫議，班在給舍之上，歲滿遷給事中，又歲滿遷舍人。故兩省同列謔諫議云：「君今上坡，後當復下坡矣。」劉公《嘉話録》載：初拜諫議者，給舍戲之曰：「何人驟居我上？」彼曰：「以我不才，何不拽下著？」乃遷也。《類苑》卷六七引《楊文公談苑》，又見《類説》卷五三、《錦繡萬花谷前》卷一一

湫神

寧州真寧縣要册湫，自唐天後、中宗朝，多祈雨有驗，歲旱，遣中使持錦織，及鎮宣徽樂工三五十人作樂於祠庭。僖宗乾符中，封神爲應聖侯，昭宗光化中，進封普濟王。開寶九年，太宗在南府，遣親吏市馬秦州，過宿於湫房，夢人告云：「晉王登帝位。」至長安，赦至，果符其言，遂以聞。明年五月十三日，白龍見池中，長數丈，東鄉吐雲，雲白色，自辰至午而没，見者數千人，郡以聞，遂下詔封顯聖王，增修祠宇。先是，涇州界有湫，方四十里，

【五】李文正公　「李」，原誤作「先」，據《類説》改。

水停不流，冬夏不增減，水清澈，不容穢濁，或有喧汙，輒興雲雨。歲旱，士人多祈雨於此，傳雲龍之所居。《漢書·郊祀志》云：「春祠官所領湫淵，安定朝那者是也。」其後屢稱湫有靈應，朝那無聞焉。而天下山川限曲，亦往往有之，皆神龍之所蟠蟄。建州浦城縣福羅山有龍潭，歲旱，土人祀之，或投鐵，龍立致雨。《類苑》卷六九引《楊文公談苑》

李符

盧多遜貶朱崖，諫議大夫李符適知開封府，求見趙普，言朱崖雖在海外，而水土無他惡，流竄者多獲全。春州在内地而近，至者必死。望追改前命，亦以外彰寬宥，乃置於必死之地。普頷之。後月餘，符坐事貶宣州行軍司馬，上怒未已，令再貶嶺外，普具述其事，即以符知春州，到郡月餘卒。《類苑》卷七四引《湘山野録》。按《野録》無此文，《記纂淵海》卷五九引此作《談苑》，故予收入。

交阯

景德中，交州黎桓獻馴象四，皆能拜舞山呼中節，養於玉津園。每陳鹵簿，必加蓮盆嚴飾，令昆侖奴乘以前導。《晉·輿服志》有象車以試橋樑，亦古制也。《類苑》卷七七引《談苑》

淳化中占城國、景德中交州黎桓，並以馴犀爲獻。性絶躁，留養苑中，數日死。大中

祥符中，交州復獻馴犀，至海岸，詔放還本國，令遂其性。《類苑》卷七七引《談苑》

高麗

高麗自五代以來，朝貢不絶，朝廷每加爵命，必遣使以獎之。故呂相國端、呂侍郎文仲、佑之，皆相繼爲使。三人者，皆寬厚文雅，有賢者之風。如孔維輩，或樸魯，舉措爲其所哂，或貪猥，不能無求索，甚辱朝命。後劉式、陳靖至其國，國王王治者，因語及中國族望，必有高下，如唐之崔、盧、李、鄭。式等言，但以賢才進用，亦不論族姓。治曰：「何姓呂者多君子也？」蓋斥言三呂，亦因以警使者。《類苑》卷七七引《談苑》

高麗國王王治上言，願賜板本九經書以誇示外國，詔給之。《類苑》卷七七引《談苑》

契丹

北虜中，多有圖籍，亦有文雅相尚。王矩爲工部郎中，本燕人，爲虜將邪律忘其名。掌其書記，常從其出入。邪律兄及兄之子，太平興國中，戰没於代郡。後邪律經舊戰處，覽其跡，悲涕作詩，記其兩句云：「父子並隨龍陣没，弟兄空望鴈門悲。」《類苑》卷七八引《談苑》

開寶中，虜涿州刺史耶律琮遺書於我雄州刺史孫全興，求通好曰：「兵無交於境外，言即非宜；事有利於國家，事之亦可。」其文采甚足觀。《類苑》卷七八引《談苑》

高昌國

高昌國，唐以車師前王庭地所置西州也。自安史之亂，復陷西戎。太平興國中，遣使來貢，命供奉官王延德報聘，往復數載。其國無雨，人皆以白堊塗屋以居，嘗雨數寸，室廬皆壞。有勑書樓，藏唐朝格律勑詔。開元九年三月九日寒食，至今用之。延德後爲度支使、舒州團練使。《類苑》卷七八引《楊文公談苑》，又見《紺珠集》卷十三諸集拾遺、《歲時廣記》卷一五

潞州李筠

潞州節度使李筠謀反，其長子涕泣切諫，不聽，使其長子入朝，且詗朝廷動静。太祖迎謂曰：「太子，汝何故來？」其子以頭擊地，曰：「此何言？必有讒人謗臣父耳。」上曰：「吾亦聞汝數諫爭，老賊不聽汝耳。汝父使汝來者，不復顧惜，欲殺之耳。吾令殺汝何爲？歸語汝父，我未爲天子時，任自爲之。我既爲天子，汝獨不能少讓之耶？」其子歸，具以白筠。筠反，有僧素爲人所信向，筠乃召見，密謂之曰：「吾軍府用不足，欲借師之名以足之，吾爲師作維那教化錢糧各三十萬，且寄我倉庫，事畢之日，中分之。」僧許諾，乃令僧積薪，坐其上，克日自焚。筠穿地道於其下，令通府中，曰：「至日，走歸府中耳。」筠乃與夫人先往，傾家財盡施之，於是遠邇爭以錢糧饋之，四方輻湊，倉庫不能容，

旬日，六十萬俱足。筠乃塞其地道，焚僧殺之，盡取其錢糧，遂反，引軍出澤州。車駕自往征之，山路隘狹，多石，不可行。上自於馬上抱數石，羣臣六軍皆負石，即日開成大道。筠戰敗於境上，走入澤州，圍而克之，斬筠，遂屠澤州。進至潞州，其子開城降，赦之。《類苑》卷七八引《楊文公談苑》

侯舍人

太宗末年，關中羣盜有馬四十四，常有怨於富平人，至必屠之，驅略農人，使荷畚鍤隨之。曰：「吾克富平，必夷其城郭。」富平人恐，羣詣荆姚，見同州巡檢侯舍人告急。舍人素有威名，率衆伏於邑北，羣盜聞之，舍富平不攻而去，舍人引兵於邑西邀之，令士皆傳弩，戒勿得妄發，曰：「賊皆有甲，不可射，射其馬，馬無具裝。又劫略所得，非素習戰也，射之必將驚潰。」既而合戰，衆弩俱發，賊馬果驚躍散走，縱兵擊之，俘斬略盡。餘黨散入他州，巡檢獲之，自以爲功，送詣州邑，盜固稱我非此巡檢所獲，乃侯舍人所獲也。巡檢怒，自詣獄責之，曰：「爾非我獲而何？」盜曰：「我昔與君遇於某地，君是時何不擒我邪？我又與君遇某地，君是時棄兵而走，何不擒我邪？我爲侯舍人所破，狼狽失據，爲君所得，此所謂敗軍之卒，舉帚可撲，豈君智力所能獨辨邪？」巡檢慚而退。《類苑》卷七八引《楊文公談苑》

室种

室种者，虜相昉之子，來奔於我。以爲諸衛將軍、領刺史、西京巡檢。种好馳逐射獵，洛中水竹尤勝，种常語人曰：「洛陽大好，但苦於園林水竹交絡翳塞，使盡去之，斯可以擊兔伐狐，差足樂耳。」《類苑》卷七八引《楊文公談苑》

校勘記

卷八

金華山，乃皇初平化石之地，有石如羊形者，人爭求以爲玩好。有内侍掌市征于婺州，輟已俸，募人求得耳角尾足皆具如真羊者數枚，歸闕獻之。太祖曰：「此墓田中物也。」杖其内侍。神仙之説固多渺茫，而皇初平事信而有證，此其彰彰者也。史容《山谷外集詩注》卷七引《楊文公談苑》

本朝武人多能詩

本朝武人多能詩，若曹翰句有：「曾經國難穿金甲，不爲家貧賣寶刀。」劉吉父詩云：「一箭不中鵠，五湖歸釣魚。」胡仔《漁隱叢話前集》卷五五引《楊文公談苑》

葑田

兩浙有葑田，蓋湖上有茭葑所相繆結，積久，厚至尺餘，潤沃可殖蔬種稻，或割而賣與人。有任浙中官，方視事，民訴失蔬圃，讀其狀甚駭，乃葑園爲人所竊，以小舟撑引而去。《能改齋漫録》卷一四。又見《類説》、《紺珠集》、《類苑》卷六二

鴨能人言

陸龜蒙狡猾多智【一】，居笠澤，有内養自長安使杭州，舟經舍下，彈一綠頭雄鴨折頸【二】，龜蒙遽從舍出大呼云：「此綠鴨有異，善人言，適將獻天子，今將此死鴨以詣官。」内養少長宮禁，信然【三】，厚以金帛遺之，因徐問龜蒙曰【四】：「此鴨何言？」龜蒙曰：「常自呼其名。」内養憤且笑，龜蒙還其金，曰：「吾戲耳。」《苕溪漁隱叢話後集》卷二七，又見《類說》卷五三《楊文公談苑》

不欺神明

徐鉉曰：江南處士朱正白語人言：世皆云不欺神明，此非天地百神，但不欺心，即不欺神明也。《仕學規範》卷八引《楊文公談苑》，又見《類說》卷五三

上自西京還，乃謁安陵。《長編》卷一七引《談苑》

審刑院，本中書刑房，宰相所領之職，於是析出。《長編》卷三二引楊億《談苑》

趙普

太祖常與趙普議事不合，太祖曰：「安得宰相如桑維翰者與之謀乎？」普對曰：「使

【一】狡猾多智　原缺，據《類說》卷五三補。

【二】彈一綠頭雄鴨折頸　原作「彈綠頭鴨」，據《類說》改。

【三】信然　《類說》作「驚駭」。

【四】因徐　《類說》作「乃止」。

維翰在，陛下亦不用，蓋維翰愛錢。」太祖曰：「苟用其長，亦當護其短，措大眼孔小，賜與十萬貫，則塞破屋子矣。」《五朝名臣言行録》卷一之一引《楊文公談苑》

曹彬

金陵之陷，後主以藏中黄金分賜近臣辦裝，張佖得二百兩，詣曹彬自陳不受，願奏其事，彬以金輸官而不以聞。《五朝名臣言行録》卷一之三引《談苑》

淳化三年，太宗謂宰相曰：「治國之道在乎寬猛得中，寬則政令不成，猛則民無所措手足。有天下者可不敬之哉！」吕蒙正曰：「老子稱治大國若烹小鮮。夫魚擾之則亂，近日内外皆來上封，求更制度者甚衆，望陛下漸行清浄之化。」上曰：「朕不欲塞人言路，至若愚夫之言，賢者擇之，亦古典也。」趙昌言曰：「今朝廷無事，邊境謐寧，正當力行好事之時。」上喜曰：「朕終日與卿論此事，何愁天下不治。苟天下親民之官，皆如此留心，則刑清訟息矣。」《五朝名臣言行録》卷一之六引《談苑》

吕蒙正

至道初，吕蒙正罷相，以僕射奉朝請，上謂左右曰：「人臣當思竭節以保富貴，吕蒙正前日布衣，朕擢爲輔相，今退在班列寂寞，想其目穿望復位矣。」劉昌言曰：「蒙正雖驟登顯貴，然其風望不爲忝冒。僕射師長百僚，資望崇重，非寂寞之地，且亦不聞蒙正之鬱悒也。況今岩穴高士，不求榮達者甚多，惟若臣輩，苟且官禄，不足以自重耳。」上默然。又嘗言：「士大夫遭時得位，富貴顯榮，豈得不竭誠以報國乎？」錢若水言：「高尚之人，固不以名位爲光寵，忠正之士，亦不以窮達易志操，其或以爵禄恩遇之故而効忠於上，此中人以下者之所爲也。」上然之。及劉昌言罷，上問趙鎔等曰：「頻見昌言否？」鎔等曰：「屢見之。」上曰：「涕泣否？」曰：「與臣等談，多至流涕。」上曰：「大率如此，當在位之時，不能悉心補職，一旦斥去，即汍瀾涕泗。」若水曰：「昌言實未嘗涕泣，鎔等迎合上意耳。」若水因自念，上待輔臣如此，蓋未嘗有秉節高邁，不貪名勢，能全進退之道，以感動人主，遂貽上之輕鄙，將以滿歲移疾，遂草章求解職，會晏駕，不果上。及今上之初年，再表遜位，乃得請。《五朝名臣言行録》卷二之二引《談苑》

侍鈞天玉皇

李昉文正公，太宗遇之甚厚，年老罷相，每賜宴，必先赴座，嘗獻詩曰：「微臣自愧頭如雪，也向鈞天侍玉皇。」《翰苑新書後集》卷一九引《談苑》

劉承勳事江南，爲德昌宫使。李氏金帛多在德昌，文簿淆亂，不可鉤考。劉既專官事，乃盜用無算，侍妾數百，富於一時。及李氏歸朝，劉失職破敗，晚年乞食街中，凍餒而

死。李昌齡《樂善録》卷一引《楊文公談苑》

潘謹修言：江南之平建州也，有大將余洪敬妻鄭氏有絶色，爲亂兵所獲，獻於裨將王建峯，遇以非禮，鄭志不可奪，脅以白刃，不屈，又命引所掠婦女，殺一人以食，謂鄭曰：汝懼乎？曰：「此身寧早充君庖，誓不可以非禮汚。」竟不忍殺，以獻大將查文徽，查將以薦枕。鄭大駡曰：「王師弔伐，義夫節婦，宜加旌賞，王司徒出於卒伍，固無足怪，君侯知書，爲國上將，當有於表率其下，風化遠方，乃欲加非禮於一婦人，以逞欲乎？願速見殺。」查大慚，求其夫而付之。夫鄭氏節操凜凜，雖二將虎狼，終不敢犯。《樂善録》卷一引《楊文公談苑》

王延範爲左道所惑，任廣西轉運日，嘗寓書左拾遺韋務昇，作隱語詷朝廷事【五】。一日以事杖張知霸，知霸憾之，知延範與知州徐休復不協，遂詣州告其事【六】，徐以聞奏。太宗遣内侍閤承翰會副使李琯與徐雜鞫之，抵罪，籍没其家【七】，槁葬南海城外，墳土色如血【八】，纖草不生，禽鳥不泊。後徐知潞州，白日坐廳，忽見延範彀弩射之，矢自頸出於頤，驚呼走入。是夕，瘍生於頬，旬餘潰而卒。《樂善録》卷二引《楊文公談苑》

孫承祐，吴越王妃之兄，貴近用事，每一小飲，殺命數萬，取鯉魚腮肉爲臛，坐客數十，皆足圈鹿數百，庖人不暇斷喉，旋割取鮮腴，以供饌，一飡羹凡二十品，設十銀鑊，搆火以次薦之。王常以大片生龍腦香十斤賜承祐【九】，承祐對使者索大銀爐，作一聚焚之，曰：

【五】詷朝廷事　「詷」，《粤西叢載》卷一三引《樂善録》作「諷」。

【六】遂詣州　「詣」，《粤西叢載》下有「知」字。

【七】籍没　「没」，《粤西叢載》作「收」。

【八】色如血　「血」，《粤西叢載》作「紫」。

【九】十斤　「斤」，明周嘉胄《香乘》卷三引《樂善録》作「觔」。

「聊以祝王壽。」及歸朝，爲節度使，俸入有節，無復向日之豪侈，然臥内每夕焚燭二炬【一〇】，然龍腦二兩【一一】。征范陽，城下鱠魚，召諸帥食，水陸鹹備。性嗜魚，作一黑漆大木斛，貯水養魚，令役夫擔負以從，但取咨口腹，不計其費。死不數年，子孫皆乞丐，多餓死者。楊文公手記其事，因録出之。以爲豪侈者戒。《樂善録》卷二引《楊文公談苑》

廣西轉運使王延範，本江陵貴家子，又富於財，嘗以豪傑自許。精於卜者如劉昂則許之曰：「君素有偏方王霸之分。」精於算者如徐肇則許之曰：「君當八少一，當大貴不可言。」精於風鑒者如田辨則許之曰：「君形如坐天王，眼如嚬伽，鼻如仙人，耳如雌龍，望視如虎，當大有威德。」延範皆然之，不知其言之不足據也。於是日益矜負，因寓書左拾遺韋務昇，作隱語諷朝廷事，爲人所告，鞫實抵罪，籍没其家，槁葬南海城外，然則三子向者之説果安在哉？大抵術人謬妄，但知取悦一時，不知誤惑於人，其禍有至於如此者。《樂善録》卷二引《楊文公談苑》

檢書蒼頭

本朝石元懿熙載遊富陽，道中遇一叟，熟視之，曰：「真太平良弼也。吾幼爲唐相房玄齡檢書蒼頭，公酷如房公。」語訖即滅。太宗朝，石爲左僕射。《錦繡萬花谷前集》卷二三引《談苑》

【一〇】焚燭二炬　「焚」，《香乘》引作「燃」。

【一一】然龍腦　「然」，《香乘》引作「焚」。

鳳閣王家

唐王易從昆弟四人，開元中，三至鳳閣舍人，故號「鳳閣王家」。《錦繡萬花谷前集》卷一三引《談苑》

蜥蜴求雨

魏庠言：昔遊闗中佛寺，值村民祈雨，沙門有善胡法者，求得蜥蜴十數，置甕中，以樹葉漬水，童男數人持柳枝呪曰：「蜥蜴蜥蜴，興雲吐霧，雨今滂沱，放汝歸去。」咸平初，余守縉雲，適閔雨，用此有驗，具奏其事。蜥蜴蓋龍類也。《蘇文忠詩合注》卷一五。按：《施註蘇詩》卷一二引《楊文公談苑》作：魏庠言：昔游闗中佛寺，見沙門有善胡法者，置蜥蜴甕中，使童男女数十衣青衣同聲呪曰：蜥蜴蜥蜴，興雲吐霧。雨今滂沱，放汝歸去。歲旱爲之，頗有應。

予知制誥日，與余恕同考試。恕曰：「夙昔師範徐騎省爲文，騎省有《徐孺子亭記》，其警句云：平湖千畝，凝碧乎其下；西山萬疊，倒影乎其中。他皆常語。近得舍人所作《涵虚閣記》，終篇皆奇語，自渡江來，未嘗見此，信一代之雄文也。」其相推如此。因出義山詩共讀，酷愛一絶，云：「珠箔輕明拂玉墀，披香新殿鬬腰肢。不須看盡魚龍戲，終遣君王怒偃師。」擊節稱歎曰：「古人措辭寓意如此之深妙，令人感慨不已。」《漁隱叢話，後

集》卷一四引《談苑》，又見《詩話總龜後集》卷五、魏慶之《詩人玉屑》卷一六、《竹莊詩話》卷一三、蔡正孫《詩林廣記》卷六

德昌宫

南唐保有江淮，帑藏頗盈，德昌宫其外府也，金帛貨泉多在焉。《輿地紀勝》卷一七第九頁引《楊文公談苑》

淮南道院

通州南阻江，東北瀕海，士大夫罕至，民居以魚鹽自給，不爲盜賊，訟稀事簡，仕宦者最爲逸，士大夫號通州爲淮南道院。《輿地紀勝》卷四一第三頁引《楊文公談苑》

羅江犬

淳化中，(綿)州貢羅江犬，常循於御榻前，太宗不豫，犬不食，及上仙，號呼涕泗，以至疲瘠，見者隕涕。參政李至作《桃花犬歌》，以寄錢若水，末句云：「白麟赤鴈且勿書，願君書此警浮俗。」《方輿勝覽》卷五四引《楊大年談苑》

風鳶

五代周郭忠恕爲易博士，善畫。有富人子日給醇醪，設几案粉墨絹素，屢以情言。郭取紙數十番，首畫一丫角童侍車輪【一二】，紙窮處作風鳶，中引線長數丈。富家子大怒，遂謝絶。《韻府群玉》卷五引《談苑》

金石屯會

周世宗議訪鳳翔，謀帥于輔臣，王溥獨薦向拱可任，遂充之。拱徙鎮京兆，思有以報之，問其所欲，溥曰：「無也，陝長安故都，多前賢碑篆，高文妙筆，願悉得見之。」拱至，分遣使督匠摹打，深林邃谷，無不詣之，凡得石本三千餘以獻于溥，溥命善書者分録爲《琬琰集》百卷，尚未成而卒。當拱之訪求石碑，或蹊田害稼，村民深以爲患，慮其求不已，多鑱鑿其文字，或鐫斲擊折，取爲柱礎，帛碪略盡，亦摹刻者之厄會也【一三】。明鄭真《滎陽外史集》卷三六引《楊文公談苑》，又見《紺珠集》卷一一

聰明絶人

阮思道子昌齡【一四】，長不滿三尺，醜陋吃訥，其聰明絶人，善屬文，年十八，海州試

【一二】丫角童侍車輪　《圖畫見聞誌》卷三作「丱角小童持線車」。

【一三】摹刻者之厄會　《紺珠集》作「金石之屯會」，《漁隱叢話後集》卷二二作「金石刻之屯會」。

【一四】阮思道　「阮」，原误作「院」，據《類苑》卷四〇引《名賢詩話》、王銍《四六話》卷下改。

《海不揚波賦》，即席一筆而成，文不加點。其警句云：「收碣石之宿露【一五】，斂蒼梧之夕雲。」又云：「三山神闕，湛清影以遥連；八月靈槎，泛寒光而静去【一六】。」全篇皆類此，人多諷誦，真奇才也。《永樂大典》卷二九九九引《内翰談苑》

願代女死

陳國夫人耿氏，太宗乳母也，生秦王廷美。初宣祖總兵，以燕國公主嫁軍國小校，會隊長外戍謀叛，營中無長少皆籍名當誅。太后愛其女，憂惱不知爲計。耿氏曰：「願代大女死。」即盛飾跨驢以黄帕冑首，太祖自御以入，留處舍内，燕國乘驢而出。太后先以厚賂抱關卒，當其出爲他卒所見，猶呵詰，撾趁疾驅得免。會盡赦營中死，耿氏卒無恙。《永樂大典》卷一〇三一〇引《内翰談苑》

給告侍母

魚崇諒爲學士，周祖革命，所下誥令，皆其詞也，甚得典誥之體。以母病再求解職，給長誥，賜其母衣服、繒帛、茶藥、緡錢。百日滿，令本州月給錢三萬、米麵五十石，屢遣使存問。俄拜禮部侍郎、充學士，令伏侍歸闕。《永樂大典》卷一〇八一二引《楊内翰談苑》

【一五】宿露　「露」，《類苑》、《四六話》作「霧」。

【一六】八月靈槎　泛寒光而静去，《類苑》、《四六話》在「三山」之前。

頂戴金像

初，王延範通判梓州，有妖人稱先生，以左道惑衆，嘗語延範曰：「有急當相救。」延範鑄黄金爲其像，常頂戴之。《永樂大典》卷一八二二三第一四頁引《楊内翰談苑》

王彦超歷數鎮節制，罷爲金吾上將軍，與李昉、宋白善。一日，昉、白詣之，時彦超年六十九歲，謂昉、白曰：「人言七十致仕，出何書？」昉曰：「《禮》大夫七十而致仕，若不得謝，賜之幾杖，杖於朝，蓋筋力尚可從政，時君所賴也。」彦超曰：「我前朝舊臣，於時無用，豈可食爵位而昧廉恥？」遂託白草求致仕表，來年假開日之上。再表得請，以太子太保致仕，給上將軍俸。居常白衣出入故舊家，僕從簡省，無童騎，惟嗜張進酒、軟骨魚，語親舊曰：「有此二物，吾當不召自往矣。」張進者，建州人，隸内酒坊，善釀，味絶美，品在法酒之亞，善飲者多好之。《宋會要輯稿》職官七七之二九，原出《永樂大典》卷一三六四二引《楊内翰談苑》

⊙歐陽修撰

廬陵雜説

黄寶華 整理

點校説明

《盧陵雜説》一卷，題歐陽修撰。今所傳僅三條，收入元陶宗儀所輯之《説郛》，載宛委山堂本《説郛》之弓二十九。後又收入清乾隆間馬俊良輯的《龍威秘書》五集。此書不見於宋以來諸家書志之著録，也未刊入歐陽修之文集，故其真僞只能存疑。書前有小序，謂夜坐樹間，仰見星月，耳聞蟲鳴，有感而作此雜説。以下三條皆寫由自然現象而觸發之人生感悟，有自勉之義。今以《龍威秘書》本爲底本，校以宛委山堂本《説郛》而成書。

夏六月，暑雨既止，歐陽子坐於樹間，仰見日月星辰行度，見星有殞者。夜既久，露下，聞草間蚯蚓之聲益急，其感於耳目者，有動乎其中，作《雜説》。

蚓食土而飲泉，其爲生也，簡而易足，然仰其穴而鳴，若號若呼，若嘯若歌，其亦有所求耶【一】？抑其求易足而自鳴其樂耶？苦其生之陋而自悲其不幸耶？將自喜其聲而鳴其類耶？豈其時至氣作，不自知其所以然，而不能自止者耶？何其聒然而不止也！吾於是乎有感。

星隕於地，腥礦頑醜，化爲惡石，其昭然在上而萬物仰之者，精氣之聚爾；及其斃也，瓦礫之不若也。人之死，骨肉臭腐，螻蟻之食爾；其貴乎萬物者，亦精氣也。其精氣不奪於物，則蘊而爲思慮，發而爲事業，著而爲文章，昭乎百世之上，而仰乎百世之下，非如星之精氣隨其斃而滅也，可不貴哉！而生也，利欲以昏之【二】；死也，臭腐而棄之，而惑者方曰：「足乎利欲，所以保吾身。」吾於是乎有感。

天西行，日月五星皆東行。日一歲而一周。月疾於日，一月而一周。天又疾於月，一日而一周。星有遲有速，有逆有順。是四者，各自行而若不相爲謀，其動而不勞、運而不

校勘記

【一】其亦有所求耶　「耶」原作「耳」，據《説郛》本改。

【二】利欲以昏之　「昏」原作「昏斃」，據《説郛》本删「斃」。

已，自古以來未嘗一刻息也。是何爲哉？夫四者，所以相須而成晝夜、四時、寒暑者也，一刻而息，則四時不得其平，萬物不得其生，蓋其所任者重矣。人之有君子也，其任亦重矣，萬世之所治，萬物之所利，故曰自彊不息，又曰死而後已者，其知所任矣。然則君子之學也，其可一日息乎？吾於是乎有感。

◉龔鼎臣撰

東原録

黄寶華　整理

點校説明

《東原録》一卷，龔鼎臣撰。龔鼎臣（一〇一〇—一〇八六），字輔之，號東原，鄆州须城（今屬山東）人。景祐元年（一〇三四）進士，歷知萊蕪、安丘縣，徙知渠州，在州興學講課，教化大行。擢起居舍人，知諫院，感遇奮厲，敢任言責，然其言優游平和，易爲人主所聽。遷吏部、禮部郎中，知應天府兼南京留守，徙江寧府，召還，判太常寺兼禮儀事。出知兗州，時行方田法，抵制增税，州人德之。再判太常寺，留守南京，時河決曹村，勞來賑拊，所活甚多。出爲京東東路安撫使、知青州，歲饑，所活饑民又甚於南京。鼎臣秉承齊魯儒學之傳統，剛毅誠慤，退居後著書講論，澹然自守，鄉里歸心。所著有《东原集》、《易説》、《文中子説》。《宋史》卷三四七有傳。

本書雜記其治學心得、見聞感悟，内容可概爲三方面。其一爲治經所獲，涉及對《詩》、《書》、《易》、《禮》諸經詞語典故之理解，抉幽闡微，時有發明，有補於經學研究。此外還旁及對《爾雅》、《法言》、《文中子》等書的解讀，不乏創見。其二爲有關詩、詞、文、賦等的評騭、考訂，或品評釋解，或録載本事，還有五條則涉及書法與繪畫，要皆談藝論文之事，具有文學藝術批評之價值。其三爲記載政事史實，考求制度名物，涉及君臣事跡，典章文物，乃至地理沿革，可補史傳之闕，於史學研究多所助益。誠如《四庫提要》所稱：「是編多考論訓詁，亦兼及雜事，其説經多出新解。」

《四庫全書》收録此書於《子部·雜家類》，此外，本書還收入清李調元所編之《函海》、陸心源所輯之《十萬卷樓叢書》、吴省蘭所輯《藝海珠塵》。今以文淵閣《四庫全書》本爲底本，校以《十萬卷樓叢書》本及《藝海珠塵》本，並以書中所涉諸書參校而成此本。

《舜典》後有《汩作》、《九共》、《槀飫》十一篇，孔安國以爲亡篇；　疑其非亡也，乃孔子所刪去者爾。況二典豈容此雜篇綴其後，言百篇者，獨安國而已，孔子未嘗言也。

《尚書・甘誓》，其中别無可以爲後世法者，但孔子之志以堯、舜相繼，即見其與賢。無此一篇，則不見禹之與子，故載之以示父子傳授之法也。

《尚書》本爲舜故并録堯，《詩》之首本爲文王故并録先公。費、秦二《誓》係在《書》後者，若只訖《文侯之命》，其誰不能編也？　蓋前此皆帝王之書，所以人見其甚易，用費、秦者，言典誥也，孔子更於諸侯中取之，有以勸諸侯之爲善，可繼帝王之書也。

《易・鼎卦》有「金鉉」。按《儀禮・公食大夫禮》：「甸人陳鼎七，當門南面西上，設扃鼏。」注云：「扃，鼎扛，所以舉之者也。凡鼎鼏蓋以茅爲之。今文扃作鉉。」《釋文》：「鉉，戶畎反。　一音扃。」故《周禮・匠人》：「廟門容大扃七箇。」是扃即鉉也。《説文》乃以鉉爲鼏，莫狄切，非也。　蓋鼏本茅爲，以覆鼎；　鉉以木爲，以舉鼎：其誤可見。

《易上繫》曰：「天一，地二；　天三，地四；　天五，地六；　天七，地八；　天九，地十。」此乃參伍錯綜之數爾，故子夏《易傳》置於前段之末；　韓康伯以爲後段之首，非也。

《詩·晨風》云：「山有苞櫟，隰有六駮。」毛傳云：「駮如馬，倨牙【一】，食虎豹。」崔豹《古今注》云：「六駮，山中有木，葉似豫章，皮癬駮，名曰六駮木。」《爾雅》云：「駮，赤李。」注云【二】：「子赤。」音剥，馬色。

《周禮·疾醫》鄭康成注云：「病由氣勝負而生，攻其羸，養其不足者。」凡十五字，最得其要，於諸疾無不包括。謂氣勝則過也，當攻之；氣負則不及也，當養之。

世俗稱詩曰「佳什」，或曰「見贈、見寄之什」，有以一篇爲什者，似以什爲詩之別名，殊失其旨。據《詩》大小雅、周頌，凡於其始則曰「某詩之什」，至其中則曰「某詩之什若干篇以上也」。《周禮·宮正》：「會其什伍。」先儒以五人爲五，二五爲什，惟《魯頌》亦曰「駉之什」，至其終，以數不足，故曰「駉四篇」。然則詩一篇以上稱什可也。

或問李鼎祚解《易》以「聖人設卦」爲伏羲，「觀象繫辭焉」爲文王，是否？予曰：伏羲設卦，觀示其象於人，文王演《易》，繫辭於卦下。故孔子言「繫辭焉」者六，皆不能有字著其上，一曰「繫辭焉而明吉凶」，二曰「繫辭焉以斷其吉凶」，三曰「繫辭焉所以告也」，四曰「繫辭焉以盡其言」，五曰「繫辭焉以斷其吉凶」，六曰「繫辭焉而命之」，然則豈容與「設卦」離其句哉？

《洪範》「九疇」宜皆有所說，獨「八政」載其八事，其「五紀」亦然，疑「王省惟歲」以下所說歲月日星及星「日月之行，則有冬有夏」，當在「歷數」字下，況「有冬有夏」乃似歷

【一】倨牙　「倨」原作「鋸」，據《函海》本、《十萬卷樓叢書》本（以下簡稱「十萬本」）、《藝海珠塵》本（以下簡稱「藝海本」）及《詩·晨風》毛傳（《十三經注疏·毛詩正義》卷六）改。

【二】注云　原無，據函海本、藝海本補。案：《十三經注疏·爾雅注疏》卷九《釋木》「子赤」作小字注。

法。其「五皇極：皇建其有極」，當續以「無偏無黨」以下，則大中之法備。如「斂時五福」當在「五福」、「六極」之後，乃是説福極之意爾。此漢儒所得錯亂，不能細考，以訪於伏生之類之人，使後世爲不完書，皆漢儒之罪也。

「皇極」以前四疇皆治法也。「皇極」以後四疇皆治之有善惡也，如「三德」之不善，則臣僭而復凶，民亦僭差。「稽疑」亦有吉凶。下二疇善則善應，惡則惡應，與前四疇之體法異也。

前人有以「賾」爲探考之義者，自爾人頗效之。且《易》有「天下之賾及探賾索隱」之文【三】，二者舉謂賾者幽深難見。唯荀爽謂：「賾，測也。」其前人或取之乎？皇甫泌右丞治《易》有《紀師説》一卷，謂：「賾者，所以測物情也。」斯得之矣。

鄆州門樓，真廟大中祥符初東封回，賜「升中延福」之名。《禮記》曰：「升中於天。」注：「升，上也；中，猶成也，告以諸侯之成功也。」《周禮》：「以五禮防萬民之僞，而教之中。以六樂防萬民之情，而教之和。」又《左氏傳》：「民受天地之中以生，所謂命也。」當天下中和則是太平，乃上其民中以告天也。中自有義，注者何必猶成也？

董仲舒云：「孔子曰：『鳳鳥不至，河不出圖，吾已矣夫！』自悲可致此物，而卑賤不能致也。」在西漢，鳳嘗見於潁川，則是鳳鳥至；魏晉間，張掖出石圖，則類乎河圖之出矣：然未必皆聖人所致也。

【三】天下之賾「之」原作「至」，據《易·繫辭上》改。

《揚子》：「潛天而天，潛地而地。」人之神潛天地，則其德如天地矣。《書》曰：「惟克天德。」故仲淹謂「天隱地隱」者此也。又：「天神天明，照知四方；天精天粹，萬物作類。」精氣爲物，天神之精也；神而明之，天明之粹也。生而稟乎天，死而復於天。復者，精復於神，粹復於明。嘉祐中，予在國子監，與監長錢象先進學官校定李軌注揚子《法言》。後數年，因於唐人類書中見「如玉加瑩」一義，惜其未改正也。「或問：屈原智乎？曰：如玉如瑩【四】，磨而不磷【五】。」往日不知其誤，遂改軌注以就文義爾。

青社有白門，士人多問其名，據《淮南子》載八極，其西北方曰白門【六】。高誘謂：「金氣白，故曰白門。」蓋天下諸城西北門皆號白門。後漢張衡《思玄賦》云：「蹶白門而東馳兮，云台行乎中野。」雖志在高邈，然亦自西徂東也。又呂布在下邳郡，與麾下登白門樓；下邳城三重，即大城之門也。故《水經注》謂南門爲白門【七】。今青社白門在北城而西偏南向，則酈道元所謂南門者，其理亦通。

唐高宗諱治，當時改治書侍御史爲御史中丞，復舊名也；治禮郎爲奉禮郎，迄今因之。其後太子賢注《後漢書》，至王符《愛日篇》曰「治國之日舒以長，亂國之日促以短」，乃改「治日」爲「化日」。夫以「亂」對「治」，則「化」不若「治」；要其語新，則「治」不若「化」。

【四】如玉如瑩　函海本、十萬本、藝海本均作「如玉加瑩」。案：揚雄《法言·吾子》李軌注作「如玉如瑩」，作「加」估計爲龔鼎臣所改，即下文所謂「改軌注以就文義」。

【五】磨而不磷　「磨」原作「石」，據函海本、十萬本、藝海本及揚雄《法言·吾子》李軌注改。

【六】其西北方曰白門　案：《淮南子·墬形訓》：「西南方曰編駒之山，曰白門。」龔氏作「西北」，誤。

【七】水經注　「注」原無，據函海本及藝海本補。

仁宗嗣位踰年，改元天聖。舊説：明肅后垂簾共政謂天聖，爲二人聖也。於時胡旦嘗言「未曉其義」，蓋不知自有所出。晉殷仲堪《天聖論》，其略曰：「天者萬物之根本，冥然而不言；聖者承天之照，用天之業。」此恐是真宗爲天，仁宗爲聖也。

《爾雅・釋木》曰：「樲，酸棗。」郭璞云：「樹小實酢。孟子曰：養其樲棗【八】。」其《孟子》本文云：「養其樲棘。」注：「樲棘，小棘【九】，所謂酸棗也。」

《荀子・非相篇》曰：「仲尼長，子弓短。」楊倞解云：「子弓，仲弓也。言子者，著其爲師。」《史記》、《漢書》有「馯臂子弓」，其學唯受《易》而已。韓文公亦曰：子弓之事業不傳。而荀子論説常與仲尼相配，必非馯臂也【一〇】。常怪倞序《荀子》，其辭甚巽，曰：「穿鑿之責，於何可逃！」王弼解子弓乃朱張字也，言荀卿以比孔子，蓋其道與孔子同，所以於逸民七人獨不論朱張之何如也。然則謙道於人，取益多矣！孔子曰：「吾猶及史之闕文。」若春秋夏五夫人氏之類，後人從之，莫有補其缺者，宜倞以巽辭而不敢逃責也。

《論語》有子桑伯子，王肅注謂書傳無見焉。劉向《説苑》載其事甚備，然《説苑》異書也：「子曰：『可也，簡。』簡者，易野也。易野，無禮文也。孔子見子桑伯子，子桑伯子不衣冠而處。弟子曰：『夫子何爲見此人乎？』曰：『其質美而無文【一一】，吾欲説而文之。』孔子去，子桑伯子門人不説，曰：『何爲見孔子乎？』曰：『其質美而文繁【一二】，吾欲説而去其文。』故曰文質修者謂之君子，有質而無文謂之易野。子桑伯子易野，欲同

【八】養其樲棗　「棗」原作「棘」，據十萬本及藝海本、《爾雅・釋木》郭璞注（《十三經注疏》）改。

【九】小棘　原作「小棗」，據十萬卷本、藝海本及《孟子・告子上》趙岐注（《十三經注疏》）改。

【一〇】子弓仲弓也……必非馯臂也　案：此段文字引自《荀子・非相篇》楊倞注，但經龔氏改動，中間又插入韓愈語，已非原貌，故「史記」以下不加引號。

【一一】其質美而無文　函海本、十萬本、藝海本均作「其質美而闕如也，此無文也」。

【一二】其質美而文繁　「繁」原無，據劉向《説苑》卷十九《修文》補。

人道於牛馬，故仲弓曰太簡。」然則肅在漢後不甚遠，而不見此書，何也？亦可審其學問之有遺。

《歷代名臣法帖》有《山濤啟事》，云：「臣啟：崔諒、史曜、陳淮可補吏部郎【一三】，三人皆衆論所稱，諒尤質直少華【一四】，可以敦教者。」漢武朝以儒者文多質少，乃用萬石君二子以抑其文華之士，雖曰「文質彬彬，然後君子」，若崔諒者誠愈通儒，咸以濤爲知言。

世俗謂一錢爲金，百金爲一鍰，與古甚異。漢時萬錢比周時金重一斤，其言百金者爲錢百萬矣。然則一金猶古萬錢之稱也。孔安國注《吕刑》：「六兩曰鍰，鍰黄鐵也。」一曰錢也。今之百錢豈止六兩而已。又或以鍰爲鐶，尤無稽也。

《論語》載「蕭牆」，「蕭，肅也【一五】」。後人因惡事斥之，遂若非禮可言者，不究其始謂某事也。《周禮·春官之屬》：「有司設几筵。」後人因喪事設之，若唯凶禮可言者，不究其始謂某事也。惟通者則不然，各從其本而已。

或問：「馬融云『軼越三家，馳騁五帝』何也？」曰：「言三家，《論語》：『三家者，以《雍》徹。』後漢劉陶推三家《尚書》，以《雍》徹《尚書》，則未見，惟見馬融『軼越三家，馳騁五帝』，以意求之，則宜爲三代夏商周之家也。」

《吕氏春秋》曰：「出則以車，入則以輦，務以自佚，命之曰招蹷之機。」若以下二者「爛腸之食」、「伐性之斧」證之，當以「蹷」爲「倒」也。又蹷，逆寒疾也。高氏注以「招」訓

【一三】陳淮　《全上古三代秦漢三國六朝文·全晉文》卷三十四作「陳准」。

【一四】質直　《全晉文》卷三十四作「質正」。

【一五】肅也　原作「蕭也」。案：《論語·季氏》何晏《集解》（《十三經注疏》）：「鄭曰蕭之言肅也。」故據以改。函海本、十萬本、藝海本作「屏也」。

「至」；「靨，機門内之位」者，誤也。

孟子謂：人有無名之指，屈而不信，非疾痛害事者也；若有能信之者，不遠千里必求信之，恥指之不若人也。今之人心不若人而不恥，是之謂不知類矣【一六】。唐盧仝常爲《櫛銘》，蓋本於此。

孔子不喜與人辨，孟子好與人辨是非，文中子復不喜與人辨，其學孔子之道者歟？或曰孟子之時，亦其可與辨者即辨之，冀以明其教也；文中子遭亂世而退河汾，宜乎不爲之辨也。

張衡《東京賦》李善注本云：「解罘放麟」，又曰：「慕天乙之弛罘【一七】」。其五臣注本「弛罘」作「弛罟」。故韓魏公《進嘉祐編勑表》從「罟」。然網罟可通施於捕禽魚，作「弛罟」則不重複，於義爲當。

《左氏春秋傳》：夏啟有鈞臺之享，周康有酆宫之朝。二事先儒皆未知其所出，今傳於學者，或得之，可補古史之闕。

《汲冢書》稱太甲殺伊尹。唐李宗閔謂孟子教諸侯叛。不别是非，毁短賢聖，甚可罪也。

落成之祭，人久不行。《左氏傳》曰：楚子成章華之宫，與諸侯落之【一八】。《揚子》曰：「聖人以不手爲聖人。」李軌注謂：「手者，桎梏之屬。」賈誼《新書》云：

【一六】人有無名之指……不知類矣　案：此段文字出自《孟子·告子上》，但龔氏所引字句有出入，故不加引號。

【一七】弛罘　案：《東京賦》李善注本即作「弛罟」，無需再改作「弛罟」。

【一八】楚子……與諸侯落之　引文出《左傳》昭公七年，因所引不完整，故不加引號。

「紂作梏數千，睨天下諸侯之不諂己者杖而梏之。文王桎梏，囚於羑里，七年而後得免。」其注意以文王聖而免桎梏，則與《揚子》合矣。

有問：竹與松柏皆能冒霜雪而不衰，竹虚而松柏堅實，其故何也？或對曰：竹則虚其心，松柏則實其腹，竹則弱其志，松柏則堅其骨：非道之自然乎？

《書・康誥》曰：「用其義刑義殺，勿庸以次汝封。乃汝盡遜曰時敘，惟曰未有遜事。」《荀子・致仕篇》：「《書》曰：『義刑義殺，勿庸以即，汝惟曰未有順事。』言先教也。」安國之注爲二解，《荀子》并爲一解。凡刑殺，既義則當用，但解「勿庸以即」爲即行，斯與本文意異。

四瀆尊於百川，謂其發源而東，不假他水，直注於海也。然人呼淮者止曰淮，濟者止曰濟，不以他水寄名於其上，曰「某淮」、「某濟」也。惟淮雖有秦淮，則秦非水名也。其江河則不然，凡水之相附邇者，必寄名於其上，若沅、漢則曰沅江、漢江，洛、汶則曰洛河、汶河之類：是皆世俗之語，不可不知。

《樊噲傳》云：「從攻項籍，屠煮棗。」顔師古輩皆未詳其處，《後漢・郡國志》：「濟陰郡寃句有煮棗城。」

劉向曰：「湯無葬處。」顔師古謂不見傳注也。按《汲冢記》：後魏天賜中，河東人張恩盗發湯冢，得誌云「我死後二千年困於恩」，恩得古鐘磬，皆投於河。

《書》有亡本及逸《詩》者，蓋孔子之所删也。《不修春秋》者，孔子之所未改者也。《逸論語》者，殆載齊、魯、古三《論》篇章之所遺也。讀唐明皇《道德經序》，見君子傳注至公之辭也。孔子所存之《書》逐篇皆因事而訓。後世如《盤庚》三篇，蓋以五遷之勞，「民咨胥怨」，故録其丁寧告民遷之之意，欲後世凡議遷都即知民之必怨，用戒其不可輕遷也。

地里新舊志：江淮間宅與墓則隨五音取向，宅則皆須西北高東北下，流水辰巳間出，兼同用丙向爲上，非也。凡宫寺、祠廟、郵館皆無常主，故用丙向，宅舍則當各隨本音。

邵亢學士家作三代木主，大約依古制而規模小也，仍各用一小木室安木主，作一静室置之，不須更畫影幀【一九】，蓋非古禮，又木主久而壞，可瘞而别製。安禄山陷洛陽，士庶奔迸。崔祐甫獨崎危於矢石之間，潛入家廟，負木主以竄，然則木主之制，唐士人之家皆爲之也。

孫構紹先言：諸葛武侯夔州八陣圖，用八，以石壘；漢州八陣圖，用六，以砂壘：皆近千年不泯。或曰：武侯擇吉日爲之故也，用六在用八之後，以其兵少不能足其數。

晁文元公常約己，立「四無」之誨法【二〇】，而專習之，謂無怒、無怖、無慮、無住。無慮者息其繁慮，無住者不住著於一物。晁公每自謂得則象智，蓋見賢思齊，觸類而長，此取象《中説》所謂「七無」者，然皆原於《論語》「子絶四」也。

【一九】不須更畫影幀　「更」原無，據十萬本、藝海本補。

【二〇】立四無之誨法　「誨」原無，據十萬本補。

物有以類而名之者，鶻曰舒鴈，馬曰飛兔，皆名之美者也。至於人則有曰鷹犬、曰虎狼者，豈不愧於鶻馬乎！

《史記·蘇秦》曰：「燕北有棗栗之利。」又《樂毅傳》曰：「薊丘之植，植於汶篁。」釋者謂：「竹曰篁。謂燕之疆界移於齊之汶水。」然則齊魯間棗栗殆自燕北而移植歟？故《青州圖經》引《齊民要術》曰：青州有樂氏棗，豐肥細好，爲天下第一。經云：樂毅破齊時，自燕齎來，因種於此，故以姓得名【一一】。

物有善蟄藏者，是保其身也。人若能蟄藏志意，待時而動，是保其神也。保身則氣全，保神則形全，形與神不相離也。

文中子言：「董威輦《大雅吟》幾於道。」威輦之詞不見於世，而見石崇《大雅吟》，然亦無能歌者。威輦，晉董京字也，京與崇同時人，其詩意異否，未可知，且存崇詞以質斯義，其節曰：「堂堂太祖，淵弘其量。三分有二，周文是向。於穆武王，奕世載聰，蕩清吳會，六合乃同。」大槩以司馬晉比姬周大雅之意，其在是乎？

唐劉秩述《政典》三十五卷，杜佑增之二百卷，號《通典》，《通典》所載自書契以還迄唐德宗貞元元年，上下數千年。咸平中，宋白等爲《續通典》二百卷，載二百年，其卷帙亦如之，與晉張輔論遷、固書一也。然秩書太略，白書太煩，不煩不畧，最爲適中者，佑書也，故最行於世。是知天下鉅細事，惟適中可以久而不廢，豈特書抄哉！

【一一】青州有樂氏棗……故以姓得名　此段文字據《齊民要術》卷四《種棗》，但所引文字有出入，故不加引號。

賦者緣物以成文，必辭理稱，則彬彬可觀。唐楊遂賦《太極生兩儀》有云：「品物流形，聚作草木鳥獸；不言善應，散爲霜露風雲。」理雖長而辭不稱，無足觀者。王沂公賦《有物混成》曰：「得我之小者，散而爲草木；得我之大者，聚而爲山川。」雖與前賦意合，而其辭理彬彬然矣。

高弁公儀，种先生放之高弟也，常著《帝形》三篇，有張荷若山亦學焉，先生以友道待之，著《過非》九篇，先生皆稱之，復謂《過非》在《帝形》之上。《帝形》今行於世，而《過非》世所罕見，大旨謂：「過非非過也。聖人作事於時，有本是而末非，非聖人之過也，蓋後世增飾之過也。」陸魯望嘗因激而爲《蠶賦》，以其貽禍於民，遂欲伐桑滅蠶，思古民衣皮羽，爲無得喪，則不及《過非》之意遠矣。

韓文公古詩曰：「帝欲長吟哦，故遣起且僵。」謂李杜也。《北夢瑣言》載文公律詩曰：「天恐文章渾斷絶，再生賈島在人間。」又王黄州《解梁官舍》詩云：「上天於我心還厚，只遣文章道更尊。」此皆原孔子「天未喪斯文」之意。

杜工部《送楊六判官使西蕃》詩云【一二二】：「子雲清自守【一二三】，今日起爲官。」諸本皆然。予以謂「今」作「金」，蓋金日磾，本休屠王太子，與母閼氏俱没入官，輸黄門養馬，武帝嘗奇之，賜湯沐衣冠，拜爲馬監。唐中興時，贊普必有相類者，故甫用之也。

四六文字雖變古體，其有至當者，亦不減於古。如梁李崧《論詩答徐巡官》，其略

【一二二】送楊六判官使西蕃 「蕃」原無，據函海本、十萬本、藝海本補。

【一二三】子雲清自守 「自」原作「白」，據杜甫詩集改。

曰：「詩者，或逸樂而興，或悲哀而作，内經夫婦，外正君臣，雖孤憤必申，雖興言必達，懲惡勸善之理於是乎明，感新懷舊之情於是乎見，乃知作者豈徒然哉！是以讀《騶虞》之章，知岐周之盛德，誦『芍藥』之句，識鄭衛之淫聲。如巡官送賓云：『蟾桂三春捷，雞林一國榮』，則知皇澤之被於遠人，素風之漸於殊俗。又若貽友生云【二四】：『詩至道長樂，生來貧却閒』，則知尺璧輕於寸陰，千金賤於一字。」如崧所述，豈必以古、律爲別哉？

五代和魯公凝長於歌詩，初辟西征從事，軍務之餘，往往爲歌篇，詔使往來，傳於都下，當時籍籍，以爲宫體復生。俄而時主知之，遣中使馳驛，索宫詞百首，即日上焉，其間有云：「遥望青青河畔草，幾多歸馬與休牛」；又云：「赤子顒顒瞻父母，已將仁德比乾坤」；又云：「越溪姝麗入深宫，儉素皆持馬后風。盡道君王修聖德，不勞辭輦與當熊。」使事中的，有風人之旨。

和魯公上巳日修禊事於濟汶之上，或曰：「長津之内，游舸甚繁，擊鼓鳴榔之下，必起飛鰩而驚睡龍。」俄有漁者獲一巨魚，長丈餘，其圍數尺，斑首赤喙，刀鬣骨鱗，遂贖而放之。或謂曰：「子欲望負舟乎？」魯公曰：「豫且之箭，前編所遺，但惜其救旱之功未展，不可隨泥鰋沙鰌同鱠也。」且爲《放魚歌》，有云：「骨鱗骨□皆龍子。」時張昭遠稱之云：「解束縛之讐，願登賢相，蓋志形於詞也。」後爲右揆。舊説鯉魚滿三百六十歲，蛟龍輒率而飛去。若此者，其歲蓋亦深矣。

【二四】貽友生　「生」原無，據函海本、十萬本、藝海本補。

賦亦文章，雖號巧麗，苟適其理，則與傳注何異？ 如李巽《土鼓賦》：「土之靜靜，乃陰之實，鼓之動動【二五】，乃陽之精。 陰以質而濁，陽以文而清。 將以質勝文，而其理永固；遂以土爲鼓，而其義有成。」斯迨於無愧於理矣。 當時謂之「李土鼓」。 後有鮑當者著《孤鴈》詩甚精，時亦號「鮑孤鴈」。

太平興國二年正月六日，太宗始御講武殿試進士，賜吕蒙正以下及第，三年、五年又賜胡旦、蘇易簡以下及第。 初，京師期集未有題名石刻，至七年馮起以贊善大夫通判歙州，蘇能以著作郎權知歙州，乃刻賜詩七首。 其賜吕蒙正詩有云：「帝澤雖寬異，官榮莫忘貧。」賜胡旦詩有云：「報言新進士，知舉是官家。」御注云：「每相見，但相勸爲美善之事，莫教朝野人笑道主文官家知舉不了。」吕蒙正自僕射乞出，得判河中府，太宗曰：「卿狀元及第，朕用卿作宰相，今日可謂榮歸鄉里。」因有詩曰：「滿朝鴛鷺醉中別，萬里煙霄遊子歸【二六】。」太宗聞之曰：「吕蒙正似無意再來。」既而三召，方再入相。

藝祖時新丹鳳門，梁周翰獻《丹鳳門賦》，帝問左右：「何也？」對曰：「周翰儒臣，在文字職，國家有所興建，即爲歌頌。」帝曰：「人家蓋一箇門樓，措大家又獻言語！」即擲於地。 即今宣德門也。

劉仲芳上曹瑋《水調歌頭》第三句云：「六郡酒泉。」蘇子美亦有此曲，則云：「魚龍隱處。」尹師魯和之，亦云：「吴王去後。」其平仄與蘇同，而音與劉異。 嘗問曉音者，乃

【二五】鼓之動動　「鼓」函海本、十萬本、藝海本均作「土」。

【二六】遊子　原作「達子」，據函海本、十萬本、藝海本改。

曰：「以平仄言之，其文稍異，然不脱律皆可用也。」律説本詞之指法，余聞之師，悟治《易》者各將所見，苟不離道之方，則不可論是非。餘經皆然。

王元之詠中條山，嘗愛田告詩，有：「洞黑吹狂雨，峯青卓冷煙。」乃作書求之，大槩言詩於茲山只欠是爾。田諾焉。故田詩集不復載。

李文定公迪與夏侯鱗各題詩於濮州王驥郎中屋壁。文定曰：「南巷蕭條北巷連，君歸未得伴君閒。郡樓獨上最高處，盡日凭闌不爲山。」夏侯曰：「夜來飛夢到瑶池，借得周王八駿騎。宴罷却歸蓬島去，五雲狂踏影參差。」明年文定第一人、夏侯第二人及第。

魏野詩曰：「雲好低頭望，松宜側耳聽。便堪爲導引，誰信可延齡？」頃年，杜岐公晚年揮扇或墜椅下，即側身取之，蓋亦欲略用力也。

王欽若三司勾當，來亳州散食鹽錢，知州有詩一句云：「雪霜散處民心悦。」欽若對曰：「鼎鼐調時衆口知。」

麗籍爲黄州司理，夏竦時知黄州，麗嘗遊洪水山，有詩云：「登臨不覺致身危。」夏頗異之。後麗爲相，而夏爲使相，麗適當軸，曰：「今日向司理筆下作使矣。」

吉州雙流詩云：「不知萬里爭流去，那派先成潤下功。」向敏中與盛度分作，一人是殿中丞，一人是太傅，後向爲相，盛亦貴顯。

康定中，尹師魯過河陽，見予廳事之壁有石記墨本題曰《青州州學記》，師魯謂：「當云《青州學記》。」大抵文章增減字不可不思。嘗觀韓文公文章，無一字用不當者，如《藍田縣丞記》：「其下主簿、尉。」若常人止曰「簿尉」也。且尉則官稱，簿則簿書，必曰「主簿」則名始完。是雖文之小疵，亦典刑不可不尚。

齊桓公得愚公而管仲修政，故杜甫《贈蕭郎中》詩曰：「中散山陽鍛，愚公野谷村。」徐鉉《題雷公井》亦曰：「晻靄愚公谷，蕭條羽客家。」皆謂其蕭灑可愛也。予守青社，因旱禱雨於愚公山下，即日而應。噫！公野人也，生死有益於齊，亦嘗以靈異澤民。求爵號於朝廷，元封二年封隱利侯。

景祐二年省試《天子外屏賦》。是時國子監元黄庠者最有文，稱同試。問以所比證事，庠曰：「可用疏屏内屏。」聞者以皆有屏者，謂庠不誠。及庠程文第一，其辭曰：「清廟之飾用疏，是殊彝制；諸侯之設於内，靡僭常尊。」其人見之始愧服。時庠以疾不能就御試，既愈，陳述於貢院，大畧言：「三月中偶感寒疾，蒙聖恩特降中使賜湯藥并酒，遂得平愈。近多士皆被榮恩，而庠自胄筵登國庠，既於南宫皆叨首薦，以母老獨未能甄録，乞賜奏別賜一試。」主文章郇公而下爲之進呈，仁宗曰：「是亦三元也。」詢問欲何如，郇公曰：「乞出自聖恩處分。」仁宗許將來直就御試，徐曰：「令奪狀元也。」宋公庠時亦預進呈，退謂同列曰：「將來好狀元。」或問何以知之，曰：「金口宣諭如此，故知此狀元定矣。」宋丞相舊名郊，第一人及第，或以名譖之，即更名庠。時葉道卿猶外補，寓書戲問曰：「某當年狀元名郊，今名庠，何許人也？」宋公因以詩答曰：「紙尾勤勤問姓名，禁林依舊玷華纓。莫驚書録稱臣向，便是當年劉更生。」時以謂劉向改名一事，古今人未嘗用，似留與公庠也。

真廟朝，汝州進茯苓一顆，重三十斤，宣示宰臣而下，遂表謝，其表王沂公代爲之，有云：「事將符於難老，效豈止於蠲痾」；又曰：「臣等用愧鹽梅，言慚藥石。」乃知前輩文必引事相類，雖涉小巧，亦不可不然。

葉道卿嘗帶貼職知秀州，時狀元宋公序及同榜鄭天休已修起居注，道卿有詩寄二公曰：「相先一龍首，對立兩螭頭。」世稱爲警句。

宋丞相嘗曰：「皇朝狀首三十八，相到吾家第四人」，謂吕蒙正、王曾、李迪與宋庠也。

宋子京明道初召試學士院，試《琬圭賦》，其辭有曰：「爾功既昭，則增圭之重；彼績不建，則貽玉之羞。是以上無虚授，下靡妄求。」又曰：「爾公爾侯，宜念吾王之厚報。」時翰林盛公度奏御日極褒稱之，曰：「此文有作用，有勸戒，雖名爲賦，實若詔誥詞也。」即授直史館。頃之，仁宗御製《上皇太后恭謝太廟詩》，而子京次韻在諸公之右，其詞云：「柔極深慈冠古先，謝成宗祏舉齋牷。欲知太姒徽音盛，親見周王作雅年。」仁宗嘉之，賜縑三百疋。

劉侍郎夔，皇祐中自汶上移守福唐，予送以詩，有云：「家經武夷住，仕與會稽鄰。」劉公云：「武夷山在建州北二百里，崇安縣南三十里，方圓二百二十里，東南二方皆枕流水，一水北至，一水西來，湊於大王峯前，合而南流爲建溪。」公既請老燕息於其間，想公當時過家之榮，後日退居之樂，良可羨也。

景祐初，禮部試《觀象作服賦》，予愛其離合《益稷》篇，文甚精當【二七】，常效之，以漢《趙充國傳》「罷騎兵以萬人留田」，曰「罷兵留田」以試兖州進士。後有以《韓安國傳》「謀事必就祖，發政拈古語」爲題曰「就祖發政」者，離合之誤也。

太宗詔徐鉉撰李璟誌【二八】，文曰：「聖人在上，雖善治者不能保其存。」時謂文過太甚。

和魯公比擬草書，以崑崙人物、兹弓黑稍【二九】、玄鶴孤猿之類，是形與色兼言也。

嘉祐四年貶吕溱，其誥詞劉敞行之，溱當貶而褒。嘉祐五年劉沆贈僕射侍中，其誥詞張瓌行之，沆當褒而貶。

張舜民爲高遵裕幕客，元豐辛酉歲隨遵裕至靈州，迴，題詩於石峽曰：「青岡峽裏韋州路，十去從軍九不迴。白骨似沙沙似雪，將軍休上望鄉臺。」又曰：「靈州城外千株柳，總被官軍斫作薪。他日玉關歸去路，將何攀折贈行人！」因爲李察劾之，降爲承務郎、郴州監酒。

【二七】文甚精當　「文」原作「又」，據函海本、十萬本、藝海本改。

【二八】李璟　「璟」原作「景」，據函海本、十萬本、藝海本改。

【二九】黑稍　「稍」原作「梢」，據藝海本改。案：後魏于栗磾好持黑稍以自標，明帝因授「黑稍將軍」號，見《魏書》。

杜甫贈太常張卿詩云：「健筆淩《鸚鵡》，銛鋒瑩鸊鵜。」張平子《南都賦》作「鸊鵜」，《方言》曰：「野鳧甚小而好没水中，南楚之外謂之鸊鵜。」

南京法寶院有二墨蹟，曼卿、守道也，雖精妙與奇怪不同，然皆近世所罕有。

劉相沆爲臺官言後，令裴煜代作章奏，言：「雖三省之無他，奈羣犬之已甚。」臺官吴中復上言「劉相以犬斥言事之官」。

潘佑曰：「齊人王達靈者高士也，精覈九經，該博諸子，肥遯邁俗，目無全人。」予早聞達靈之名，常恨未得見其所長。佑，忠直人也，其語固不謬。後予守青社，訪其著述，訖未能得，而達靈去方百年，其知名者尚少，況著述乎。乃知姓名有道之士汩没者何可紀哉！

周世宗既定軍制，左右有以刑名相犯取旨，世宗曰：「一階一級全歸伏事之宜儀【三〇】。」迄今行之。

藝祖嘗令傳宣於密院，取天下兵馬數，及本院供到即後批曰：「我自别爲公事，誰要你天下兵馬數！」却令還密院。

江南城破，曹彬見李國主，即放入宅，言令打疊金銀，京師桂玉難過。諸將皆言不可，恐别有事，彬曰：「此無英氣，不妨。」

范文正公嘗勉士人讀書通古今，曰：「爲臺諫官，則遇事敢言；出當藩方，則有事

【三〇】宜儀　「儀」原無，據函海本、藝海本補。十萬本作「宜議」。

敢斷。」識者知公之事業有源深矣。

蔡君謨説藝祖嘗留王仁贍語，趙普奏曰：「仁贍姦邪，陛下昨日召與語，此人傾毀臣。」藝祖於奏劄後親翰，大略言：「我留王仁贍説話見我，教誰去喚來？你莫腸肚兒窄，妒他！我又不見是證見，只教外人笑我君臣不和睦，你莫殛惱官家【三二】！」趙約家見存此文字。

藝祖嘗以梁周翰補闕管綾錦院，多決工匠不能處，及駕幸本院，即欲決周翰，周翰急，曰：「臣天下名士！」既而宰相救解，藝祖言「欲決，教知滋味」。遂釋之。

蘇易簡榜中有登庸者四人：李沆、向敏中、寇準、王旦，其爲參預及兩禁以上者又數人，時亦號「龍虎榜」。

太宗嘗問寇萊公孰可備東宫，公曰：「此社稷大計，當自擇之。知子莫若父，知臣莫若君。此事陛下不可離御坐，臣亦不敢離此，願一言決定之。」即言及真宗，公乃賀曰：「陛下知子矣！」後數日，真宗因出，有民竊語曰：「好箇小官家！」太宗聞之頗不樂，召公問之，公又賀，太宗曰：「何賀？」公曰：「儲貳之立，惟恐人不歸伏。今人民有是言，誠可賀也。」太宗釋然。

張乖崖在蜀，聞寇萊公拜相，乃謂僚佐曰：「寇有宰相之器，然富貴早，讀書少。」

天禧中真宗已不豫，但患曹利用在西樞跋扈，丁謂在中書弄權。一日召知制誥晏殊

【三二】殛惱　「殛」原無，據函海本、十萬本、藝海本補。

坐，賜茶，言曹利用與太子太師丁謂與節度使並令出，殊對曰：「是欲令臣作誥詞？」上頷之。殊曰：「臣是知制誥，除節度使等並須學士院操白麻，乞召學士。」真宗點湯既起，即召翰林學士錢惟演，惟演遂救此二人。來日却除曹利用使相，依舊樞密使，丁謂拜相，仍先露此意與二人，云：「自有回天之力。」既而惟演遂除樞密副使，晏相嘗説與王哲學士【三二】。

庚子正月二日，予謁呂冲之，因問三館、秘閣所藏之書多散落於士大夫之家。客有對以所藏之書今存者有三萬七千卷，其實有萬餘卷爾。惟秘閣與昭文、集賢最多存者，蓋閣上有太宗御容，非具朝服不可上，以故存者多矣。及言士大夫以金帛購書者不少，而書亦有人不得見者。且云景初家藏舊鄭氏《詩譜》，注人不見名氏，而歐陽永叔慶曆四年奉使河東，嘗得鄭譜，自周公致太平以上不完，遂用孔穎達《正義》所載《詩譜》補全之而復爲之序。景初之本甚完，嘗爲并州牛景勝借去，今乃亡吾之本矣。

舊説翰林學士草制誥，每爲宰相圍却令改，謂之「喫鞋底」。

樞密學士張公奎嘗言：頃在疾告，既愈朝參，對於便殿。仁宗問：「因何得疾？」公曰：「因食饅頭。」仁宗曰【三三】：「是豈堪多食耶【三四】？」愚聞其説，爾後每食於氣血通暢時，則無恙；不如是，則終日不平和。今漸入老境，書以自戒。

歐陽永叔與劉原甫言新定茶法不便，乞別立法。富鄭公上前言：「近罷榷茶，改二

【三二】王哲　原作「王哲」，據函海本改。十萬本與藝海本作「王晢」。案：作「晢」蓋用《書・洪範》：「明作晢。」《四庫全書》著録其《春秋皇綱論》五卷，作「王晢」。《四庫全書總目》卷二十六《春秋類》此書提要即引《東原録》此條，作「王晢」。

【三三】仁宗曰　「仁宗」原無，據函海本、十萬本、藝海本補。

【三四】是豈堪多食耶　函海本、十萬本、藝海本作「饅頭豈是多食之物耶」。

百餘年之弊法，不能無些小未適便處，須略齊整可矣，譬猶人大病方愈，須用粥食湯藥補理，即便平復矣。」上頷之。

丁謂嘗云：唐明皇時異人言，醮席中聞乳香靈祇皆去【三五】，至於今惑之。真宗時親稟聖訓，况乳香所以奉高真上帝，百神不敢當。今士大夫家祭多用濕香，亦遵前聞也。

文相於西京宅旁建廟，嘗云取長安杜岐公宅廟制度，仍減一尺高，作四間兩徘徊。宋公敏求學士知典故，言規模太逼窄，可作七間。文相因畫杜岐公家廟一本示之，古之制度惟存杜廟而已。

治平中，予守金陵，至止數月，因葺治所之西廡，掘地數尺得汞盈缶，詢其地，乃南唐宮人梳洗樓故基也，非棄鉛華之水積而致耶？

富鄭公嘗與余論治道，富公曰：「大抵朝廷須用賢者多，小人少，庶幾其治也。譬諸疾病者，元氣已虛，邪氣已甚，姑以平和湯劑扶持之可也。若再進服疏轉之藥【三六】，則安能保其生耶？俟元氣漸實，邪氣漸退，雖使服藥瞑眩，亦無所害耳。元氣，賢者也；邪氣，小人也。使賢者多、小人少，然後可力行其道也。」

鄭公又言：「人嘗勸弼不次進用賢士大夫，及朝廷進用偶未及己，則復出議論。」余對以人往往必以一身休戚觀朝廷，不能以天下休戚觀朝廷。鄭公以爲知言。

士熙道建中嘗見人議條貫，乃曰：「法令繁而君權卑。」又見張宗益上言白氣災異

【三五】聞乳香　「聞」原無，據函海本、十萬本、藝海本補。

【三六】若再進服　「再」原無，據十萬本、藝海本補。

事，乃曰：「此不經之語也。」

王素爲諫官，言李淑姦邪。范希文在政府，云：「李淑少年，可惜以此名點汚。」法官議官，惟務其深，自以爲深則無咎，苟稍出之，則恐人疑其有情也。臺官言事，惟務摭人之惡，不顧治體之如何爾，自以爲若恤治體，則近乎不舉職矣。二者皆切於身謀而忘至公之道，非國家之益也。

法官壞法律者三十年矣！向之入法寺者皆外官，不爲上位所薦舉無由改官，往往誦法書求試法律斷案，幸而中選，無他才識，惟泥其文而深其法耳。自後朝廷既寬失出之罪，又稍用儒士，始漸知法之弊矣。

何剡待制兼門下封駁事。嘉祐祫享之後，王達復知金州【三七】，中官武繼隆復防禦使，閻士良復鄜延兵馬鈐轄，皆留告勑，繳納中書。自來封駁之司名存而職不振，今剡振職矣。

千乘縣大王橋之東北約一舍有野儒，忘其姓名，熙寧九年稱九十九歲，頎然其形，康寧異常，且言：「人皆可一百二十歲，是天與壽也。予當天壽之外，所得壽考，乃予功行之致。將游西蜀、江南，觀山水之勝，況筋力猶可日行百里。」後二年果聞出遊。

元豐元年，泰州有姜延貴者，年九十六歲，有孫及曾孫，俱登進士科，而玄孫太亦隸進士業，世所罕見也。

【三七】金州　函海本、藝海本作「全州」。

待制張昷之爲河北都轉運使，以保州部署下一將兵士當更畨守邊，每遣行即請銀鞋錢，而知州下一將兵士未嘗差出，故昷之皆互令差出，庶乎均也。其凶輩因此構造事端以叛，用供奉官監務韋貴爲首領。及田況自真定來招降，昷之贊令悉殺，以戒後來。

王沂公知大名府，一日迎赦書，有禁軍兩指揮相憎嫉，一指揮在左弄門關者輪其關，因擊左右一指揮【三八】，中兩人皆斃。沂公密令申報，判云令赴市曹處斬訖奏。於時坐客及人多不知，至來日，其在右指揮一名訴左指揮更有他事。沂公見其有酒，即令驗之，決脊配春州。已而兩軍方寧貼。

張昇果卿【三九】，嘉祐二年夏回虜聘求聖上儀容事【四〇】。昇見戎主【四一】，言前來皇帝曾將過御容，在南朝蓋以代相見爾。今已稱姪【四二】，須我主復圖儀容去，則南朝必送聖範來。蓋前來是弟兄，即弟先送；今是伯姪，姪宜先來，即伯後答，如此先後順也。訖從其議。

富相言老人星見，送史館不便，乞依古制，送學士院，令文武百寮賀。

慶曆中，文彦博與杜祁公俱在樞府，彦博見祁公依條例行事，乃曰：「此是措大治身之道耳。某雖晚輩，亦不敢不以天下爲慮。」

狄青善用不滿千人之法，蓋擇鋭敢死者而已。

景思忠父歷都官員外郎，景祐中在慶州，撰《邊臣要略》二十卷，備言元昊必爲邊患。

【三八】因擊左右一指揮　「左」原無，據函海本、十萬本、藝海本補。

【三九】張昇　原作「張昪」，據函海本、十萬本、藝海本改。下同。

【四〇】回虜　原作「回北」，據函海本、十萬本、藝海本改。作「回北」，蓋四庫館臣爲避忌而臆改，下同。

【四一】戎主　原作「北主」，據函海本、十萬本、藝海本改。

【四二】今已稱姪　「姪」原缺，據十萬本、藝海本補。

康定元年，其父知成州，元昊果興兵大寇延安，於時父又進《平戎議》三卷，換左藏庫使。

南京故李龍圖紘雙生二子，長曰黄中，次曰象中，嘉定二年同登進士科；三年，象中以贓濫羈管於南，時黄中通判濱州，亦有公累被劾，數翻異【四三】，朝廷遣御史丁翊往制勘，而黄中云亡。以此見雙生之時禍福亦不甚異也。

陳恕爲三司使，嘗言三司中惟起支爲難，蓋一起支則無由止也，不可不慎。

士熙道管三司商税案，言天下諸商税錢每歲二千二百萬貫，自嘉祐三年後來只收得七百萬貫，每歲虧一千五百萬貫。

度支外郎范祥作制置解鹽事。舊日沿邊令客人入斛斗，或造櫓樓瓦木之屬，凡直六貫即支解鹽一席。祥遂制置邊上客人入一色見數錢六貫，依舊支與一席，客人得一席，賣得十貫，邊上却用見錢糴物【四四】，官中有利，客人亦便，解鹽每歲三十四萬席，得錢二百萬貫。嘉祐四年改作制置解鹽使。

興州濟衆監每歲鑄錢七萬餘貫，近張方平自益州入作計相，因減課程一半，并嘉州監亦減半，惟邛州監亦依舊。以兩川錢重物輕，欲減半後錢漸少而貴，物欲輕故也。川中三監時鑄錢【四五】。

嘉祐四年冬，夏國諒祚之母爲國人所殺，即元昊妻也。其舅没臧用事，有漫咩者，其官高於没臧，然勢力反出其下，因殺没臧。諒祚恣爲不道，淫佚遊畋，無時少息，復侵犯鄰

【四三】數翻異　原無，據函海本、十萬本、藝海本補。

【四四】糴　原作「糶」，據文意徑改。

【四五】時鑄錢　「時」原無，據函海本、十萬本補。

國。有唃厮囉少子董氊，最號桀黠，病其侵己，乃與契丹結親。諒祚懼其與虜夾攻【四六】，遂來中朝求尚主，欲結援自固。既不許，乃出狂言，欲與中國相敵及要熟戶。嘉祐七年，賀正旦西人大首領祖儒嵬名聿正，副首領樞銘靳允中，祖儒、樞銘乃西夏之官稱，大者姓嵬名聿正。其所貿易約八萬貫，安息香、玉金精石之類，以估價賤却將迴【四七】。其餘碙砂、琥珀、甘草之類，雖賤亦售盡，置羅帛之舊價例太高，皆由所管内臣并行人擡壓價，例虧損遠人。其人至賀聖節，即不帶安息香之類來，只及六萬貫。

偃師縣有先朝上陵日民獻松二株，上以金篋親栽於驛舍兩廡之前，因號雙松驛。

麥六十禾三千，謂之大有年，凡一穟當有此數。

李言説里巷細民有以是非相較，患人之不及知己善者，旁有儕類曰：「爾之云云，何必如此！爾不聞在肆藥物乎？某藥性良，某藥性毒，某藥性寒，某藥性熱，然藥不能自言，而人既諳嘗之，乃謂某良毒寒熱也。爾但爲善，則人亦稱你如稱藥矣。」其人默而服教。予以其言鄙而有理，故録之。

元豐二年，河朔、京東歲歉。時予守青社，南山中土石化爲麪，可作餅餌，無甚沙礫，日有數千人取之，流殍因此全活甚多。乃聞於朝，有詔許匣盛以進。天救疲瘵，前古罕聞。

江南徐熙畫魚甚佳，關中許道寧畫山水頗類青州李成，成乃李宥諫議之祖，太宗時

【四六】懼其與虜夾攻　「與虜」原作「兩國」，據函海本、藝海本改。

【四七】以估價賤　「賤」原作「錢」，據函海本、藝海本改。

人也。

館中有蜀人黄筌，畫白兔甚佳，蓋孟昶卯生，每誕辰即畫獻也。

青州龍興寺天宫院石柱有韓熙載墨蹟，王子融宰益都日，将遣工刻，其兄沂公止之，曰：「似墨蹟難得也。」元豐中，予假守是州，推官汪衍恐其難久，遂刊焉。既而，予與汪同聞張擇賓郎中道沂公止之之因，頗恨不模於他石。

徂徠山在泰山東南，周環遠望，廣袤如一，謂有往來之勢，故名徂徠。

海州朐山，俗言「朐山戴帽即雨」，蓋謂雲出覆冒其上，爲雨候。

飲食甚熱之物，如湯之類，使人耳腦多鳴。

邵良佐使夏國，至昊賊處，與一大臣言：「今兹用兵，如富者與貧者賭博，貧者只宜常勝，使富者勝，貧者必匱。」

◉張師正撰

倦遊雜録

李裕民　整理

點校説明

《倦遊雜録》，張師正撰。張師正，字不疑，中進士甲科，得太常博士（《郡齋讀書志》），後轉武官，任渭州推官（《括異志》卷二）。嘉祐四年（一〇五九）知宜州時，曾力主攻取安化軍（《長編》卷一九〇），不久，以慢上免去英州刺史，依舊爲儀鸞使（《臨川集》卷五五）。八年任荆州鈐轄（《括異志》）。治平二年（一〇六六）任辰州帥，熙寧十年爲鼎州帥，時已六十二歲（《玉壺清話》），哲宗時猶在，其享年應在七十以上。

師正雖爲武臣，卻饒有文才，他的朋友文瑩説：「不疑晚益深，經史沿革，講摩縱横，文章詩歌，舉筆則就。著《括異志》數萬言，《倦遊録》八卷。觀其餘蕴，尚盤錯於胸中。」（《玉壺清話》卷五）今有詩流傳於世。王得臣《麈史》以爲「倦遊乃襄、漢間士人所爲，托名以行」，是没有根據的。

《玉壺清話》作於元豐元年（一〇七八年），《倦遊雜録》應作於此年以前，輯本第二十條稱宋神宗廟號，則作者哲宗時曾作修訂。此書各家多作八卷，唯《宋史藝文志》作十二卷，或許是原本與增訂本並存於世，故有此差異。

此書，《永樂大典》引及，知明初尚存，以後散佚。

此書所記以朝野見聞爲多，其中對官場中陰暗面的揭露最具特色。如「詭謀殺娼」條揭露了楊孜進京應舉時玩弄娼妓，騙取錢財，登第後，竟設計毒死癡情女子，手段之毒，令人髮指，然而兇手並没有受到懲罰，卻當了集賢校理。「矯僞」條記述節度推官王某爲了騙取上司信任，故意穿破衣，吃粗飯，騎瘦馬，裝作艱苦樸素的樣子，一旦改官以後，「侈衣靡食，恣行貪墨」，文末説：「斯人今爲正郎，不欲道其姓名也。」作者披露這種正在位得勢官員的醜行，甚至點出其官職、姓氏，實是難能可貴。又如「黠胥」條記三司的狡吏如何設計趕走上司的過程，「鞏大卿獻放生」條揭露官員阿諛奉承的醜態。

張師正善詩，書中記載不少各具特色的詩詞，有的品評古人（如「華清宫題詠」條），有的嘲諷現實（如「藏撅詩」、「嘲免解者詩」、「譏吳善長詩」條），或讚賞秀麗河山（如「陽朔石峯」條），或抒發閒情逸致（如「清風明月兩閑人」條）。除文人詩外，還收録不少婦女作品（如「三英詩」條）。有些詩詞，賴此書記載得以傳世，王平甫点絳唇詞、蔡子正作喜遷鶯詞條。蔡詞，《全宋詞》據《揮塵餘話》録入，較此書晚一百餘年。

張師正在南方遊宦四十餘年，書中記録了許多南方各地的風俗、特産，大多出於目睹耳聞，比較真實可信，爲研究民俗、物産提供了不少資料。

本書現存有三個節本，但都不太理想。宋代有兩種：《類説》本，凡五十八條，其内容多作删節，其中不見於他書或相對較全的十六條。《紺珠集》本僅六條，可取者一條。明代有《説郛》本，其中商務本卷一四收十三條，卷三七收八條，去其重複，得十八條，《説郛》宛委本卷三三上收十四條，均見商務本。此書宋、元至明初，引用者甚多。所得遠較節本爲多，本書之輯佚，儘量以内容較完整的作爲主條，不太完整的作參校，重新編爲五卷。

卷一收《類説》（卷一六）本十六条。《紺珠集》本一條。

卷二收《説郛》本十八条。

卷三、卷四收《宋朝事實類苑》所引。

卷五收其他宋、元、明人所引。

各書所引有標題者儘量保留。各書原標出處爲《倦遊雜録》，經考證非本書内容者删去。如《類苑》卷二五「賜飲宰相第」條，實出《春明退朝録》卷上。「真宗幸吕文穆宅」條實出《青箱雜記》卷一。《類苑》卷二六「前任班趂辨」，實出《春明退朝録》卷上。《類苑》卷三五「王荆公二二條，實出《東軒筆録》卷六。元王惲《玉堂嘉話》卷六「魚袋」條，實出李宗諤《先公談録》。

卷一

竹不根而茂

寇萊公卒於海康，詔許歸葬，道出荆南公安縣，邑人迎祭於道，斷竹插地，以挂紙錢，竹遂不根而茂，邑人神之，立廟於側，奉祀甚謹。《類説》卷一六。又見《竹譜詳録》卷六

盤量出剩

劉綽，天聖中爲京西漕【一】，分遣屬官盤量諸都在倉之糧【二】，凡收十萬餘石【三】。歸朝上殿，具劄子，乞付三司收係。時章獻太后垂簾，問曰：「已盤量者，條貫許再盤量否【四】？」曰：「向來盤量官多徇顏情，不肯盡收入曆。」又曰：「卿識王曾、張知白、吕夷簡、魯宗道否？此四人者皆不因盤量收出剩斛斗，致身於此。」劉大慚，謂人曰：「當是時，殿上甓罏可入亦入矣。」《類説》卷一六，又見《佩韋齋輯聞》卷二

校勘記

【一】京西漕　「漕」，《佩韋齋輯聞》卷二作「轉運使」。

【二】都在倉之糧　《佩韋齋輯聞》作「郡在庾之米」。

【三】凡收　《佩韋齋輯聞》作「贏」。

【四】條貫　「條」，原誤作「餘」，據《佩韋齋輯聞》改。

藏擫詩

夏英公【五】詠雜手伎藏擫詩曰：「舞紼拋珠復吐丸【六】，遮藏巧便百千般【七】。主公端坐無由見，却被傍人冷眼看。」《類説》卷一六

始終言新法

王荆公嘗云：自議新法，始終言可行者曾布也，言不可行者司馬光也。餘皆叛而復附，或出或入。《類説》卷一六

閻羅見闕請速赴任

王介俊爽，語言多易，人謂之心風。熙寧中自省判守湖州，王荆公送詩曰：「吴興太守美如何，柳惲詩才不足多【八】。遥想邦人迎下擔【九】，白蘋洲上起滄波。」以風能起波也。介知其意，以破題爲十篇，一曰：「吴興太守美如何，太守從來惡祝鮀。生若不爲上柱國【一〇】，死時猶合代閻羅【一一】。」公笑曰：「閻羅見闕，請速赴任也。」《類説》卷一六

【五】夏英公　原作「夏侯公」，《東軒筆録》卷二、《墨客揮犀》卷八引此詩均作「夏英公竦」所作，今據改。

【六】拋珠　「拋」，《東軒筆録》作「挑」。

【七】巧便　「便」，《墨客揮犀》作「伎」。

【八】不足多　「不」，《東軒筆録》卷七作「未」。

【九】邦人　「邦」，《東軒筆録》作「郡」。

【一〇】生若不爲上柱國　今本《東軒筆録》作「正直聰明神鬼畏」。

【一一】猶合代　今本《東軒筆録》作「應合作」。王楙《野客叢書》卷一二作「猶合替」。

下官蹤跡轉沉埋

張鑄以京東轉運使坐公事降通判太平州【一二】，葛源爲提舉坑冶，取鑄脚色，欲發薦狀。鑄爲詩曰：「提司坑冶是新差【一三】，職比權綱勝一階【一四】。若發薦章求脚色【一五】，下官蹤跡轉沉埋。」《類説》卷一六，又見《古今事文類聚前集》卷三〇、《記纂淵海》卷七一

鞏大卿獻放生

熙寧中，鞏大卿申者，善事權貴，王丞相生日，即飯僧具疏籠鵲鴿以獻。丞相方家宴，即於客次開籠搢笏，手取鵲鴿，跪而放之。每放一鳥，且祝曰：「願相公一百二十歲」。

《類説》卷一六

一網打盡

蘇舜欽監進奏院，因十月餘賽神，會舘中同列，御史劉元瑜彈擊下獄，坐監主自盜削籍，同會者皆至斥。劉謂時相賈昌朝曰【一六】：「與相公一網打盡【一七】。」《類説》卷一六，又見宋本《記纂淵海》卷六一

【一二】太平州　「州」，《古今事文類聚前集》卷三〇下有「時」字。

【一三】提司　《東軒筆録》卷一二作「銀銅」。

【一四】權綱　「權」，《東軒筆録》、《古今事文類聚前集》、《記纂淵海》卷七一作「催」。

【一五】若發薦章求　《東軒筆録》作「更使下官供」。

【一六】賈昌朝　原缺，據《記纂淵海》卷四八、卷五〇補。

【一七】相公　「公」，原誤作「同」，據《記纂淵海》卷四八、卷五〇改。

生前嫁婦死後休妻

王雱，丞相之次子，有心疾，娶龐氏，不睦，相離而嫁之。時侯叔獻死，其妻幃箔不修，丞相表其事而斥去。時語曰：「王太祝生前嫁婦，侯工部死後休妻」。《類説》卷一六

杜園賈誼

陳和叔爲舉子，通率少檢，後舉制科，驟爲質樸，時號熱熟顔回。時孔文仲對制策言：天下有可嘆息慟哭者，既而被斥，陳曰：「孔子真杜園賈誼也」。王平甫曰：「杜園賈誼，好對熱熟顔回」。《類説》卷一六

不喜歌舞

馮當世晚年好佛，知并州，以書寄王平甫曰：「并州歌舞妙麗，閉目不喜，日以談禪爲事。」平甫答曰：「若如所諭，未達理，閉目不喜，已是一重公案。」《類説》卷一六

平調二曲

昭陵梓宮發引，王禹玉作清平調二曲云【一八】：「玉宸朝晚，忽掩赭黄衣。愁霧瑮金

【一八】清平調　「清」，原無，據《古今事文類聚前集》卷五〇、《花草稡編》卷六補。

扉，蓬萊待得仙丹至，人世已成非。龍軒天仗轉西畿，旌旆入雲飛。望陵宫女垂紅泪，不見翠輿歸。」又云：「上林春晚，曾是奉宸遊【一九】。水殿戲龍舟，玉簫吹斷催仙馭，一去隔千秋。遊人重到曲江頭，事往涕難收。空餘御幄傳觴處【二〇】，依舊水東流。」《類説》卷一六，又見《古今事文類聚前集》卷五〇

録公得替

大理寺丞路坦嘗宰相中一縣，有神録四年方解役，坦贈詩云：百里傳呼號録公，三年得替普天同。惟君四載過常例，更有何人繼後風。其詩聞於朝，奪坦一官而停之。《類説》卷一六

今日誰非鄭校人

王介甫爲相，引用不次。及再罷相，頗有譖之者。公至金陵，每得生魚，多放池中。有門生作詩曰：「直須自到池邊看，今日誰非鄭校人。」《類説》卷一六

范文正公蚊詩

范希文監泰州西溪鹽場，地多蚊蚋，作詩云：「飽似櫻桃重【二一】，饑如柳絮輕。但知

【一九】是奉宸　《古今事文類聚前集》卷五〇作「奉玉宸」。

【二〇】傳觴處　「處」，原無，據《古今事文類聚前集》卷五〇、《花草稡編》卷六補。

【二一】飽似　「似」，原誤作「侶」，據劉延世《孫公談圃》卷上改。

從此去，不用問前程。」《類説》卷一六

善謔驛

襄州南有驛名善却，唐之善謔驛也，乃淳于髡放鵠處【二二】。柳子厚和劉夢得善謔驛奠淳于先生【二三】，即此地也【二四】。《類説》卷一六，又見《紺珠集》卷一二

宋羅江

慶曆中，有親事官闌入殿門，御史宋禧乞内庭畜羅江之狗，時號宋羅江，亦曰宋神狗。《類説》卷一六

十年騎馬聽朝雞

歐陽永叔在政府，以詩寄潁陰隱士常秩曰：「笑殺汝陰常處士，十年騎馬聽朝雞。」既而王介甫秉政，以右正字、直史館召秩，秩遂起，有無名子改前詩曰：「昔日汝陰常處士，却來馬上聽朝雞。」《類説》卷一六。按此条，《詩話總龜》卷三五作：永叔在政府，將引去，以詩寄潁川常夷甫曰：「笑殺汝陽常處士，披簑帶笠伴春鋤。」明年夷甫起授侍講判國子監，有無名子改前詩作夷甫寄永叔曰：「笑殺汝陰歐少保，新來處士聽朝鷄。」又云：「昔日潁陰常處士，却來馬上聽朝鷄。」

【二二】放鵠處　「處」，《紺珠集》卷一二下有「也」字。

【二三】柳子厚　《紺珠集》下有「集」字。

【二四】即此地　《紺珠集》作「是」。

眼前何日赤

國朝翰林學士佩金帶【二五】，朱衣吏一人前導，兩府則兩人【二六】，笏頭帶佩魚曰重金【二七】。居兩制久者則曰：「眼前何日赤，腰下甚時黄。」巡内庭久者又曰【二八】：「眼赤何時兩，腰黄甚日重。」《類説》卷一六

夢手捧天

韓魏公知秦州【二九】，卧疾數日，忽曰：「適夢以手捧天者再。」其後援英宗於藩邸，翼神廟於春宫【三〇】。《類説》卷一六，又見《古今事文類聚前集》卷二

候柱窠脈

孔嗣宗自言善候柱窠脈，布指其上，即知虚實。《紺珠集》卷一二

山藇

山藥，按《本草》名薯藇，唐代宗名豫，改下一字爲藥，本朝英廟諱上一字【三一】，改爲山，今合謂之山藇【三二】。《紺珠集》卷一二

【二五】佩金帶　「佩」，《類苑》卷二五作「得服」。

【二六】則兩人　「則」，《類苑》下有「朱衣吏」三字。

【二七】笏頭帶佩魚曰重金　《類苑》作「金笏頭帶佩金魚謂之重金」。

【二八】巡内庭　「巡」，《類苑》作「處」。

【二九】秦州　「秦」，原誤作「泰」，據《古今事文類聚前集》卷二及《宋史·韓琦傳》改。

【三〇】春宫　「春」，《古今事文類聚前集》卷二作「東」。

【三一】本朝英廟諱　《類苑》卷六二作「今英廟諱犯」。

【三二】今合謂之山藇　《類苑》卷六二作「若卻取下一字呼藇藥，於理無害」。

卷二

唐陵無碑

唐諸陵皆無碑記，惟乾陵西南隅有大碑，高三十餘尺，螭首龜趺巋然，表裏無一字，亦不知其爲何而立。《説郛》商務本卷一四

子孝妻義

劉潛以淄州職官權知鄆州平陰縣事【一】，一日，與客飲驛亭，左右報太夫人暴疾【二】，潛馳歸，已不救矣，潛抱母一慟而絶。其妻見潛死，復撫潛尸【三】，大號而卒。時人傷之曰【四】：「子死於孝，妻死於義。孝義之美【五】，併集一家【六】。」《説郛》商務本卷一四，又見《類苑》卷五五

皂屏養目

凡視五色皆損目，惟黑色於目無損。李氏有江南日，中書皆用皂羅糊屏風，所以養目

校勘記

【一】職官　「職」，《類苑》卷五五作「從事」。

【二】左右報　「報」，《類苑》卷五五作「忽報」。

【三】復撫潛尸　「撫」，《説郛》商務本卷三七作「扶」。

【四】傷之曰　「傷」，《類苑》卷五五作「謂」。

【五】孝義之美　「美」，《類苑》卷五五作「事」。

【六】併集一家　「一」，《類苑》卷五五作「于」。《説郛》商務本卷三七作「其」。

也。王丞相介父在政府，亦以皂羅糊屏障【七】。《説郛》商務本卷一四

造舟賜號

元豐元年春，命安燾、陳睦二學士使高麗【八】，敕明州造萬斛船二隻，仍賜號，一爲凌虚致遠安濟舟，一爲靈飛順濟神舟，令御书院勒字，明州造碑。《説郛》商務本卷三七

温泉碑

安經華清宫温泉碑【九】，唐太宗撰并書，又飛白貞觀二字於額。天聖初，自糞壤中發出之，再加刻而立於小亭【一〇】。《説郛》商務本卷三七，又見《類苑》卷六九

苑中獅子

石參政中立性滑稽，天禧中爲員外郎帖職，而西域獻獅子【一一】，畜於御苑，日給羊肉十五斤，嘗率同列往觀，或嘆曰：「彼獸也給肉乃爾【一二】，吾輩參預郎曹，日不過數斤，人翻不及獸乎【一三】？」石曰：「君何不知分耶？彼乃苑中獅子，吾曹苑外狼耳，安可比耶【一四】？」《説郛》商務本卷一四，又見商務本卷三七、宛委本卷三三上、《類説》卷一六、《類苑》卷六七

【七】屏障　《類説》、《類苑》卷六二作「屏風」。

【八】陳睦　「睦」，原誤作「陸」，據《長編》卷二九二、《宋史》卷四八七《高麗傳》、元袁桷《延祐四明志》卷一五、《文獻通考》卷三二五改。

【九】安經　《類苑》卷六九無此二字。

【一〇】刻而立於小亭　《類苑》卷六九作「刊刻而立於小亭前」。

【一一】而西域　「而」，《説郛》商務本卷三七、宛委本、《類説》卷一六、《類苑》卷六七均作「時」。

【一二】給肉　「肉」，各本同，惟《類苑》卷六七作「羊肉」。

【一三】獸乎　「獸乎」，各本同，惟《類説》卷一六作「一獸」。

【一四】安可比　「比」，《類説》卷一六、《類苑》卷六七作「並」。

程師孟善謏

有善謏者，熙寧中曾以先光禄卿薦守番禺【一五】，嘗啓王介甫丞相曰：「某所恨，微軀日益安健，惟願早就木，冀得丞相一埋銘，庶幾名附雄文，不磨滅于後世。」《説郛》商務本卷一四，又見《説郛》宛委本卷三三上同，《類苑》卷七二、卷七三

終慎思

終慎思，大名人。家貧苦學，衣冠故敝，風貌寢陋。始來應舉，魏之舉人視之蔑如也。既就試，遂爲解首，其謝啓曰：「三年於此，衆人悉誚於毛生【一六】；一舉皆驚，文將各歸於韓信【一七】。」又董儲郎中愍其窮，嘗以書薦於士人之富者，庶濡涸轍，而士人殊無哀王孫之意【一八】，終復取書歸，而具啓納於董曰【一九】：「魯箭高飛，謂聊城之必下；秦都不割，懷趙璧以空歸。」人多嘉其切當。《説郛》商務本卷三七，又見《類説》卷一六、《類苑》卷四一、王正德《餘師録》卷四

熊館

山民云：熊於山中行數千里，悉有给伏【二〇】之所，必在石岩枯木中，山民謂之熊館。

【一五】有善謏者熙寧中曾以先光禄卿薦守番禺　《類苑》卷七二、卷七三均作「程師孟能奉權貴，尤好身後名」。

【一六】誚於毛生　「誚」，《類苑》卷四一、王正德《餘師録》卷四作「指」。

【一七】文將各　《類苑》卷四一同，王正德《餘師録》卷四作「大將果」。

【一八】王孫之意　「意」，《類説》作「色」。

【一九】而具啓納於董曰　《類説》作「重又啟云」。

【二〇】给伏之所　「伏」，《説郛》宛委本卷三三上作「路」，《類苑》卷五九、卷六一均作「跧」。

惟虎出百里外，則迷失道路。《說郛》商務本卷一四，又見《說郛》宛委本卷三三上、《類苑》卷五九、卷六一

韓贄好啗瓜虀

韓龍圖贄，山東人，鄉里食味，好以醬漬瓜啗之，謂之瓜虀。韓爲河北都漕，廨宇在大名【二一】，府中諸軍營多鬻此物，韓嘗曰：「某營者最佳，某營者次之。」趙説道笑曰【二二】：「歐陽永叔嘗撰《花譜》，蔡君謨亦著《荔枝譜》，今須請韓龍圖贄撰《瓜虀譜》矣。」《說郛》商務本卷一四，又見《說郛》宛委本、《類苑》卷六五

匍匐圖

陳烈，福州人，博學不循時態，動遵古禮，蔡君謨居喪於莆田，烈往弔之，將至近境，語門人曰：「《詩》不云乎凡民有喪，匍匐救之。今將與二三子行此禮。」於是烏巾欄鞹，行二十餘里【二三】，望門以手據地膝行，號慟而入孝堂，婦女望之皆走，君謨匿笑受弔，即時李遘畫匍匐圖。《說郛》商務本卷一四，又見宛委本、《類説》本、《類苑》卷七一

覓石

今之通遠軍，乃古渭州之地【二四】，渭源出焉【二五】。中有水蟲類魚【二六】，鳴作覓覓

【二一】大名　《說郛》宛委本、《類苑》卷六五均作「大名府」。

【二二】説道笑　《類苑》卷六五作「閱道笑」，《紺珠集》卷一二作「悦道戲之」。

【二三】行二十餘里　《說郛》宛委本、《類説》本、《類苑》卷七一均作「與二十餘生」。

【二四】渭州　原作「環州」，《說郛》商務本作「滑州」，均誤。此據《類苑》卷六一、卷六三引《倦遊雜録》改。

【二五】渭源　原誤作「渾源」，《說郛》商務本誤作「滑源」，此據《類苑》卷六一、卷六三改。

【二六】類魚　《說郛》商務本作「類于魚」，《類苑》卷六三作「類如鳥」。

之聲，見者即以挺刄擊之，或化爲石【二七】，可以爲礪石，名曰覓石。長尺餘，直一二千緡，兵刄經其磨者，刄光而不鏽【二八】，亦奇物也。《説郛》宛委本卷三三上，又見《説郛》商務本、《類苑》卷六一

嶺南人好啖蛇

嶺南人好啖蛇，易其名曰茅鱓，草蟲曰茅蝦【二九】，鼠曰家鹿，蝦蟇曰蛤蚧，皆常所食者。海魚之異者，黄魚化爲鸚鵡泡去聲，魚大者如斗，身有刺化爲豪猪，沙魚之斑者化爲鹿。《説郛》商務本卷一四，又見《説郛》宛委本、《類苑》卷六二

桂州婦人啗男胞衣

桂州婦女産男者【三〇】，取其胞衣浄濯細切，五味煎調之，召至親者合宴，置酒以啗【三一】，若不預者必致忿爭。《説郛》商務本卷一四，又見《説郛》宛委本、《類説》本

胡餅

今人呼煮麵爲湯餅【三二】，唐人呼饅頭爲籠餅，豈非水瀹而食者皆可呼湯餅，籠蒸而食者皆可呼籠餅。市井有鬻胡餅者，不曉著名之所謂【三三】，得非熟於爐而食者，呼爲爐

【二七】或化爲石　「或」，《類苑》卷六一作「多」。

【二八】刄光　「刄」，《類苑》卷六一、卷六三均作「青」。

【二九】草蟲　「蟲」，《説郛》宛委本作「螽」。

【三〇】桂州婦女　「女」，《説郛》宛委本、《類説》本作「人」。

【三一】以啗　《説郛》宛委本作「而啗」。《類説》本作「啗之」。

【三二】煮麵　「煮」，原誤作「奢」，據《説郛》宛委本、《靖康緗素雜記》卷二、《能改齋漫録》卷一五、卷二改。

【三三】著名　「著」，《説郛》宛委本無此字。

餅宜矣。《説郛》商務本卷一四，又見《説郛》宛委本、《靖康緗素雜記》卷二、《能改齋漫録》卷一五、卷二

沉香木

沉香木，嶺南諸郡悉有之，瀕海州尤多【三四】，交榦連枝，岡嶺相接，數千里不絶。葉如冬青，大者合數人抱。木性虚柔【三五】，山民或以搆茅廬，或以爲橋梁，爲飯甑尤善。有香者百無一二，蓋木得水方結，多在折枝枯榦中，或爲沉，或爲煎，或爲黄熟，自枯死者爲之水槃香【三六】。今南恩、高、竇等州惟産生結香，蓋山民入山，見香木之曲榦斜枝，必以刀砍之成坎，經年得雨水所漬結香，復以鋸取之，刮去白木，其香結爲斑點，亦名鷓鴣斑，燔之甚佳【三七】。沉之良者，惟在瓊、崖等州，俗謂角沉，乃生木中，取者宜用薰裛。黄熟【三八】乃枯木中得之，宜入藥用。其依木皮而結者謂之青桂，氣尤清。在土中歲久，不待刓剔而精者，謂之龍鱗。亦有削之，自卷咀之柔韌者【三九】，謂之黄臘沉香【四〇】，尤難得。《説郛》商務本卷一四，又見《説郛》宛委本、陳敬《陳氏香譜》、《類苑》卷六一

戲陳亞

陳少常亞以滑稽著稱，蔡君謨嘗以其名戲之曰：「陳亞有心終是惡。」陳【四一】復之曰：「蔡襄無口便成衰。」時以爲名對。爲殿中丞日，知嶺南南恩州，到任作書與親舊

【三四】海州　「州」，《説郛》宛委本、陳敬《陳氏香譜》卷一作「諸州」。《類苑》卷六一作「諸郡」。
【三五】虚柔　「柔」，《説郛》宛委本作「韌」。
【三六】水槃香　「水」，《類苑》卷六一、陳敬《陳氏香譜》同，《説郛》宛委本作「木」。
【三七】甚佳　《類苑》作「極清烈」。
【三八】黄熟　《説郛》宛委本、《陳氏香譜》均作「黄沉」，義較長。
【三九】韌者　「韌」，《説郛》宛委本同，《類苑》卷六一作「軟」。
【四〇】沉香　「香」，《説郛》宛委本、《類苑》、《陳氏香譜》無。
【四一】陳復　「陳」，《類苑》卷六七下有「即」字。

曰：「使君之五馬雙旌，名目而已；螃蟹之一文兩個，真實不虛。」又嘗曰：「生平得一對最親切者，是生紅對白熟也【四二】。」《説郛》宛委本卷三三上，又見《説郛》商務本、《類説》本、《類苑》卷六七、宋本《記纂淵海》卷一五六

石燕

零陵出石燕，舊傳過雨則飛【四三】，嘗見同年謝郎中鴻云：向在鄉中山寺爲學，高岩石上有如燕狀者，因以筆識之。石爲烈日所暴，忽有驟雨過，所識者往往墮地，蓋寒熱相激而迸落【四四】，非能飛也。予向過永州，有人贈一石板，上亦有燕形者在焉，土人呼爲燕窠【四五】。《説郛》商務本卷一四，又見《説郛》宛委本、《類苑》卷六〇

【四二】生紅對白熟　《説郛》商務本「生紅對熟白」，《類苑》卷六七作「紅生對白熟」，義均較勝。

【四三】過雨　《説郛》宛委本作「雨過」，《類苑》卷六〇作「遇雨」。

【四四】迸落　《類苑》卷六〇同，《説郛》宛委本作「遁」。

【四五】予向過永州有人贈一石板上亦有燕形者在焉土人呼爲燕窠　此二十五字《説郛》無，此據《類苑》卷六〇補。

卷三

柳仲塗

柳開知潤州，有監兵錢供奉者，亦忠懿之近屬也。乃父方奉朝請，在京師，開乘間來謁，造其書閣，見壁有繪婦人像，甚美，詰以誰氏？監兵對曰：「某之女弟也，既笄矣。」柳喜曰：「開喪偶已踰期，願取爲繼室。」錢曰：「俟白家君，敢議姻事？」柳曰：「以開之材學，不辱於錢氏之門。」遂强委禽焉，不旬日而遂成禮。錢不之敢拒，走介白其父，其父上殿面訴柳開刼取臣女，仁宗問曰：「卿識柳開否？」曰：「不識。」上曰：「真奇傑之士也，卿家可謂得佳婿矣。吾爲卿媒，可乎？」錢父不敢再言，但拜謝而退。《類苑》卷七引《倦遊雜録》

張乖崖

張乖崖未第時，嘗遊湯陰，縣令賜束帛萬錢，張即時負之於驢，與小僮驅而歸。或曰：「此去遇夜道店，陂澤深奥，人煙踈濶，可俟徒伴偕行。」張曰：「秋夜矣【一】，親老未

校勘記

【一】秋夜矣　「夜」，《類苑》庫本作「深」。

授衣，安敢少留邪？」即但淬一短劍而去，行三十餘里，日已晏，止一孤店，惟一翁洎二子。見詠來，甚喜，密相謂曰：「今夜好箇經紀。」張亦心動，竊聞之，因斷柳枝若合拱者爲一棒，置室中。店翁問曰：「持此物何用？」張曰：「明日早行，聊爲之備耳。」夜始分，翁命其子呼曰：「雞已鳴，秀才可去矣。」張不答，即來推户。張先以坐床拒左扉，以手拒右扉。店夫既呼不應，即再三排闥，張忽【二】退立，其人閃身踉蹡而入，張摑其首，斃之，曳入闥。少時，其次子又至，如前【三】，復殺之。及【四】持劍視翁【五】，方燎火爬痒，即斷其首【六】，老幼數人，併命于室【七】。呼僮牽驢出門，乃縱火，行二十餘里【八】，始曉。後來者曰：「前店人失火，舉家被焚。」《類苑》卷九引《倦遊録》

寇萊公

袁抗大監嘗言：曾守官營道，聞吏官言【九】，寇萊公始謫道州司馬【一〇】，素無公宇，百姓聞之，競荷瓦木，不督而會，公宇立成，頗亦宏壯。守土者聞於朝，遂再有海康之行，始戒途，吏民遮道，馬復踖蹶不進，寇以策叩馬曰：「吾尚敢留滯耶？汝何不行？」馬即前去，寇泣且曰：「語丁謂，我負若何事，致我於極地耶？」其後丁自朱崖移道州，袁嘗接其語論，遂以所聞質之，丁曰：「寇自粗疏。先朝因節日賜宴於寇相第，寇好以大白飲人，時曹利用爲樞密副使，不領其意。寇曰：『某勸太傅酒，何故不飲？』曹竟不濡唇。

【二】張忽　「忽」，《類苑》庫本下有「縱之」二字。

【三】如前　《類苑》庫本作「入門」。

【四】及　《類苑》庫本作「又」。

【五】視翁　「視」，《類苑》庫本作「拒」。

【六】斷其首　「首」，《類苑》庫本作「手」。

【七】併命于室　「於」，《類苑》庫本作「其」。

【八】二　《類苑》庫本作「三」。

【九】吏官　《類苑》庫本作「史官」，《自警編》卷八引《倦遊録》作「吏民」，義稍長。

【一〇】道州　原誤作「爲州」，據《自警編》、《長編》卷九六、《東都事略》卷四一《寇準傳》改。

寇怒曰：『若一夫耳，敢爾耶？』曹厲聲曰：『上擢某在樞府而相公謂之一夫【一一】。明日當於上前辨之。』自此二公不協，厥後發萊公之事者曹貂也。預謂何事？」然中外皆知萊公之禍，丁有力焉。而二公之在政府也，當太平之盛，至於贊燮王度，亦無善惡之大者，至今天下識與不識，知與不知，聞萊公之名則許以忠藎，言晉公之爲則目爲奸諛，豈非丁以才過其實，寇以誠過其才歟！《類苑》卷一一引《倦遊録》。又見《自警編》卷八、《五朝名臣言行録》四之二

孫資政

孫資政沔出帥環、慶，宿管城，值夏州進奉使至，或白當選驛者【一二】，公曰：「使夏國主自入朝，亦外臣也，猶當在某下，況陪臣乎？」羌使遂宿白沙。仁廟聞而嘉之。《類苑》卷一一第一三二頁引《倦遊録》

石守道不受賜食

石守道學士爲舉子時，寓學於南都，其固窮苦學，世無比者。王侍郎瀆聞其勤約，因會客以盤餐遺之。石謝曰：「甘脆者，亦某之願也，但日享之則可，若止修一餐【一三】，則明日何以繼乎【一四】？朝享膏粱，暮厭粗糲，人之常情也，某所以不敢當賜【一五】。」便

【一一】上擢某　《自警編》作「利用」。

【一二】當選驛者　「選」，《類苑》庫本作「避」。

【一三】若止修　「修」，《記纂淵海》卷五一作「得」。

【一四】何以　《記纂淵海》卷五一作「將何」。

【一五】不敢當　《類苑》庫本作「不受賜」。

以食還，王咨重之【一六】。《類苑》卷一二引《倦遊雜録》，又見《五朝名臣言行録》一〇之四、宋本《記纂淵海》卷八一

韓丕

盧山白鹿觀，向有道士王某，通五經。結茅廬數十區，講授生徒幾百人，韓丕亦嘗從之學。王問遣生徒往近村市酒，一日，命韓挈榼以往。王謂諸生曰：「韓秀才風骨粹重，向去進士不可量也。然到山歲餘，未嘗見其所業。」命破扃，索其寢室中，於席下得槲葉厚四五寸，或二三葉，或十數葉，以細梗貫之，乃韓之著述也。王見之驚駭，自此厚加禮待。其後官至貳卿、翰林學士。《類苑》卷一二引《倦遊雜録》

范蜀公

范内翰景仁，以宏才碩學時所推仰。始立朝，或不以鯁直許之。仁廟春秋高，少陽虚位，首拜疏乞擇宗室親賢爲皇嗣。熙寧初，將推行新法，獨不肯阿諛附議【一七】，知不可爭，即告老歸第。天下士大夫始知仁者必有勇也。《類苑》卷一六引《倦遊雜録》

【一六】王咨重之　「咨」，《類苑》庫本作「益」。

【一七】阿諛　「諛」，《類苑》庫本作「比」。

張杲卿

張杲卿爲御史中丞日，因登對，言及家世及履歷本末，仁廟曰：「卿亦出自孤寒？」杲卿曰：「臣本書生【一八】，陛下擢任御史中丞【一九】，三子皆服冠裳，亦有先臣之田廬，家事有託，自謂非孤寒，陛下可謂孤寒矣【二〇】。」仁廟徐曰：「亦有説乎？」曰：「陛下春秋高，奉宗廟社稷之重，主鬯尚虛位，天下之心未有所繫，是陛下孤寒也。」仁廟改容，頗嘉其意【二一】。後遂参柄用。《類苑》卷一七引《倦遊雜録》。又見《類説》卷一六

張客省

瀛州城本隘狹，景德中幾爲北虜所破。自請和之後，居民軍營悉在南關。張客省亢守郡日【二二】，召郡中高貲户，謂之曰：「聞君等産業多在南關，吾欲城入之，然而計工匠樓櫓之費，非十餘萬緡不可。」咸曰：「苟得圍入大城，願備所用工。」公令富民自均其數，未經旬日，不督而集。乃命官籍其數，募廂庫禁率以充役【二三】，既成，始奏取旨。或曰：「不俟朝命，罪必及焉。」公曰：「苟俟中覆而爲城，必不立矣。今興工而後奏，俟朝旨允與不允，吾城已築過半矣。儻或得罪【二四】，不過斥張亢耳，民獲百世之利，又何疑焉？」其後城垂就而公坐不先上聞，果被左遷漕司【二五】。或疑有乾没，俾官窮究，無毫釐之欺。

【一八】書生　《類説》卷一六作「諸生」。
【一九】任御史　《類説》作「臣今至」。
【二〇】可謂孤寒矣　《類説》作「乃孤寒也」。
【二一】仁廟改容頗嘉其意　《類説》作「上嘉納」。
【二二】張客省亢　「亢」，原誤作「元」，據《長編》卷一三六慶曆二年五月丙寅、《宋史·張亢傳》改。
【二三】募廂庫　「庫」，《類苑》庫本作「軍」。
【二四】儻或　《類苑》庫本作「或偶」。
【二五】果被左遷　「果」，《類苑》庫本作「過」。

治平中，河、朔地震，瀛之中城圮，因而欲去之，今爲大郡，寇戎苟至，亦不可攻圍矣。公昔守鄜州，鄜州有兩城，守居北城，上佐廨宇、器甲軍財之帑【二六】，皆在南城，渡一小澗，幾百步，方入北城。北城可容南城三四，公亦先定謀而後闻，遂併南入北【二七】，省守陴者十之三，朝廷亦不之罪。近時聞邊建水利【二八】，繕城壘，必先計已之恩賞厚薄，然後爲之，校乎張公之心，一抑何異哉！《類苑》卷二三《倦遊雜録》

韓稚圭

河東人衆而地狹，民家有喪事，雖至親悉燔爇，取骨燼寄僧舍中，以至積久棄捐，乃相習以爲俗【二九】。韓稚圭鎮并州，以官鏹市田數頃，俾州民骨肉之亡者有安葬之地。古者反逆之人【三〇】，乃有焚如之刑【三一】，其士民則有斂殯祔葬之禮【三二】，惟外夷洎僧尼許從夷禮而焚柩，齊民則一皆禁之，今韓公待俗以禮法，真古循吏之事也。《類苑》卷二三引《倦遊雜録》。又見《類苑》卷三二、《仕學規範》卷二九

丁晉公自節度使以制除參政

丁晉公自保信軍節度使知江寧府【三三】，召爲參知政事，中書以丁節度使召學士草麻【三四】，時盛文肅爲學士，以爲參知政事合用舍人草制，遂以制除，丁甚恨之。《類苑》卷二

【二六】軍財　「財」，《類苑》庫本作「需」。

【二七】而後聞遂　庫本作「然後奏」。

【二八】建水利　「建」，《類苑》庫本作「患」。

【二九】相習以爲俗　「相」，《類苑》卷三二、《仕學規範》卷二九作「已」。

【三〇】反逆　「反」，《類苑》卷三二作「悖」。

【三一】焚如　「如」，《類苑》卷三二作「殯」。

【三二】祔葬之禮　「祔」，原誤作「附」，據《類苑》卷三二改。

【三三】丁晉公　《錦繡萬花谷後集》卷九、《古今合璧事類備要後集》卷一五作「丁謂」。

【三四】丁節度使召學士草　《錦繡萬花谷後集》卷九、《古今合璧事類備要後集》卷一五作「當降」。

六第三三九頁引《倦遊録》。又見《錦繡萬花谷後集》卷九、《古今合璧事類備要後集》卷一五

街鼓

京師街衢置鼓於小樓之上，以警昏曉。太宗時張公洎製坊名列牌於樓上。按唐馬周始建議置鼓，鼕鼓，惟兩京有之，後北都亦有鼕鼓，是則京師之制也，二紀以來不聞街鼓之聲，金吾職廢矣。《類苑》卷三三引《倦遊録》

鍾離權

邢州開元寺一僧院壁，有五代時隱士鍾離權草書詩二絶，筆勢遒逸，詩句亦佳，詩曰：「得道真僧不易逢【三五】，幾時歸去願相從。自言住處連滄海【三六】，別是蓬萊第一重【三七】。」其二曰：「莫厭追歡笑語頻，尋思離亂可傷神【三八】。閒來屈指從頭數，得見昇平有幾人。」後從廣知邢州，訪此寺，遂命刊刻此詩於石。《類苑》卷三五引《倦遊雜録》，又見《類説》卷一六

張宗永

張宗永【三九】，華州人，倜儻不羈，善爲詩。寶元中以職官知長安縣，時鄭州陳相尹京

【三五】真僧　「真」，《類説》作「高」。

【三六】自言　「言」，《類説》作「知」。

【三七】第一重　「重」，《類説》作「峰」。

【三八】離亂　「離」，《類説》作「雜」。

【三九】張宗永　《墨客揮犀》卷九所引同，《類説》本作「張宗叔」，《詩話總龜》卷一五作「張宗尹」。考歐陽修《文忠集》附録卷一有「乾德縣令張宗尹」，疑即此人。

兆，宗永嘗以事失公意【四〇】，公有別業在鄠杜縣間，宗永知公好絶句詩，乘間詣之於廳【四一】，大書二韻云【四二】：「喬松翠竹絶纖埃，門對南山盡日開。應是主人貪報國，功成名遂不歸來。」莊督録以聞【四三】，公覽而善之，待之如初。宗永嘗有詩云：「大書文字隄防老，剩買峯嵐【四四】準備閒。」佳句甚多，往往膾炙人口。《類苑》卷三五引《倦遊雜録》，又見《類説》卷一六、《詩話總龜》卷一五、《墨客揮犀》卷九、宋本《記纂淵海》卷八五

馮太傅

馮太傅端嘗書一絶云：「鳴鶻直上一千尺，天静無風聲更乾。碧眼胡兒三百騎，盡提金勒向雲看。」顧坐客曰：「此可畫於屏障。乃柳如金塞上之作。」《類苑》卷三五第四四八頁引《倦遊雜録》

王平甫作宫詞點絳唇

王平甫學士以高才碩學，勁正不附麗。熙寧中判官告院，忽於秋日作宫詞《點絳唇》一闋【四五】，其旨蓋有所刺，以示其遊魏泰【四六】，歎曰【四七】：「公之辭美矣，然斷章乃流離之思【四八】，何也？」明年平甫竟以讒得罪，廢歸金陵。其詞曰：「秋氣微涼【四九】，夢回明月穿簾幕，井梧蕭索，正遶高枝鵲。寶瑟塵生，金雁空零落。情無託，鬢雲重

【四〇】失公意　「失」，《詩話總龜》作「忤」。

【四一】詣之於廳　「廳」，《墨客揮犀》卷九作「舍壁」。

【四二】大書二韻　《詩話總龜》作「書一絶於壁」。

【四三】莊督　《詩話總龜》作「有人」。

【四四】峯嵐　《類説》本作「園林」，《記纂淵海》卷五二作「田園」。

【四五】宫詞　「宫」，《類説》本作「院」。

【四六】遊魏泰　「遊」，《類苑》庫本作「友」。

【四七】歎曰　「歎」，《類苑》庫本作「泰」。

【四八】乃流離之思　「乃」，《類説》作「有」。

【四九】氣　《類説》作「夜」。

掠【五〇】，不似君恩薄。」《類苑》卷三五未注出處，《類説》卷一六引此作《倦遊雜録》。

高麗求王平甫詩

熙寧中，高麗遣使入貢【五一】，且求王平甫學士京師題詠，有旨令權知開封府元厚之内翰抄録以賜，時厚之自詣平甫，求新著，平甫以詩戲厚之曰【五二】：「誰似詩仙來鳳沼【五三】，欲傳賈客過雞林。」《類苑》卷三五未注出處，據《類説》卷一六引此，知實出《倦遊雜録》

蔡子正

蔡子正久在邊任，晚年以龍圖閣直學士再守平涼，作《喜遷鶯》詞一闋以自廣，曰：「霜天清曉，望紫塞古壘，寒雲衰草。漢馬嘶風，邊鴻翻月【五四】，隴上鐵衣寒早。劍歌騎曲悲壯，盡道君恩須報。塞垣樂盡櫜鞬。　錦領山西年少，談笑刁斗静，烽火一把，長報平安耗。　聖主深仁【五五】，威稜遐布【五六】，驕虜尚寬天討。歲華向晚，愁思誰念？　玉關人老。太平也，且歡娱，莫惜金樽頻倒。」此曲成，大傳都下。《類苑》卷三五第四五二頁引《倦遊雜録》

張鄧公

張退傅相公與陳文惠公同秉政【五七】，張既以帝傅致政【五八】，有詩寄文惠曰：「赭按

【五〇】重掠　「重」，《類説》作「慵」。
【五一】使入貢　《類説》本作「使人」。
【五二】以詩戲厚之　《類説》卷一六作「戲作詩」。
【五三】誰似　「似」，《類説》作「使」。
【五四】翻月　「翻」，《類苑》庫本作「叫」。
【五五】深仁　《類苑》庫本作「憂邊」。
【五六】稜遐布　《類苑》庫本作「懷遐遠」。
【五七】同秉政　「同」，《古今事文類聚前集》卷三二作「同時」。
【五八】致政　「致」，原注「闕」，據《古今事文類聚前集》補。

當年並命時，蒹葭衰颯倚瓊枝【五九】。皇恩乞與桑榆老，鴻入高冥鳳在池【六〇】。」張公既退居，年七十八歲，有《除夜詩》：「八十光陰有二年，煙蘿門户喜開關。近來無奈山中相，頻寄詩來許綴班。」退傅以八十二歲薨，年八十有二之讖也。《類苑》卷三五引《倦遊雜録》。又見《古今事文類聚前集》卷三二

王禹玉

京師祭二社，多差近臣，王禹玉在兩禁二十年，熙寧三年爲翰林承旨，又膺是任，題詩齋宮曰：「鄰雞未動曉驂催，又向靈壇飲福盃【六一】。自笑治聾不知足【六二】，明年强健更重來。」執政聞而憐之。《類苑》卷三六引《倦遊雜録》。又見《類説》卷一六

華清宮

臨潼縣靈泉觀，即唐之華清宮也。自唐迄今，題詠者不可勝紀，自小杜五言長韻并三絶洎鄭嵎《津陽門詩》外，少得佳者。本朝張文定、陳文惠洎前進士楊正倫三篇，雖非綺靡而義理可取。文定詩曰：「當時不是不窮奢，長樂昇平少歎嗟【六三】。姚、宋未亡妃子在，塵埃那得到中華。」文惠詩曰：「百首新詩百意精，不尤妃子即尤兵【六四】。爭如一句傷前事【六五】，都爲明皇恃太平【六六】。」正倫詩曰：「休罪明皇與貴妃，大都衰盛兩隨時。

【五九】衰颯　《類苑》庫本作「衮佩」。
【六〇】鴻入　「入」，《類苑》庫本作「自」。
【六一】靈壇飲福盃　《類説》本作「靈祠飲酒盃」。
【六二】不知足　《類説》本作「知不足」。
【六三】長樂　「長」，《類苑》庫本作「或」，《詩話總龜》卷一四作「民」。
【六四】即尤兵　「即」，《詩話總龜》作「只」。
【六五】前事　「前」，《詩話總龜》作「時」。
【六六】都爲明皇　「都」，《詩話總龜》作「只」。

唯憐一派温泉水，不逐人心冷煖移。」又鄭文寳詩：「只見開元無事久，不知貞觀用工深【六七】。」皆爲知音所賞。《類苑》卷三八，未注出處，《詩話總龜》卷一四引此作《倦遊録》

鳳棲梧詞

蜀路泥溪驛，天聖中有女郎盧氏者，隨父往漢州作縣，自蜀歸，題於驛舍之壁，其序略云：「登山臨水，不廢於謳吟，易羽移商，聊緣於羈思，因成《鳳棲梧》曲一闋，聊書於壁，後之君子覽之者，無以婦人竊弄翰墨爲罪。」詞曰：「蜀道青天烟藹藹。帝里繁華、迢遞何時至。回望錦川揮粉淚，鳳釵斜嚲烏雲膩。鈿帶雙垂金縷細，玉佩珠璫，露滴寒如水。從此渺然添遠意【六八】。畫眉學得遥山翠。」《類苑》卷三九引《倦遊録》。又見《墨客揮犀》卷四

陳希夷戒

真宗時陳摶被詔赴闕下，間有士大夫詣其所止，願聞善言，以自規誨，陳曰：「優好之所勿久戀【六九】，得志之處勿再往【七〇】。」聞者以爲至言【七一】。《類苑》卷四一第五三五頁引《倦遊雜録》。又見《紺珠集》卷一二、《類説》卷一六

【六七】用工深　「工」，《類苑》庫本作「功」。

【六八】渺然　《墨客揮犀》卷四作「鸞妝」。

【六九】優好　《紺珠集》本作「愛好」。《類説》本作「優遊」。

【七〇】得志　「志」，《紺珠集》本、《類説》本均作「意」。

【七一】聞者以爲至言　《紺珠集》本作「如此而已」。

死後出家

熙寧中年【七二】，王禹玉丞相奏亡妻慶國夫人鄭氏臨終遺言，乞度爲女真。勑特許披戴，賜名希真，仍賜紫衣，號沖静大師。《類苑》卷四三引《倦遊雜録》

張客省

張客省退夫自言：應舉時，因醉乘驢過市，誤觸倒襍賣擔子，其人喧爭不已【七三】，視擔中只有《樂記疏》一册，送五十錢市之【七四】，其人乃去。張初不攜文籍而行，過醉醒，止閲所買《樂記疏》，無何省試《黄鐘爲樂之末節論》，獨《樂記》爲詳，論擅場，南省高等【七五】。明年擢甲第。《類苑》卷四五，原無出處，據《古今事文類聚前集》卷二七、《群書類編故事》卷五引知實出《倦遊雜録》

軌革

李璋太尉罷郢州入朝，至襄陽，疾病，止驛舍兩月餘。璋嘗命蜀人費孝先作軌革卦影【七六】，先畫一鳳止於林，上有關焉，又畫一鳳立於臺，又畫衣紫而哭者五人，盖襄州南數里有鳳林關，傳舍名鳳臺驛。始璋以二子侍行，三子守官於外，聞璋病甚，悉來奔視，至

【七二】熙寧中　「中」，《類苑》庫本作「十」。

【七三】喧爭　「爭」，《古今事文類聚前集》卷二七作「呼」。

【七四】送五十錢　《古今事文類聚前集》卷二七作「遂以五十金」。

【七五】南省高等　《古今事文類聚前集》作「遂高選」。

【七六】軌革　「革」，《類苑》庫本作「策」。

之翌日，璋乃卒，果臨喪者五人。《類苑》卷四七引《倦遊雜録》。又見《墨客揮犀》卷六

寇忠愍

寇忠愍初登第，授大理評事、知歸州巴東縣。時唐郎中謂方爲郡，夕夢有人告云：「宰相至。」唐思之，不聞朝廷有宰相出鎮者，晨興視事，而疆吏報寇廷評入界，唐公驚喜【七七】，出郊迓勞【七八】，見其風神秀偉，便以公輔待之，且出諸子羅拜。唐新飾勒韉，置廳之左，寇既歸船，其子拯白其父曰【七九】：「適者寇屢目此，宜即送之。」寇果詢牙校：「何人知吾欲此。」對以十四秀才，既而力爲延譽，拯於孫漢公榜中甲第成名【八〇】。《類苑》卷四八引《倦遊雜録》

歐陽文忠公

歐陽文忠公在蔡州，屢乞致仕【八一】，門下生蔡承禧因間言曰：「公德望爲朝廷倚重，且未及引年，豈容遽去也？」歐陽答曰：「某平生名節爲後生【八二】描畫盡，惟有進退以全節【八三】，豈可更俟驅逐乎？」承禧歎息無以答，既而以太子少保致仕。《類苑》卷五三引《倦遊雜録》。又見《三朝名臣言行录》卷二之二、《古今事文類聚前集》卷三二、《古今合璧事類備要前集》卷四二

【七七】驚喜　「驚」，《類苑》庫本作「駭」。

【七八】郊迓　《類苑》庫本作「迎郊」。

【七九】拯白其父　「拯」，《類苑》庫本作「極」。

【八〇】拯於孫漢公　「拯」，《類苑》庫本作「遂」。

【八一】屢乞致仕　《古今事文類聚前集》卷三二、《古今合璧事類備要前集》卷四二均作「屢抗章乞致仕」。

【八二】後生　《古今事文類聚前集》、《古今合璧事類備要前集》作「後生輩」。

【八三】進退以全節　《類苑》庫本作「速退以全節」，《古今事文類聚前集》作「蚤退以全晚節」，《古今合璧事類備要前集》作「早退以全晚節」。

趙師旦　曹覲

儂賊破邕州，偶江漲，遂乘桴沿流入番禺。時贊善大夫趙師旦知康州，到任始一日【八四】，賊既迫境【八五】，諭官屬吏民使避賊，謂曰：「吾固知斯城不可守，守城而死【八六】，乃監兵洎吾之職也。若曹無預禍。」賊既至，率弱卒不滿百禦之，半日城陷，趙與監兵皆死之【八七】，士卒得免者無一二。先是，一日，趙方出其妻藏於山谷，道上生一子【八八】，棄草中。賊去凡三日【八九】，復歸視之尚生，人謂忠義之感。有曹覲者，以太子中舍知封州，賊既至，乃易服遁去，未十餘里，爲賊所擒，賊首謂曰【九〇】：「汝乃好罵我南人作蠻者也【九一】，今日猶不拜邪？」曹竟不屈，至晚，積薪燔死於江壖。時本路主漕運者與曹有舊，仍移師旦事【九二】，勒詩於石【九三】，朝廷贈覲太子少卿，子孫弟姪洎女子受官賞命服者數人。趙贈衛尉少卿，一子得殿直。趙史君之事【九四】，嶺外率知之，康人爲之立祠堂【九五】，至今祭祀不絶【九六】。《類苑》卷五三引《倦遊録》，又見《永樂大典》卷一〇三一〇

富大監　王郎中

扈郎中褒嘗言：昔知蘇州吴縣，蘇州士大夫寓居者多，然無不請託州縣，獨致仕富大監嚴三年無事相委。又丘太傅舜元言：「嘗知洪州新建縣，洪之右族多撓官政，但致仕

【八四】一日　「日」，《永樂大典》卷一〇三一〇作「月」。
【八五】迫境　「迫」，《類苑》庫本作「逼」。
【八六】守城　「守」，《永樂大典》其前有「然」字。
【八七】監兵　「兵」，《永樂大典》下有「者」字。
【八八】道上生　《類苑》庫本作「之間有」。
【八九】凡三日　凡，《類苑》庫本作「比」。
【九〇】賊首　「首」，《類苑》庫本作「酋」。
【九一】蠻者　「蠻」，《類苑》庫本作「變」。
【九二】仍移師旦事　《類苑》庫本作「仍依」。《永樂大典》作「乃移師旦事于覲」。

王郎中述安貧杜門，衣食不足而未始告人【九七】，斯二人者，天下固未嘗知其廉節也。」《類苑》卷五四引《倦遊録》。又見《仕學規範》卷六

李文靖

寇萊公與丁晉公始甚相善，李文靖公爲相，丁公尚爲兩制，萊公曰：「屢以丁薦而公不用，何也？」文靖答曰：「今已爲兩制矣，稍進則當國。如斯人者，果可當國乎？」寇曰：「如丁之才，相公自度，終能抑之否？」文靖曰：「唯，行且用之，然他日勿悔也。」既而二公秉政，果傾軋，竟如文靖之言。《類苑》卷五七引《倦遊雜録》。又見《古今合璧事類備要續集》卷五〇、《古今事文類聚別集》卷二八

謝泌薦士

謝泌名知人，少許可，平生薦士不過數人，而後皆至卿相。每發薦牘，必焚香望闕再拜曰：「老臣又爲陛下得一人。」王文正公即其所薦士也。《類苑》卷五七引《倦遊雜録》。又見《自警編》卷七

慎火木

《酉陽雜俎》云：廣州有慎火木【九八】，大三四圍。慎火，《本草》一名景天，俗亦名護

【九三】勒詩　《類苑》庫本作「勒書」。《永樂大典》作「仍詩之」。

【九四】趙史君　「史」，《類苑》庫本作「使」。

【九五】康人　「康」，《永樂大典》下有「州」字。

【九六】祭祀　「祀」，《永樂大典》作「享」。

【九七】告人　「告」，《類苑》庫本作「苦」。

【九八】慎火木　「木」，《酉陽雜俎》卷一九作「樹」。

火，多以盆缶植之，置屋上，其花紅白細錯如錦。予嘗兩至番禺，段成式所謂慎火，乃烽火木耳【九九】，又名龍骨。其幹葉若慎火【一〇〇】，斷之有白汁，著人肌膚，遂成瘡痏。亦無花，蓋不識者誤傳也。《類苑》卷五九引《倦遊雜録》

【九九】烽火木　「烽」，《類苑》庫本作「降」。

【一〇〇】幹葉若　《類苑》庫本作「餘葉枯」。

卷四

辰砂

辰州朱砂，嘉者出蠻峒錦州界猪獠峒老鴉井，其井深廣十丈，高亦如之。欲取砂，必聚薪于井，俟滿，火燎之，石壁迸裂，入火者既化爲煙氣矣，其偶存在壁者，方得之，乃青色頑石。有砂處，即有小龕，龕中生白石床如玉，床上乃生丹砂，小者如箭鏃，大者如芙蓉，光如磬玉可鑑，研之如猩血。砂泊床大者重七八斤，價十萬，小者五六萬。晃州亦有赤色，如箭鏃，帶石者得自土中，非此之比也。《類苑》卷六〇引《倦遊雜録》

膂羹

真宗時，有人奉使交趾，以膂羹配籠餅而食【一】，羹中血皆如皂莢子，雖味不甚佳，莫知其何以致然。洎迴，苦求其法，乃取牛蜱瀹而去其皮耳。《類苑》卷六〇引《倦遊雜録》

校勘記

【一】膂羹　「膂」，《類苑》四庫本作「骨」。

華清宮

故華清宮在繡嶺之下，山半有玉蘂峯。天聖末，予爲學于山之嶺，所謂朝元閣者。峯側有夾柱，作王母之像，雖小有損腐之處，而丹青未甚暗昧。其御階，甃以蓮花塼【二】，千餘步則栽一石柱【三】，端有孔，相傳云：開元、天寶中，貫以紅綿紐【四】，宮女攀援而上。慶曆中，再遊，詢王母之像，失之已久，石柱孔已爲庸道士燒爲灰而塗壁矣。嶺之陰，温泉湧流，嶺之南，有丹霞泉者，極寒冽，予嘗夏盥于彼。《類苑》卷六〇第七八六頁引《倦遊雜録》。《永樂大典》卷一一九八一、卷一八二二四節引

唐華清宮，今靈泉觀也。七聖殿之西隅十數步間【五】，有皂莢一株，合數人抱，枝幹頗瘁。相傳云：明皇洎貴妃共植于此，每歲結實，必有十數莢合歡者。京兆尹命老卒數人守視之，移接于他枝，則不復合歡也。《類苑》卷六〇引《倦遊雜録》

杜大監植嘗言：南方無好羊洎酪，惟魚稻爲嘉，故南人嗜之。北方魚稻不多，而肉麵嘉，故北人嗜之。易地則皆然，不必相非笑也。《類苑》卷六〇引《倦遊雜録》

白石碑

江陵北四十里，有白石碑驛，其西有踈陂，東有鴨陂，白碑亦當作陂澤之陂也。蓋驛

【二】甃以蓮花塼　「甃」，《永樂大典》卷一八二二四其前有「皆」字。

【三】千餘步　「千」，《永樂大典》卷一八二二四作「十」。

【四】紅綿紐　「紐」，《永樂大典》卷一八二二四作「絙」。

【五】西隅　「西」，《墨客揮犀》卷五作「西南」。

側數里，有後梁宣、明二帝墓。唐相蕭嵩爲其祖立碑于驛之北，因此人以陂爲碑，誤也。《類苑》卷六〇引《倦遊雜録》

虎畏橐駞

天禧中，有武臣赴官青社，齊州北境，時河水漸退，葭菼阻深。武臣以橐駞十數頭負囊篋，冒暑宵征。有虎蹲於道右，駞既見，鳴且逐之，虎大怖駭，棄三子而走。役卒獲其子而鬻之。《類苑》卷六〇引《倦遊雜録》

石魚

隴西地名魚龍，出石魚，掘地取石，破而得之，多鯽洎鰍，亦有數尾相隨者，如以漆描畫，鱗鬣肖真，燒之，尚作魚腥。魚龍，古之陂澤也，豈非魚生其中，山頽塞漸久，而土凝爲石，故破之有魚形。今衡州有石魚，無異隴州者。杜甫詩有「水落魚龍夜，山空鳥鼠秋」，正謂隴州也。《類苑》卷六〇引《倦遊雜録》。又見《能改齋漫録》卷七《倦遊雜録》

沸沙

荆江自湖口而上，有沸沙。舡行或屹然而止，其下即沙，水湧沸，舟子無以施其

力，俄頃即至湮溺。爲蘆簟五七番，置油米于其上，挑之舡下，乃得行。《類苑》卷六〇引《倦遊雜録》

陽朔石峯

桂州左右，山皆平地拔起數百丈，竹木蓊鬱，石如黛染。陽朔縣尤佳，四面峯巒駢立，故沈水部彬嘗題詩曰：「陶潛彭澤五株柳，潘岳河陽一縣花。兩處爭如陽朔好，碧蓮峯裏住人家。」《類苑》卷六〇引《倦遊雜録》又見《輿地紀勝》卷一〇三

南海啖檳榔

南海地氣暑濕，人多患胸中痞滯，故常啖檳榔，日數十口。以勃樓藤洎蜆灰同咀之，液如朱色。程師孟知番禺，凡左右侍吏啖檳榔者，悉杖之，或問其故，曰：「我惡其口脣如嗽血耳。」《類苑》卷六〇引《倦遊雜録》

蟻鮓

嶺南暑月欲雨，則朽壤中白蟻蔽空而飛，入水翅脱，即爲蝦。土人遇夜於水次秉炬，蟻見火光，悉投水中，則以竹篚漉取，摶之如合捧，每摶一兩錢，以豚臠參之爲鮓，號天蝦

鮓。又有大赤蟻，作窠於木杪，有數升器者取其卵并蟻，以糝泊薑鹽釀爲鮓，云味極辛辣。《類苑》卷六〇引《倦遊雜録》

杭人好飾門窗什器

熙寧八年，淮、浙大旱，米價翔踴，人多殍餓。杭人素輕夸，好美潔，家有百千，必以太半飾門窗，具什器。荒歉既甚，鬻之亦不能售，多斧之爲薪，列賣于市，往往是金漆薪。《類苑》卷六〇引《倦遊雜録》

木饅頭

木饅頭，京師亦有之，謂之無花果，狀類小梨，中空，既熟，色微紅，味頗甘酸，食之大發瘴。嶺南尤多，州郡待客，多取爲茶床高飣，故云：「公筵多飣木饅頭。」或謂嶺南諸州刻木作饅頭狀，底刻字云：「大中祥符年，一樣造五十隻【六】」，談者之過也。《類苑》卷六〇引《倦遊雜録》

採珠

《嶺南雜録》云：「海灘之上，有珠池，居人採而市之。」予嘗知容州，與合浦密邇，頗

【六】一樣造五十隻　《御定佩文齋廣群芳譜》卷六七引《倦遊録》作「一楪造三十隻」。

知其事。珠池凡有十餘處【七】，皆海也，非在灘上。自某縣岸至某處，是某池，若靈渌、囊村、舊場、條樓、斷望，皆池名也，悉相連接，在海中，但因地名而殊矣。斷望池接交趾界，産大珠，而蜑往採之，多爲交人所掠。海水深數百尺已上，方有珠，往往有大魚護之，蜑亦不敢近。《類苑》卷六一引《倦遊雜録》

蓬莪茂

嶺南青薑，根下如合捧，其旁附而生者狀如薑，往往大於手，南人取其中者乾之，名蓬莪朮，北人乃呼爲蓬莪茂。字書亦無茂字。名之爲朮，乃是土人病洩痢者，取青薑磨酒煮服之，多愈，蓋蓬莪朮和氣耳。《類苑》卷引《倦遊雜録》

魚

河豚魚有大毒，肝與卵，人食之必死。每至暮春，柳花墜【八】，此魚【九】大肥，江、淮人以爲時珍【一〇】，更相贈遺。臠其肉，雜蔄蒿荻牙【一一】，瀹而爲羹。或不甚熟，亦能害人，歲有被毒而死者。南人嗜之不已【一二】。嶺南有五臠魚，百五斜紋，色如虹，或云與蛇爲牝牡，春時食其卵，亦能殺人，啗其肉，必致嘔洩。又有抱石魚，狀類科斗，生急灘石上，自廬陵、南康、雄、韶人，皆取之釀酢瀹羹，以爲奇味。《類苑》卷六一第八一〇頁引《倦遊雜録》。又見

【七】十餘處　「十」，《類苑》庫本作「千」。

【八】柳花墜　「墜」，《古今事文類聚後集》卷三四作「飛」。

【九】此魚　「魚」，《古今事文類聚後集》下有「始」字。

【一〇】以爲時珍　《古今事文類聚後集》作「時以爲珍」。

【一一】蔄蒿荻牙　《古今事文類聚後集》作「蔞芽」。

【一二】南人　《古今事文類聚後集》作「然南人」。

《古今事文類聚後集》卷三四

鳳凰

南恩州北甘山，壁立千仞，有瀑水飛下，猿狖不能至，鳳凰巢其上，彼人呼爲鳳凰山。所食亦蟲魚。遇大風雨，或飄墮其雛，小者猶如鶴，而足差短，南人截取其嘴，謂之鳳凰盃。古書謂鳳凰生於丹穴。丹穴，即南方也，蓋此禽獨出塵寰之外，能遠羅弋，所以爲羽族之長者，以其智能遠害，逢時而出也。本朝嘗集清遠合歡樹。《類苑》卷六一引《倦遊雜録》。又見《輿地紀勝》卷九八

鴆鳥

至和中，予赴任邕，至金城驛一郵置早膳，聞如以手答腰鼓者，問郵卒曰：「何處作樂？」曰：「非也，乃鴆鳥禁蛇耳。」《類苑》卷六一引《倦遊雜録》

汜水關有唐高祖太宗像

汜水關東北十餘里，即等慈寺，乃唐太宗擒竇建德時下營之地也。關之西峯曰昭武廟，有唐高祖、太宗塑像，共處一殿。高祖狀貌如五十許人，儀狀博碩，而不甚長，幅巾縷

金，赭袍玉帶，躡韡合瓜，西南嚮立蓮花上。太宗狀如十七八少年，風骨清瘦，衣淺黄縷金袍，玉帶，手捧冠，制度類遠遊，露首東北向，跣立蓮花上。詢諸士大夫，竟不知其儀制之由。廟乃會昌中所毁佛寺之殿也，至今不傾圮。《類苑》卷六二引《倦遊雜録》

象祠

道州、永州之間，有地名鼻亭，窮崖絶徼，非人迹可歷。其下乃瀟水，無湍險，俗謂之麻灘，去兩州各二百餘里，岸有廟，即象祠也。孟子曰：「舜封象於有庳，所以富貴之也。」噫！既遠不可考知，其以今揆之，此地非遷，孰有肯居也？《類苑》卷六二引《倦遊雜録》。又見《錦繡萬花谷前集》卷六

仙

華岳張超谷，巖石下有僵尸，齒髮皆完。春時，遊人多以酒瀝口中，呼爲卧仙，好事者作木榻以薦之。嘉祐中，有石方十餘丈，自上而下，正塞巖口，豈非仙者所蜕，山靈不欲人之褻慢？《類苑》卷六二引《倦遊雜録》

皂鶴洞

平涼西有崆峒山，乃廣成子修道之所。山之絶壁有石穴，謂之皂鶴洞，鶴頂如丹，毛羽皆黑，日照之，金色粲然，故其下有金衣亭，歲不過一二出。今其地乃爲僧徒所據，鶴或見，則僧必死亡，反初者。《類苑》卷六二引《倦遊雜録》

長沙三絶

長沙人常自咤吾州有三絶，天下不可及。貓兒頭筭，一枝重秤【一三】；鐓黑潭取魚，一網踰千斤；巨艦漕米，一載萬石【一四】。《類苑》卷六二引《倦遊雜録》。又見《錦繡萬花谷前集》卷六

喪禮

居喪之禮，近世滅裂。予嘗知辰州，居與蠻獠雜居，其俗，父母喪，不啗粱鹽酪飛走之肉，惟食藜實、蕎豆、魚菜而已，雖未合于古禮，而諸夏閭里之民不逮也。失禮則求諸野，信哉！《類苑》卷六二，未注出處。考此下一條出《倦遊雜録》。本條云嘗知辰州，正與張師正曆官吻合，知當出同一書。

【一三】一枝重秤　「枝」，《錦繡萬花谷前集》卷六作「枚」。

【一四】一載萬石　「載」，《錦繡萬花谷前集》卷六作「船」。

罨畫流蘇錫銷

昔之詩小説，多言罨畫流蘇者，詢之朋遊，莫知其狀。予嘗知廣南恩州，恩有匠人求見，問其所能，曰：「某善錫銷【一五】」，亦不曉其事，再詰之，則曰：「今京師所謂銀泥者是也。」又問更有何藝，曰：「亦能罨畫」，遽以小兒衣試之，乃今之生色也。又向在京師，常到州西，過一委巷，憩茶肆中，對街乃賃凶具之家，命其徒拆卸卻流蘇，乃是四角所繫盤線繪繡之毬，五色錯爲之同心而下垂者【一六】。流蘇帳者，古人係帳之四隅以爲飾耳。《類苑》卷六二引《倦遊雜録》。又見《類説》卷一六、《海録碎事》卷五、《古今事文類聚別集》卷六

詩嘲

景祐元年九月二日，詔先朝免解者候將來省試與特奏名【一七】。時有無名子，改王元之《昇平詞》以嘲曰：「舊人相見問行年，名説真宗更已前。但看緑衫包裹了，這迴含笑入重泉【一八】。」《類苑》卷六三引《倦遊雜録》，又見《詩話總龜》卷三五

無比店有巴樓

參政趙侍郎宅，在東京麗景門内，後致政，歸睢陽舊第。宋門之宅，更以爲客邸，而材

【一五】錫銷　「錫」，原誤作「鍚」，據《類説》、《海録碎事》卷五、《古今事文類聚別集》卷六改。

【一六】錯爲　原誤作「昔謂」，據《海録碎事》改。

【一七】與特奏名　《詩話總龜》卷三五作「特與推恩」。

【一八】重泉　「重」，《詩話總龜》作「黄」。

植雄壯，非邸可比，時謂之無比店。李給事中師保釐西京【一九】，時駝馬市有人新造酒樓，李乘馬過其下，悦其壯麗，忽大言曰：「有巴京師諺語以美好爲有巴。」時人對曰：「梁苑叔平無比店，洛陽君錫有巴樓【二〇】。」《類苑》卷六三引《倦遊雜録》，又見《類説》卷一六

詩嘲

吴善長郎中，儀狀恢偉，頗肖富丞相，文學之譽，則未聞焉。有輕薄子贈之詩曰：「文章卻似呼延贊，風貌全同富相公。」國初，有武臣呼延贊者好吟惡詩，故云。《類苑》卷六三引《倦遊雜録》

金鑾長老

洗馬歐陽景，素有輕薄名，一旦金鑾長老來上謁，告曰：「院門闕齋供，今將索米于玉泉長老【二一】，敢乞一書，以爲先容。」景笑曰：「諾。」翌日，授一緘，既至，玉泉啟封，乃詩一首曰：「金鑾來覓玉泉書，金玉相逢價倍殊。到了不干藤蔓事，葫蘆自去纏葫蘆。」二僧相視，發笑而已。《類苑》卷六三引《倦遊雜録》。又見《類説》卷一六

【一九】中師　原誤作「師中」，據《類説》本及《宋史》卷三三一《李中師傳》改。

【二〇】君錫　原誤作「君賜」，據《類説》本及《宋史李中師傳》改。

【二一】索米　「索」，《類説》作「貸」。

譏趨時好

常秩舊好治《春秋》，凡著書講解，僅數十卷，自謂聖人之意皆在是矣。及詔起，而王丞相介甫不好春秋，遂盡諱所學。熙寧六年，兩河荒歉，有旨令所在散青苗本錢權行倚閣。王平甫戲秩曰：「公之《春秋》，亦權倚閣乎？」秩色頗赧。《類苑》卷六五引《倦遊録》。又見《類説》卷一六、《古今事文類聚別集》卷二〇

待哭斯人久矣

鄭尚知杭州，王耿爲兩浙轉運使。二人者，屢以公事相失，以至互有論列，朝廷未推鞫，而耿死，鄭往哭之，盡哀。杭州僚屬相駭曰：「龍圖素惡端公，今何哭慟也？」范拯在傍戲曰：「諸君不會，龍圖待哭斯人久矣。」《類苑》卷六五引《倦遊録》，又見《類説》卷一六、《記纂淵海》卷四三、卷六八

教坊雜劇

熙寧九年，太皇生辰，教坊例有獻香雜劇。時判都水監侯叔獻新卒。伶人丁仙見假爲一道士，善出神，一僧善入定。或詰其出神何所見？道士云：「近曾至大羅，見玉皇

殿上有一人，披金紫，熟視之，乃本朝韓侍中也。手捧一物，竊問傍立者云：「韓侍中獻國家金枝玉葉萬世不絶圖【二二】。」僧曰：「近入定到地獄，見閻羅殿側有一人，衣緋垂魚，細視之，乃判都監侯工部也【二三】。手中亦擎一物，竊問左右，云：『爲奈何水淺獻圖，欲別開河道耳。』」時叔獻興水利，以圖恩賞【二四】，百姓苦之，故伶人乃有此語。《類苑》卷六五引《倦遊録》，又見《類説》卷一六

【二二】萬世不絶圖　《類説》卷一六作「萬年圖」。

【二三】都監　《類説》作「都水」。

【二四】以圖恩賞　《類説》作「規帝」。

卷五

語嘲

景祐末，詔以鄭州爲奉寧軍，蔡州爲淮康軍。范雍自侍郎領淮康節鉞，鎮延安。時羌人旅拒戍邊之卒，延安爲盛。有内臣盧押班者鈐轄，心嘗輕范，一日軍府開宴，有軍伶人雜劇，稱參軍夢得一黄瓜，長丈餘，是何祥也？一伶賀曰：「黄瓜上有刺，必作黄州刺史。」一伶批其頰曰：「若夢見鎮府蘿蔔，須作蔡州節度使。」范疑盧所教，即取二伶杖背，黥爲城旦。《類苑》卷六五引《倦遊録》

盛天下蒼生

有進士曹奎，屢掇上庠南宮高選，居常自負，作大袖袍衣之，袖廣數尺。時有進士楊衞怪之，謂曰：「袖何廣耶？」奎曰：「要盛天下蒼生。」衞答曰：「此但能盛一箇耳。」《類苑》卷六五引《倦遊録》，又見《類説》卷一六

改裴公贊

裴度形貌短小，而位至將相，嘗自替其寫真曰：「爾形不長，爾貌不揚，胡爲將？胡爲相？一片靈臺，丹青莫狀。」蓋謂由心吉而致富貴也。張學士丰貌甚美【一】，嘗繪其容，以寄兄環，環改裴贊寄之【二】，曰：「爾形甚長，爾貌甚揚，不爲將，不爲相，一片靈臺，丹青莫狀。」《類苑》卷六引《倦遊録》，又見《類説》卷一六

天狗下勾當公事

曾鞏知襄州日，朝廷遣使按水利，振流民者，各辨辟三兩選人充幹當公事。鞏一日宴諸使者，座客有言：昨夕三鼓，大星墜於西南【三】，有聲甚厲，次又有一小星隨之。鞏曰：「小星必天狗，下幹當公事也。」《類苑》卷六五引《倦遊録》，又見《類説》卷一六

譏不常設燕

陳恭公以待制知揚，性嚴重，少遊宴。時陳少常亞罷官居鄉里，一日上謁，公謂曰：「近何著述？」亞曰：「止作得一謎。」因謂之曰：「四箇脚子直上，四箇脚子直下，經年度歲不曾下，若下，不是風起便雨下。」公思之良久，曰：「殊不曉，請言其旨。」亞曰：「兩箇

【一】張學士　《類説》卷一六作「張綬」。

【二】裴贊　《類説》作「裴晉公真贊」。

【三】大星　「大」，《類説》作「天」。

茶床相合也。」「方欲以此爲對，然不曉風雨之説。」亞笑曰：「乃待制廳上茶床也。苟或宴會，即慳值風，澀值雨也。」公爲之啟齒，復爲之開樽。《類苑》卷六五引《倦遊録》，又見《古今事文類聚續集》卷一四

标目

曹琰郎中，滑稽之雄者，一日，因食落一牙，戲作詩曰：「昨朝飯裏有粗砂，隱落翁翁一箇牙。爲報妻兒莫惆悵，見存足以養渾家。」《類苑》卷六五引《倦遊録》，又見《類苑》卷六七第八九二頁

蜥蜴求雨

熙寧中，京師久旱，按古法【四】，令坊巷各以大甕貯水，插柳枝，泛蜴蜥，使青衣小兒環遶呼曰：「蜴蜥蜴蜥，興雲吐霧。降雨滂沱，放汝歸去。」開封府准堂劄責坊巷寺觀祈雨甚急，而不能盡得蜴蜥【五】，往往以蝎虎代之，蝎虎入水即死，無能神變者也。小兒更其語曰：「冤苦冤苦，我是蝎虎。似恁昏沉，怎得甘雨？」《類苑》卷六五引《倦遊録》，又見《類説》卷一六、《古今合璧事類備要前集》卷二、《古今事文類聚前集》卷五引倦遊雜録、《歲時廣記》卷二

【四】古法　「法」，《類説》卷一六作「人」。

【五】而不能盡得蜴蜥　《類説》、《古今合璧事類備要前集》卷二、《古今事文類聚前集》卷五作「時蜥蜴不能盡得。」

中書有生老病死苦

熙寧中，初富丞相苦足疾，多不入，曾丞相將及引年。時王介甫、趙閲道、唐子方爲參政，介甫日進説以更庶政，閲道頗難之，而不能奪，但退坐閤中，彈指言苦。唐子方屢爭於上前，既而唐發疽而死。京師人言，中書有生老疾死苦之説【六】，謂介甫生，曾公老，富公病，閲道苦，子方死也。《類苑》卷六五引《倦遊録》。又見《類説》卷一六

語誤

科場中，進士程文多可笑者。治平中，國學試策，問體貌大臣，進士對策曰：「若文相公、富相公皆大臣之有體者。馮當世、沈文通皆大臣之有貌者。」意謂文、富豐碩，馮、沈美少也。劉原父遂目沈、馮爲有貌大臣。又歐陽永叔主文，試《貴老爲其近於親賦》，有進士散句云：「覩兹黄耉之狀，類我嚴君之容」，時哄堂大笑。《類苑》卷六六引《倦遊録》。又見元懷《拊掌録》（《説郛》卷三四下）

權頓幞頭

張逸密學知成都，善待僧。文鑑大師，蜀中民素所禮重。一日，文鑑謁張公，未及見。

【六】生老疾死　「疾」，《類説》卷一六作「病」。

時華陽主簿張唐輔同候於客次【七】，唐輔欲搔髮，方脱烏巾，睥睨文鑑，罩於其首。文鑑大怒，諠呶。張公遽召，才就坐，即白曰：「某與此官人素不相熟，適來輒將幞頭罩某面上。」張公問其故，唐輔對曰：「某方頭痒，取下幞頭，無處頓放，見大師頭閑，遂且權頓少時，不意其怒也。」張公大笑而已。《類苑》卷六七引《倦遊録》。又見《類説》卷一六

機辨

杜祁公向以太常博士、陝西提點刑獄丁太夫人憂，寓華下，郡有進士鞏漢卿者，俊敏有才，公常與之談燕。關中養蠶，率是黄絲，故居民夏服多以黄縑爲之。因問：「何故關右人，好著黄絹生衣？」鞏對曰：「似浙中人，好喫紫蘇熟水。」及見鴨没池中，公云：「鴨入池中董。」鞏即曰：「蟬鳴樹上紬。」公嘗撰國初一節將墓碑，其中一句云：「某官以生運推移」，鞏即下堦磬折曰：「日南長至」，公笑爲改之。《類苑》卷六七引《倦遊録》

紬被放衙

文潞公始登第，以大理評事知并州榆次縣，吏新鞔衙鼓，面新潔，公戲題詩于上曰：「置向譙樓一任檛，檛多檛少不知它。如今幸有黄紬被，努出頭來道放衙【八】。」《類苑》卷六七引《倦遊録》。又見《錦繡萬花谷前集》卷一四、《古今合璧事類備要後集》卷七九

【七】候於　《類説》作「在」。

【八】道放　《錦繡萬花谷前集》卷一四、《古今合璧事類備要後集》卷七九「放早」。

舍人面色如衫色

胡秘監旦自知制誥落職通判襄州，時謝學士泌知州事，嘗因過廳飲酒【九】，胡面色發赤，謝戲曰：「舍人面色如衫色。」胡應聲答曰：「學士心頭似幞頭。」胡時【一〇】衣緋。《類苑》卷六七引《倦遊録》，又見《類説》卷一六

三拗

皇祐中，長沙有三拗，開福寺長老有璉，每季一剃頭，而致仕樊著作【一一】，一日一開頂【一二】，一拗也。蘇推官居父喪【一三】，蹴踘飲樂【一四】，而林察推喪妻，廬墓，二拗也。時有邊臣爲郡守【一五】，非賂不行，孔目官陸靜，平生不受賕遺，三拗也。《類苑》卷六七引《倦遊録》，又見《類説》卷一六

語訛

關右人或有作京師語音，俗謂之獠語，雖士大夫亦然。有太常博士楊獻民，河東人，是時鄜州修城，差望青斫木，作詩寄郡中寮友。破題曰：「縣官伐木入煙蘿，匠石須材盡日忙。」蓋以鄉音呼忙爲磨，方能叶韻，士人而徇俗不典，亦可笑也。《類苑》卷六七第八九七頁

【九】過廳　「廳」，《類説》卷一六作「庭」。

【一〇】胡時　「時」，《類説》作「是時」。

【一一】樊著作　「樊」，原作「口」，據《類説》卷一六補。

【一二】一日　「一」，《類説》作「三」。

【一三】居父喪　《類説》作「喪父」。

【一四】飲樂　《類説》作「樂飲」。

【一五】邊臣　「臣」，原誤作「城」，據《類説》改。

引《倦遊録》。又見《詩話總龜》卷一七

雁

進士劉積未第，居德州孔子廟中，嘗市一雁，翅雖折而尚生，不忍烹。聞自然銅治折傷，乃市數兩，燔而淬之末以飼焉。至春晚，遂飛去。是年秋深，忽有羣雁集積所居之後圃，家僮執梃往擊，諸雁悉驚飛，一雁不去，因棰殺之。燖剥毳羽，見翅骨肉壞，剖之，中皆若銀絲，乃向所養者。積咨嗟累日。《類苑》卷六九引《倦遊録》

張杲卿

張杲卿丞相致政居陽翟，於少室山下造庵，爲養性存神之地。間或乘肩輿而往，從者不過五六人，處庵中，往往踰月方歸。一日，有道人形神瀟洒，野冠山服來謁，公與之語，頗達道，要亦究佛理，待之甚喜。既夕，道人曰：「某新自浙中迴，得茗芽少許，欲請相公一啜。」公欣然可之，道人乃躬自滌器，進火烹茶以進。公頗稱善，良久，又取茶飲從者各一甌，少時，從者皆昏瞑顛仆且睡，道人即白公曰：「某欲往羅浮，煉丹之藥劑鼎？之資，行從多金器，願賜數事。」公遽呼從者，皆不應，亦無可奈何，任其所取，幾十餘斤，悉持去。迨曉，從者始醒。《類苑》卷七〇引《倦遊録》

詭謀殺倡

楊學士孜，襄陽人，始來京師應舉，與一倡婦往還，情甚密，倡盡所有以資之，共處踰歲。既登第，貧無以爲謝，遂紿以爲妻，同歸襄陽。去郡一驛，忽謂倡：「我有室家久矣，明日抵吾廬，若處其下，渠性悍戾，計當相困。我視若，亦何聊賴？數夕思之，欲相與咀椒而死【一六】，如何？」倡曰：「君能爲我死，我亦何惜？」即共痛飲。楊素具毒藥于囊，遂取而和酒，倡一舉而盡。楊執爵謂倡曰：「今儻偕死，家人須來藏我之屍，若之遺骸，必投諸溝壑以飼鵰鴉，曷若我葬若而後死，亦未晚。」倡即呼曰：「爾誑誘我至此，而詭謀殺我【一七】。」乃大慟，頃之遂死，即燔瘞而歸。楊後終於祠曹員外郎、集賢校理。《類苑》卷七〇引《倦遊録》。又見《類説》卷一六

史沆

史沆以進士第，爲著作佐郎，累坐事羈房州，移襄以卒。沆仕不得志，好持人短長【一八】，世亦凶人目之【一九】，然亦竟以此敗【二〇】。常過江州琵琶亭，作詩牓于楝，其略曰：「坐上騷人雖有詠，江邊寡婦不難欺。若使王涯聞此曲，織羅應過賞花詩。」《類苑》卷七〇引《倦遊録》。又見《詩話總龜》卷三五、《賓退録》卷三

【一六】椒而　《類説》作「藥爲」。

【一七】而詭謀　《類説》作「又詭藥」。

【一八】短長　《詩話總龜》卷三五作「長短」。

【一九】世亦凶人　「亦」，《詩話總龜》卷三五、《賓退録》卷三作「以」。

【二〇】竟以此敗　「竟」，《詩話總龜》作「終」。

王平

御史臺儀，凡御史上事，一百日不言，罷爲外官。有侍御史王平拜命垂滿百日，而未言事，同寮皆訝之。或曰：「端公有待而發，苟言之，必大事也。」一日，聞入劄子，衆共偵之，乃彈御膳中有髮，其彈詞曰：「是何穆若之容，忽覩鬈如之狀。」《類苑》卷七〇引《倦遊録》。又見《墨客揮犀》卷一

石守道

石介性純古，學行優敏，以誘掖後進，敦獎風教爲己任。慶曆中，在太學，生徒咨問經義，日數十人，皆怡顔和氣，一一爲講解，殊無倦色。嘗請仁廟駕幸太學，欲爲儒者榮觀，因作《慶曆聖德頌》，詆忤當途大臣。既而謗介請駕幸太學，將有他志，介因罷學官，得太子中允、直集賢院、通判濮州，待闕于徂徠故棲，歲餘病死。當途者誣奏云：「介投契丹，死非其實」，遂詔京東提刑司發墳剖棺，驗其事。繼而有孔直温者，狂悖抵罪，直温昔嘗在介書院爲學，以爲黨，遂編置介之子弟于諸郡。嗚呼！讒人之口，真可懼哉！《類苑》卷七〇引《倦遊録》

潘逍遥

潘閬，字逍遥，疎蕩有清才，最善詩。王繼恩都知待之甚厚，往往直造卧内，歈笑于婦女間，未嘗信宿不見也。忽去半歲，不知所詣，俄而王生辰，閬攜香合來謁，王大喜，延之中堂共宴。席罷，王留之，詢其所適，潘曰：「雖然遊歷山水，訪尋親舊，亦爲太尉謀一長守之策耳。」問其策謂何，潘曰：「上顧君侯恩禮之厚，天下莫不知君侯恃上之遇，於人亦有不足者矣。況復綰時權，席天寵，媢而嫉者，不止南北之朝臣與諸王，戚里亦有不善者。一旦宫車晏駕，君侯之富貴，安得如舊邪？」王矍瞿然曰【二二】：「吾亦憂之，先生何以教我？」潘曰：「上春秋高，諸子皆賢。何不乘間建白，乞立儲嗣？異日有天下，知策自君侯出，何懼富貴之替乎？」王曰：「我欲乞立南衙大王，如何？」時章聖以襄陽判開封府。潘曰：「南衙自謂當立，豈有德于君侯邪？立其不當者，善也。」王繇是屢以白神功，乞别擇諸王嗣位，神功竟不聽。其後繼恩得罪，章聖嗣位，即遂出閬，閬遂亡命，詔天下捕之。其後會赦方出，以信州助教召，羈置信州，久之，移泗州散參軍而死。《類苑》卷七一引《倦遊雜録》

【二二】王矍　「矍」，原作「瞿」，據文意改。

黠胥

陳學士貫爲省副時，三司有一胥魁，桀黠狡獪，潛通權倖，省中之事，率以咨之。胥每聲喏使造前，往往陽爲欠伸，不敢當其禮。陳聞而不平，決入省斥逐之。既來參見，嚴顔以待，胥知其意，奉事彌謹，稟承明敏，舉無留事。歲餘，陳亦善待之。一日，陳謂胥曰：「宅中欲會一二女客，何人可使幹辦？」胥曰：「某公事之隙，暫往督視亦可。」陳不知其心有包藏，乃曰：「爾若自行甚善，宴席所須，十未具一。」胥乃擕十餘歲女子，于東華門街插紙標于首，曰：「爲陳省副請女客，令監廚無錢陪備，今嫁此女子，要若干錢。」遂結皇城司密邏者【二二】，俾潛以聞，朝廷將以黜降，賴宰臣辨解，終歲竟罷去，止得集賢學士。

舊例，省副罷，皆得集賢學士。《類苑》卷七三引《倦遊雜録》。又見《類説》卷一六

秋霖賦

徐仲謀在皇祐中，罷廣東提刑，到闕時，京師多雨，遂獻《秋霖賦》。其略曰：「連綿乎七月八月，渰浸乎大田小田，望晴霽而終朝禮佛，放朝參而隔夜傳宣。泥塗半没於街心，不通車馬；　波浪將平於橋面，難度舟舡。」時賈文元、陳恭公秉政，共引過於上前，且云：「陰陽失序，自當策免，然臣等已屢乞罷，而聖恩未允，致有疎遠小臣，以猥語侵侮，

【二二】遂結　「遂」，《類説》卷一六作「潛」。

臣等實無面目師長百辟。」仁宗怒，降仲謀監邵武軍酒税。《類苑》卷七三引《倦遊雜録》

矯僞

夏英公知安陸日，受大勑舉幕職，令録詣京師。有節度推官王某者，糲食敝衣，過爲廉慎，一馬瘦瘠，僅能移步，席韉繩轡不勝騎，自二車而下，列狀乞以斯人應詔。夏亦自知之，遂改官宰邑，去安陸數百里。洎至任，素履一變，侈衣靡食，恣行貪墨。夏俾親舊喻之，答曰：「某乃妙攫也，必無敗露，請舍人無慮。」夏常謂僚屬曰：「世之矯僞有如此者。」斯人今爲正郎，不欲道其名也。《類苑》卷七三引《倦遊雜録》

伺察

李公素學士爲京西漕運，時李君俞以大理評事知河南府福昌縣。一日，得漕牒，令體量簿、尉，洎邑界巡檢者，既而召三人者，從容飲食，謂曰：「監司牒，令某奉詗同僚之失，某固知諸君無事，竊恐復遣他人來，幸各防慎也。」三人相顧而笑，乃懷中各出一牒，乃是令簿、尉察知縣、巡檢廉縣官也。俱笑而退。後朝廷亦聞其事，乃下詔申戒，其略曰：「守倅則互責刺廉，令尉則更容伺察，乃至怨滿行路，章交公車。」少時，竟罷伺察之名。《類苑》卷七三引《倦遊雜録》

踏犂

太子中允武允成，獻踏犂具，不用牛，以人力運之。太宗以宋、亳牛多死，得此制，召之造數千具，先遣堯叟於宋州大起冶鑄，以給貧民，以時雨沾足，令趁時耕種。參知政事蘇易簡曰：「此長沮、桀溺耦耕之遺象也。」按耦耕以雙耜並耕，了非踏犂之制，易簡之淺陋甚矣。《類苑》卷七三引《倦遊雜録》

勸諭

慶曆中，有張待制爲河北路都轉運使，檄諸郡邑，俾勸諭村鄉上等人户，多釀豆醬米醋，及修造食氣風藥，準備貧民求之。且一村之民，食具醯醢者，十無一二，况品劑藥餌，固所不曉。斯言殆爲識者口實。《類苑》卷七三引《倦遊雜録》

三虎四聖

考功郎中齊化基，資性貪墨，裒斂不知極，竟以贓抵罷，黥配海外，會赦，得歸。家于平原，嘗取南郡陽起石，亦貯數十石，他物稱是。其後生涯離散，無以自存。慶曆中，詔諸郡轉運使，各帶按察使，於是江東有三虎，山東有四聖。三虎者，監司有王誥、楊閎輩，事務苛察。聖者，探偵之義也，謂俾部下小官，姦憸好進者，廉察屬郡官吏之過失。自是吹毛求疵，刑獄滋彰矣。《類苑》卷七三引《倦遊雜録》

詐修廟

天聖、景祐間，京師建龍觀，有道士仇某者，教化修真武閣，冬夏跣足，推一小車。近世士人，洎閭巷小民，軍營卒伍，事真武者十有七八，無不傾信，所得錢無算，閣竟未畢功，後以姦監敗。因知世間矯僞欺俗之人，固不爲少，書之亦可爲輕信者之戒也。《類苑》卷七三引《倦遊録》

西夏

康定中，羌人盜邊，陷金明縣，又追延州，取北關，王師敗于五龍川，都總管劉平、石元孫被擒。後數日，賊乃出塞，時許懷德爲鄜延總管，聞賊深入，自東路歸，所統兵纔數千。至延州東有百餘山下，見賊馬幾萬騎，許皇遽妄呼曰：「令河東廣鋭若干指揮往某處，令折家藩兵幾萬騎往某處。」既而，羌亦退。明日入城，見通判計用章，握手竊語曰：「不意賊馬遂至塞外，其黨早來，亦爲擒矣。昨日忽逢賊兵，不覺皇駭，遂詐爲河東救兵，妄語分布。今日幸得相見，初勿與他人説也。」相次諸州擒蕃俘，問元昊遁歸之因，咸云：「聞河東救兵至，遂走出塞。」其鈐轄盧押班訟通判計用章之失，自稱賊圍城時，守捍有功。用章屢進狀，言賊之遁去，由許懷德假言河東救兵使然，完延州者懷德也。既而盧、計皆得罪，朝廷嘉懷德之功，擢爲殿前、侍衛馬步軍都指揮使。後以年踰七十，特減歲數，仍總宿衛之職，凡領節鉞者二十餘年。《類苑》卷七五引《倦遊録》

景祐末，夏羌叛，僭號于其境，改易正朔冕服制度，遣使來上旌節。舊制，羌人來朝，悉服胡衣冠，既至，有司命易之，使者曰：「奉本國命來見大國，頭可斷，冠服不易。」竟不能奪，遣歸。慶曆初，羌人輸款，保安軍倅邵良佐已與戎人議定，歲予金帛之數，朝廷遣著作佐郎張子奭假祠曹外郎、殿直王正倫假供奉官閤門祗候至朔方，責戎酋盟書。夏人以金飾頭冠胡蹀躞之類，子奭、正倫皆受之，既歸，但云：「羌人新附，不敢逆其意，止以胡服納保安軍官帑。」朝廷亦不罪，盡與所假官。《類苑》卷七五引《倦遊録》

南蕃呼中國爲唐

太宗洎明皇擒中天竺王，取龜兹爲四鎮，以至城郭諸國皆列爲郡縣。至今廣州胡人，呼中國爲唐家，華言爲唐言。《類苑》卷七七引《倦遊録》

潁上常夷甫處士自經而卒。《麈史》卷下引《倦遊録》

魚尾鴟吻

漢以宫殿多災，術者言天上有魚尾星，宜爲其象，冠于屋以禳之，今亦有。自唐以來寺觀舊殿宇，尚有爲飛魚形尾上指者【一】，不知何時易名爲鴟吻，狀亦不類魚尾。《靖康緗素雜記》卷一引《倦遊雜録》。又見《類苑》卷五八

荆公和张掞诗

熙寧間，初作東西府，望氣者云有天子氣。及府成，車駕果幸，張掞以詩慶二府諸公，荆公和云：「曾留上主經過迹，更費高人賦詠才。」《詩話總龜》卷一四引《倦遊録》

相思河

鄜州東百里有水名相思河，傳舍曰相思舖，令狐楚詩曰：誰把相思號此河，塞垣車馬

校勘記

【一】觀舊殿宇尚　《類苑》庫本卷六〇作「殿宫觀守舊」。

往來多。只應自古征人淚，灑向空洲作碧波。《詩話總龜》卷一四《倦遊録》

婦人題佛塔廟詩

大庾嶺上有佛塔廟，往來題詩多矣，有婦人題云：妾幼年侍父任英州司寇，既代歸，父以大庾本有梅嶺之名而反無梅，遂植三十株于道之右，因題詩于壁。今隨夫之任端溪，復至此寺，前詩已污漫矣。因再書之，云：英江今日掌刑回，上得梅山不見梅。輟俸買將三十本，清香留與雪中開。好事者因以夾道植梅矣。《詩話總龜》卷二〇引《倦遊録》

風月閑人

趙叔平退居睢陽，歐陽永叔致政居潁，叔平來訪永叔，時呂晦叔知潁，開宴召二公，永叔自爲作致語，曰【二】：欲知盛席繼荀、陳，請看作筵主與賓。金馬玉堂三學士，清風明月兩間人。紅芳已過鶯猶囀，清杏初嘗酒正醇。好景難逢良會少，乘歡舉白莫辭頻。《詩話總龜》卷二二引《倦遊録》。又見《古今合璧事類備要前集》卷四二、《古今事文類聚前集》卷三二、宋本《記纂淵海》卷二四

【二】曰 《古今合璧事類備要前集》卷四二、《古今事文類聚前集》卷三二前有「其詩」二字。

杨孺诗

楊孺尚書以耳聾致仕，居鄠縣別業【三】，同里高氏貲厚，有二子，小字大馬、小馬。一日里中社飲，小馬携酒一榼就楊公，曰：「此社酒，善治聾，願持盃酌之，無瀝。」楊書絶句與之云：「數十年來雙耳聵，可將社酒使能醫。一心更願青盲了，免見高家小馬兒。」《詩話總龜》卷三五引《倦遊録》，又見《歲時廣記》卷一四

著也馬留

京師優人以雜細物數十種布於地，使人暗記物色，然後遣沐猴認之，每沐猴得之，優人即曰道著也馬留。蓋優人呼沐猴之名。熙寧庚戌春，市井之人見舉子往往亦以馬留目之。其年狀元葉祖洽赴宴於池上，有下第進士寄詩曰：「着甚來由去賞春，也應有意惜芳辰。馬蹄莫踏亂花碎，留與愁人作醉茵【四】。」細而繹之，乃是着也馬留四字，蓋四句各取上一字。《詩話總龜》卷三八無出處，據《類説》卷一六引此，知實出《倦遊雜録》

李師中贈唐子方詩

唐子方以言事謫宜春監酒，待制李師中作詩贈別，曰：「孤忠自許衆不與，獨立敢言

【三】鄠縣　「鄠」原作「雩」，據《歲時廣記》卷一四改。

【四】作醉　《類説》卷一六作「醉作」。

人所難。去國一身輕似葉，高名千古重於山。並遊英俊顔何厚，已死奸諛骨尚寒。天意若爲宗社計，肯教夫子不生還。」《詩話總龜》卷四一引《倦遊録》

相逢不改舊時青

范諷自給事中謫官數年，方歸濟南，城西有張氏園亭，泉有金線真珠之目，水木環合，乃歷下之勝景，園亭主人乃張寺丞聰也。嘗邀范宴飲於亭，范題二韻詩於壁：「園林再到身猶健，官職全拋夢乍醒。惟有南山與君眼，相逢不改舊時青。」《能改齋漫録》卷一五引《倦遊雜録》，又見《類説》卷一六、《詩話總龜》卷二二、宋本《記纂淵海》卷一四〇

真珠鷄

真珠鷄生夔、峽山中，畜之甚馴，以其羽毛有白圓點，故號真珠鷄，又名吐綬鷄。生而反哺，亦名孝雉，每至春夏之交，景氣和暖，頷下出綬帶方尺餘，紅碧鮮然，頭有翠角，雙立良久，悉斂於嗉下，披其毛不復見。或有死者，割其頸臆間，亦無所覩。《漁隱叢話前集》卷二〇引《倦遊雜録》，又見《詩話總龜後集》卷二七、《示兒編》卷一五

陶侃翼飛

陶侃夢生八翼，飛而上天，見天門九重，比登其八，唯一門不得入，閽者以杖擊之，因墜地，折其左翼，及寤，左腋猶痛。《古今合璧事類備要前集》卷一引《倦遊録》。又見《記纂淵海》庫本卷二

倒綳孩兒

苗振第四人及第，召試館職，晏相曰：「宜稍温習。」振曰：「豈有三十年爲老娘而倒綳孩兒者乎？」既試，果不中選。公笑曰：「苗君竟倒綳孩兒矣。」《古今事文類聚前集》卷二七引《倦遊録》。又見《記纂淵海》庫本卷三七

頗攻中書短

蘇易簡晚年急於進用，因召見，頗攻中書之短，遂參大政。《古今合璧事類備要後集》卷一五引《倦遊録》。又見《翰苑新書前集》卷四

斷望池

合浦産珠之地名曰斷望池，去岸數十里，蜑人没而得蚌剖珠。蜑家自云：海中(上)

珠池若城郭，然其中光恠不可向邇，常有怪物護持。《輿地紀勝》卷一二〇第四頁

鬱林風土比諸部爲盛【五】，良才秀士好學者多【六】。《輿地紀勝》卷一二一，又見《方輿勝覽》卷三九

三英詩

天聖中禮部郎中孫冕記三英詩【七】：劉元載妻、詹茂光妻、趙晟之母《早梅》、《寄遠》、《惜別》三詩。劉妻哀子無立，詹妻留夫侍母病，趙母懼子遠遊，孫公愛其才以取之。《早梅》劉元載妻：「南枝向暖北枝寒，一種春風有兩般。憑仗高樓莫吹笛，大家留取倚欄杆。」《寄遠》詹茂光妻：「錦江江上探春回，消盡寒冰落盡梅。爭得兒夫似春色，一年一度一歸來。」《惜別》趙晟之母：「暖有花枝冷有冰，佳人後會却無憑。預愁離別苦相對，挑盡漁陽一夜燈。」何汶《竹莊詩話》卷二二引《倦遊録》

登庸

元稹在私第獨坐，有朱衣吏躍出，曰：「相公今日登庸。」言訖趨出，命左右追之，咸曰：「無人。」入朝，果有制命。數月，又見朱衣吏云：「今日罷相。」遲明，報出中書。《永樂大典》卷五四一引《倦遊雜録》

【五】諸部 「部」，《方輿勝覽》卷三九作「郡」。

【六】良才秀士 「士」，《方輿勝覽》卷三九作「民」。

【七】孫冕 「冕」，原誤作「晃」，據《詩話總龜》卷一〇改。

般若臺

唐陳文叔常持《金剛經》，有銅山縣陳約，爲冥司所追，見地下築臺，問之，曰：「是般若臺。築之待陳文叔。」《涅槃經》：「如來自金棺湧身而出，座般若臺。」《永樂大典》卷二二六〇三引《倦遊雜録》

屈身安人

王荆公於上前論馮道能屈身以安人，如諸佛菩薩之行。唐介曰：「道爲宰相，使天下易四姓，身事十主，得爲純臣乎？」安石曰：「伊尹五就湯，五就桀，正在安人而已，豈非純臣乎？」質肅曰：「有伊尹之志則可。」荆公變色。《永樂大典》卷二九九九引《倦遊雜録》

黥人

晉法：奴始亡，黥兩眼。再亡，黥兩頰。三亡，黥眼下。梁法：未斷，先刻頰上作劫字。《永樂大典》卷三〇〇〇引張師正《倦遊雜録》

葛清遍體刺白居易詩

荆州街子葛清，自頸以下遍刺白居易詩，不是此花偏愛菊，則有一人持杯臨菊叢；又黄夾纈林汗有葉，則一樹上掛纈，凡刺二十餘處，人呼爲白舍人行詩圖。盧言雜云：韋表示微堂子流浪不歸，其叔將杖之，命去衣，滿身劄字，有畫處，左髆一樹，樹下一池水，字曰：「黄夾纈林汗有葉，碧琉璃水淨無波。」《永樂大典》卷五八四〇引《倦遊雜録》

判狀赦死

桑道茂祖爲供奉，李晟爲神策小將，道茂曰：「足下即貴，某三數年姓名當在公手，能赦之否？」晟笑曰：「供奉見侮邪？」道茂懷中取一紙文書，具官銜姓名，云：所犯罪愆，乃是逼迫，乞恩慈，判命全宥。晟笑曰：「遣某道何語？」道茂乞曰：「准狀特放。」晟爲書之。後朱泚反，道茂復舊職，晟攻京城，收逆徒數百人，置旗下就戮，道茂大呼曰：「某有狀。」取視之，乃昔年所書，晟驚痦釋放，以爲上客。《永樂大典》卷一〇三一〇引《倦遊雜録》

博世善走

徐博世爲皮匠，能爲一縫毬。晚爲道士，能導引，握拳置口中，或反手抱柱，身隨起而

足直上。太宗召見，曰：「臣能走。」乃脱履於殿庭，走二十匝，而出入之息如故。《永樂大典》卷一二二四八引《倦遊雜録》

腸癢疾

傅舍人忽得腸癢之疾，至劇時，往往對衆失笑，吃吃不止。此疾古人之所未有。《永樂大典》卷二〇三一一引《倦遊録》

蠅不集屍

皇祐末，洞賊儂智高陷横山寨，邕州司户參軍孔宗旦白郡守陳珙，乞爲之備。珙曰：「智高來要招安，豈敢作過也！」宗旦知其不用，賊必東下，遂以糧料院印作移文，具陳賊狀，俾沿江郡縣設備。既而城陷，賊執之，宗旦叱駡不絶於口，被斫于市。時方盛夏酷熱，青蠅旁午，不集其屍，賊亦異焉，命瘞之。《永樂大典》卷九一三引《倦遊雜録》

三門禹廟

三門禹廟神儀侍衛極嚴肅，後殿爲一胡人，氊冠夷服，侍衛皆胡人，云禹婦翁。俗有此。《路史後紀》卷一三引《倦遊録》

⊙張師正撰

括異志

張劍光 整理

點校説明

《括異志》十卷，張師正撰。張師正（一〇一六—？），字不疑，襄國（今河北邢台）人。其生平已見《倦遊雜録》點校説明。晚年學問益深，《玉壺清話》談到師正「經史沿革，講摩縱横，文章詩歌，舉筆則就」。《郡齋讀書志》記師正遊宦四十餘年，多爲地方武官，終不得志，「於是推變怪之理，參見聞之異」，撰成此書。《宋史・藝文志》著録師正另有《怪集》五卷、《倦遊雜録》十二卷。

《括異志》是一部記述北宋朝野人物奇聞異事的筆記小説集。書中的很多故事往往涉及鬼怪、天庭、神仙，主要談論善惡報應、受命於天、貴賤皆由命定等思想，以揚善懲惡的主題爲主。故事多詭異不可信，文字亦比較粗糙，但在敍事上卻多是虚實相結合。書中描寫的宋代人物，有很多是歷史上真實存在的，而且大多數的故事都注明來源，作者力圖表明自己的故事都是有一定的真實性。這些故事常以宋朝社會作爲背景，因而無論是書中傳達的思想，還是各個故事描寫的場景，對研究宋代歷史和文化思想，具有重要的參考價值。

《括異志》編成後，流傳較廣，宋代的目録書及一些筆記小説都加以記載。宋衢州本晁公武《郡齋讀書志》卷一三談到《括異記》共十卷，二百五十篇，魏泰作序。宋袁州本《郡齋讀書志》卷三下談到此書的卷數和篇數與衢州本相同，但書名爲《括異志纂》。陳振孫《直齋書録解題》卷一一談到張師正有《括異志》十卷、《後志》十卷。

今未見《括異志》有宋本流傳。目前以明正德十年鈔本爲最早，此鈔本依宋本傳録，僅一三三篇。正德鈔本曾歸常熟瞿氏鐵琴銅劍樓收藏，目録後有「建寧府麻沙鎮虞叔異宅刊行虞山逸民俞約齋收藏」二行，卷末有「正德十年歲次乙亥仲春癸丑日　虞山逸民俞洪重録畢」二行。此本現爲北京圖書館收藏，《四部叢刊續編》子部曾據此本影印，爲目前流行最廣的版本。此外，南京圖書館收藏有一明鈔本，與正德鈔本篇目上大體相同，唯卷九最後的「鄭前」、「陳州女厲」二篇置於卷十。宛委山堂本《説郛》及商務印書館本《説郛》收有本書數篇，但有不見於明鈔本的佚文多條。《四庫全書總目提要》談到四庫中收録的爲内府藏本，估計亦是一個明本。

《括異志》尚有清鈔本數個，但均爲明鈔本的轉鈔本。目前常見的《筆記小説大觀叢刊》（臺灣新興書局）、《歷代筆記小説集成》（河北教育出版社）等，都是據《四部叢刊》本影印。此外，《四庫存目叢書》收有此書，是據南圖藏明鈔本影印。今人的整理本主要有中華書局白化文等點校本、泰山出版社《中華野史》的李開軍點校本、上海古籍出版社《宋元筆記小説大觀》的傅成標點本。

本次點校，我們以《四部叢刊》本爲底本，以南圖藏明鈔本爲參校本，並校以《説郛》本和《永樂大典》殘卷中收録的相關内容。《説郛》本中收録的佚文共八條，附于正文末尾，其中「杜紫微」條又見於唐李綽《尚書故實》，疑爲《説郛》本收録致誤。整理中難免有所不足，敬請批評指正。

目録

卷第一　二七五
宋州狂僧　黑殺神降　来和天尊　樂學士　司馬待制　後苑亭
衡山僧　南岳真人　會聖宫　曹門謡　陳靖　醴泉觀　賈魏公
大名監埽　僕射廳　吕樞密
卷第二　二八四
盛樞密　余尚書　郎侍郎　劉密學　劉待制　楊省副　魏侍郎
司馬少卿　梁學士　張郎中　韓侍中　張職方　陳少卿　楊狀
元　郭延卿
卷第三　二九三
馬少保　潘郎中　樂大卿　徐郎中　劉太博　刁左藏　吕郎中
錢齋郎　邢文濟　蒿店巡檢　王廷評　樊預
卷第四　三〇一
陳省副　王待制　石比部　曹郎中　陸龍圖　宋中舍　馬文思

陳太博　馬仲載　夏著作　冀秘丞　梁寺丞　楊郎中　張太博
楊從先

卷第五　三一〇
李參政　梅侍讀　韓宗緒　南州壬子　李侍禁　李氏婢　李比部　胡殿丞　謝判官　劉觀察宅　柴氏枯棗　僧緣新

卷第六　三一八
王少保　范參政　麥道録　楊道人　李芝　張白　靜長官
率子廉　許偏頭　張翰

卷第七　三二六
張龍圖　孫副樞　芙蓉館主　曾屯田　郭上竈　牛用之　畢道人　段穀　方道士　高閬　孫鍇　楊貫　張酒酒

卷第八　三三五
明參政　徐學士　魚中丞　祖龍圖　尚寺丞　高舜臣　王慶
孫翰林　黄遵　劉德妙　税道士　寇萊公　魏進士　德州民

卷第九　三四五

毛郎中　崔禹臣　張郎中　張司封　薛比部　陳良卿　羅著作
陸長緒　寇侍禁　張尚書　姜定國　傅文秀　胡郎中　僧行悦
康定民　鄭前　陳州女厲
卷第十　三五五
鍾離發運　蔡侍禁　白鬚翁　韓元卿　李敏　欒平港黿　遵道
者　董中正　同州村民
佚文　三六二

卷第一

宋州狂僧

太祖仕周日，尚未領宋州節鉞。時有狂僧携彈走荆棘中，顧謂人曰：「此地當出天子。」又顯德末，一人青巾白衫，登中書政事堂。吏批其頰曰：「汝是何人，敢至此？」其人曰：「宋州官家遣我來，擒見宰相范質。」質曰：「此病心耳，安足問？」遂叱去。其後太祖果自歸德軍節度使受禪，遂升宋州爲應天府，後號南郡。一名南京【一】。事具國史。

黑殺神降

開寶中，有神降於鳳翔府俚民張守真家【二】，自稱「玄天大聖玉帝輔臣」，其聲如嬰兒【三】，歷歷可辨。遠近之民禱祠者旁午。太祖召至京師，設醮於宫廷。降語曰：「天上宫闕成，玉鎖開，十月二十日陛下當歸天。」藝祖懇祈曰：「死固不憚，所恨者幽并未并【四】。乞延三數年，俟克復二州，去亦未晚。」神曰：「晉王有仁心，曆數攸屬。陛下在天，亦自有位。」時太宗王晉，爲開封尹。太祖命繫于左軍，將無驗而罪焉。既而事符神告，太

校勘記

【一】一名南京　「京」原作「郡」，據明鈔本改。

【二】張守真家　「家」原作「事」，據明鈔本改。

【三】其聲如嬰兒　「如」原脱，據明鈔本補。

【四】幽并未并　「未并」，明鈔本作「未平」。

宗踐祚，度守真爲道士，仍賜紫袍。遂營廟於盩厔之太平鎮，神位次序、殿廡規模一由神授。仍尊黑殺，號爲翊聖。至仁宗朝，追謚守真爲傳真大法師。事見《翊聖別傳》。

来和天尊

刑部尚書楊公礪爲員外郎時，常夢人引導，云謁来和天尊。及見天尊，年甚少，睟穆之姿若冰玉焉。楊公伏謁，天尊慰藉之甚厚。及覺，莫諭其事。後章聖皇帝育德儲闈，尹正神州，楊公入幕，始謁而歸，語諸子弟曰：「吾適謁皇太子，乃吾頃夢來和天尊之儀狀也。」事在礪本傳。

樂學士

樂學士史，景德末爲西都留臺御史。嘗夢一人，具冠服，稱帝命來召。共行十餘里，俄見宮闕壯麗，殆非人世。因問使者，云：「此帝所也。」既陛見，帝謂曰：「而主求嗣，吾爲擇之，汝姑伺此。」少選，導一人至，氣色和粹，似醺酣狀。帝謂曰：「中原求嗣，汝往勿辭。」即頓首祈免者再三。帝曰：「往哉！惟汝宜。」遂唯而去。旁拱立者謂史曰【五】：「此南岳赤脚李仙人也，嘗酣于酒。」帝急呼史至前曰：「適見者，主之嗣也。」寤而識之。既而密以聞，具述所夢，曰：「宮中不久有甲觀之慶。」明年，神文誕聖。安退處士劉易嘗

【五】旁拱立者　「立」原無，爲一空格，據商務本《説郛》卷六及明鈔本補。

記斯事【六】。

司馬待制

故天章閣待制司馬公池，乾興中，以職官知光山縣。秩滿，考績于吏部。時章聖臨御。一夕，夢引對于便殿，仰視黼座，狀甚幼沖。即覺，竊語交親，以謂改官之期方遠。銓司既質成課，將取旨，會真宗不豫，神文以皇太子監國，引見資善堂，仰視睿姿，一如所夢。

事見龐相國所撰《司馬公神道碑》。

後苑亭

嘉祐末，仁宗於後苑建一亭，題其榜曰迎曙亭。未幾，神文棄天下，英宗嗣位，則亭之名豈徒然哉！昔漢昭帝時，上林柳葉蟲蠹成字，曰「公孫病已立」。霍光既廢昌邑，立戾太子之孫，是爲宣帝，實名病已。唐宣宗晚年，長安小兒疊布蘸水，向日捩之，謂之「拔暈」。懿宗果自鄆王嗣立。以今方古，事實符契。古語有云：「乾鵲噪而行人至【七】，火花燃而得酒食。」此言雖小，可以喻大，况王者之興，豈無開先之兆也異哉【八】！

【六】安退處士　「安退」，《宋史》卷四五七《隱逸上·劉易傳》作「退安」。

【七】乾鵲噪而行人至　「乾」原作「翰」，據明鈔本、《西京雜記》卷三陸賈語改。

【八】開先之兆也異哉　「異」，明鈔本無。

衡山僧

嘉祐八年三月，衡山縣僧某來湘潭幹事。既畢，歸衡山，至中途，宿逆旅。忽夢行道中車騎戈甲，旌麾儀衛【九】，去地丈餘，躡空北去。僧伏道左，少時既過，複前。又逢數騎，叱之曰：「安得犯蹕！」僧自疏得免。因問：「何官也？」曰：「新天子即位，南岳神往受職耳。」僧既覺，明日至衡山，白所夢於邑令。令戒僧曰：「秘之，勿妄言。」後數日，聞仁宗遺詔至。考其所夢之夕，正月二十九日也。《金匱》云：「武王勝殷紂，大雪平地盈尺，旦日有車馬詣軍門，行無轍迹。太公曰：『此四海之神泊河伯來受職也【一〇】。』因祀之，約束而去。」與此正類。李時亮云【一一】。

南岳真人

龐相國籍既致政，居於京師。嘉祐八年春三月，公被疾。至下旬，病革。一旦奄然，家人聚哭，數刻復生【一二】。翌日，命紙筆，屏左右，手書密封【一三】，俾其子奏。家人咸謂「久病恍惚，書字不謹」，遂寢不以聞。公既薨，發視之，云：「初死，有人引導，令朝玉皇。入一大殿庭，排班，龐處下列。拜訖，有一人傳玉皇詔云：『龐某令且歸，伺與南岳真人偕來。』既出殿門，又有人前導云：『當見南岳真人。』復至一殿庭，列班，龐居上游【一四】。

【九】旌麾儀衛　「儀衛」，明鈔本作「衛從」。

【一〇】河伯來受職也　「河伯」，原作「河北」，其下小字注云「一本作伯」，據明鈔本回改。

【一一】李時亮云　「李」後明鈔本有「供備」二字。

【一二】數刻復生　「生」，明鈔本作「甦」。

【一三】手書密封　「手書」，明鈔本作「書畢」。

【一四】龐居上游　「上游」，明鈔本作「上列」。

卷簾畢，既拜熟視，乃仁宗皇帝也。」時神文久不豫，龐既復蘇，覺體候小康。又聞聖躬亦復常膳，乃竊喜，故欲上聞。三月二十七日，龐薨。越一日，仁廟上仙。进士时濟得之於興教院主僧惠節。

會聖宫

會聖宫，在洛都東八十里望仙橋，祖宗之神御在焉。嘉祐八年三月二十九日晝漏盡，宫側之人見王者羽衛陳布道中，最後二人衣赭袍、張黄蓋，乘馬相次，至宫前乃不見。明日宫門大敞，諸殿門鎖不鑰而啓，主事者大駭。少時，聞仁廟上仙。

曹門謡

天聖末洎明道中，京師市井坊巷之人，凡物之美嘉者，即曰「曹門好」；物之高大者，即曰「曹門高」，耆壯童稚無不道者。景祐初，神文詔册曹王女孫爲皇后。曹王爲國功臣之冠，雖珪爵蟬聯者三世，洎作配宸極，居外戚之尊，可謂高且好矣。王輔藝祖定天下，降蜀平吴，抗醜虜，破强敵，將百萬之衆，未嘗妄殺一人。宜乎後裔之興也！唐郭尚父功蓋天下，位極人臣，侈窮人欲，壽登耆艾，天謂報施之道由或歉然。至曖女爲憲宗元妃，歷七朝，五居母后之尊，人君行子孫之禮。唐史臣謂子儀「社稷之功未泯，復鍾慶於懿安焉」。以曹氏之餘烈近之矣。

陳靖

陳靖字唐臣，鉅野人。少倜儻，有氣節，通《詩》《易》。嘗從范諷、石延年、劉潛游。景祐五年，以進士特奏名，得三《禮》出身。荐爲邑佐，皆有能聲。稍遷孝感令，以公事忤郡太守，輒致所事而去。即日僦舟東下，隱於葉山。未幾詔下，以太子中舍致仕。值歲荒，徙家京師，賣藥自給。朝之公卿多故人，踵門者輒避去。或遺金帛，即散道士、丐者，未嘗有所畜。與其妻孔氏皆學辟穀，往往經歲不食。嘉祐四年，思武陵山水之嘉，盡室出彼。王介甫高其行，以詩送，有「知君欲上武陵溪，水自東流人自西」之句。既至武陵，結廬于高梧，市居數月，喪其妻。自是不接人事，杜門稱疾，惟焚香誦《易》而已。六年七月十七日亭午，遽命其子庠具紙札作書，遺張郎中顒曰：「近上帝以靖平生無諂【一五】，俾主判地下平直司，候天符下即之任矣。」張時職江東漕運，得書，以靖爲病心者，不復報。是日又躬爲一書，封緘甚密，戒其子曰：「張公歸鄉，以此書授之，不可示他人及私發。違吾言，汝爲不孝。」其子謹藏之。自是多爲歌詩，皆有脱去世俗之意。七年十一月十二日平旦，謂其子曰：「吾數盡矣，後事一托張秘丞主之。」言訖而終。時張秘丞顒將赴官益陽，前一日與靖別，翌日得其訃，亟爲辦喪事，葬于耆闍山之側。治平元年七月，張仲孚自

【一五】近上帝以靖平生無諂　「近」，明鈔本作「送日」。

江東還。其子庠捧父書號泣來獻，封緘如初。發之，其始末皆敘訣之辭，中乃云：「平直司必然失，爲議定皇嗣事。勿怪草草。」明年秋，英宗由大宗正爲皇子，而靖於六年七月爲此書，已有選定之語。由是知帝王之興，皆受命于天，默有符契，非偶然矣。此皆略取張仲舉學士所撰《陳靖傳》云。

醴泉觀

祥符中，京師東南隅醴泉涌，龜蛇見其側，飲之者疾瘳。即其地營祥源觀。其後災，再加繕構，改號醴泉觀。熙寧八年，又易傾朽，荐加堊飾。功畢落成，命教坊伶人奏樂于庭。是日，真武影現於殿脊火珠中，其部從、神官、旂纛之類，望之悉具。京師奔走觀矚者數千萬人。見陳虞部开云。

賈魏公

賈魏公昌朝先德名注，嘗爲棣州推官。公方在孕，一夕夢緋衣冠者一人自空而下，以巨箱捧貂蟬冠以獻，俄而公生。始數歲，先令公爲瀛幕，公時在膝下。契丹數十萬攻圍踰月，城甚危，守陴者聞空中神告曰：「城有中朝輔相，勿憂賊也。」數日，虜遁去，城卒無患。公自宰相出鎮，擁節鉞者垂二十年，官至兼侍中。若然，則貴賤之分，淹速之數，固由默定，世之汲汲於進者【一六】，無所不至，豈昧於居易之理乎？

大名監埽

河自大伾而下【一七】，多泛溢之患，岸有缺圮【一八】，則以薪芻窒塞，補薄增卑，謂之埽岸。每一二十里，則命使臣巡視。凡一埽岸，必有薪茭竹揵椿木之類數十百萬，以備決溢。使臣始受命，皆軍令約束。熙寧九年，大名府元城縣一監埽使臣，所主埽岸有大黿屢來嚙岸之薪芻，似將穴焉，遂彀弩射之，中首而死。是夜，夢一緑衣創首，謂監埽曰：「汝殺我，我已訴於官矣。」又月餘【一九】，病疽死。見二使者執之而去曰：「汝嘗殺人。」監埽竊思之曰：「此必殺黿事也。」行僅百里，入一城。使者曰：「吾有事，當先白所由司，汝姑止此，無他適。」二使既去，仰視高閣，金碧相照，有二神人守閣，如道士觀所謂龍虎君者。以姓名白之，乃引入。仰視其閣，有榜題曰「朝元之閣」。下見韓侍中稚珪憑几而坐，侍者數十人，若神仙儀衛，乃再拜訖。韓問來狀，遂白煞黿事。因曰：「堤岸有決，當受軍令之責，非徒殺也。」韓曰：「汝亦何罪，儻見陰官，但乞檢《上清格》。」即出門，見二使者至，遂引到一官府庭下。果詰以殺黿事，對曰：「某主埽岸，河流奔猛，漲溢不常，苟有決漏【二〇】，則當誅。黿敗吾防，不可不殺，乞檢《上清格》。」陰官取格視訖，謂曰：「《上清格》云：『無益於世，有害於人，殺而不償。』罪固難加。」陰官命前使者引出。行

【一六】世之汲汲於進者　「汲汲」，原爲「汲口」，據明鈔本補。

【一七】大伾而下　「大伾」原作「大坯」，據《永樂大典》卷一三一四〇改。

【一八】岸有缺圮　「缺」，《永樂大典》卷一三一四〇作「決」。

【一九】又月餘　「餘」後明鈔本有「監埽」二字。

【二〇】苟有決漏　「漏」，《永樂大典》卷一三一四〇作「潰」。

十餘里，若墮智井，遂瘖。事聞之于劉大卿襲礼云。

僕射廳

陳英公執中，初以左正言謫爲中允，監永州酒税。郡守常以諫官待之，間日具肴膳，就其所治，以延款之。英公即座，周視居宇，忽於榱桷楣間注目久之，顧侍吏曰：「見一牌否？」左右對以無覩。郡守而下皆曰：「未嘗有牌。」陳笑而雜以他語。及歸，家人怪而詢之。公曰：「宛見一金字牌，書『僕射廳』字。」公由是益自負。既而兩正台府，竟踐此位。雖以司徒致政，然在仕之時官爲端揆。進士魏泰呼英公爲舅祖，得聞其事。

吕樞密

吕樞密公弼，丞相申公之次子。始秦國妊娠而疾，將去之，命醫工陳遜煮藥。時方初夜，逮藥將熟，已二鼓，坐而假寐。忽然鼎覆，取諸藥品差剉末再煮之。俄以嚴鼓，不覺再覆。既而又煮，而加火焉。困甚就榻，夢一神人披黄金甲，持劍，叱陳曰：「在胞者，本朝宰相也。汝何等人，敢以毒藥加害！」陳恐慄而瘖，遂以所夢洎覆鼎事白於秦國，曰：「在孕者貴人也，雖疾，當無所損。」其後生賓臣。熙寧中，自樞密使出鎮而薨。聞之馬瑊運判云。

卷第二

盛樞密

樞密使文肅盛公度修《起居注》日，嘗感疾而死。支體猶温，故家人未敢殮。越宿乃蘇，云：始爲人追攝，若行田野間，氣候昏塞，如欲雨狀。良久入一府，見主者被古諸侯服，起而接公，且諗以同姓名而誤追，亟命公還。既而復行田間，遠望有數人，皆若舊識。及追視之，乃故相國沈公義倫也。喜揖盛曰：「審知學士得還，爲我語家人，頗爲汗脚襪所苦。」草草别去。盛神還，疾亦漸愈。遂以冥中所囑語沈孤，其孤泣而不悟污脚襪之説。及服除，徹相公靈榻，而神座之横桄有敗襪焉。究其所自，則守靈老卒之物，偶致于此，旦起忘之，謂已亡失，故不復索。文肅公説【一】。

余尚書

余尚書靖，韶州曲江人。天聖元年第進士，又中拔萃。始自曲江將求薦于天府，與一同郡進士劉某偕行，劉已四預計偕，行至洲頭驛，有祠頗靈。余謂劉曰：「與足下萬里圖

校勘記

【一】文肅公説　明鈔本作「秦倅日親承文肅公」。

身計，盍乞靈焉。」遂率劉以楮鏹、香酒禱祠下，乞夢中示以休咎。是夕，余夢神告召而謂曰：「公禄甚厚，貯於數廩，官至尚書，死于秦亭。劉某窮薄，止有禄六斗耳。」公謝而退，遂寤。其後出入清華，聲望赫然，中罹廢黜者累歲，其後竟至工部尚書。常語交親曰：「關中任使，決不敢去。」既罷廣州，至烏江得疾，遂入金陵就醫。艤舟秦淮，扶病登亭，視其榜曰「秦淮亭」。公不懌，數日而薨。劉某者以累舉不第，就南遷，遂攝一尉，才逾旬而卒。李供備時亮云。

郎侍郎

郎侍郎簡致政之年，將赴闕更圖一郡，然後懸車。途次奔牛，宿于堰下。時盛暑，月色澄亮，命從者皆寢，闢船門默坐【二】。乙夜，聞岸側有人語云：「吾兒明日過此，幸若曹悉力曳船。渠齒幼，恐致驚怖。」郎大訝，登岸四顧，人皆酣寢，惟群牛卧齣于屋下。翌日，郎駐舟以伺，俄有稱監簿者，年甫弱冠，由途於此。船既及堰，群牛不待呵捶，旋轉如風，頃刻而過堰。郎太息曰：「吾平生歷官治民，自謂無冤抑，安能垂老更僶勉於王事乎！」即抗章告老，南歸餘杭。牛之子不傳名氏者，郎爲之諱也。陳節推之方筆以相示。

【二】闢船門默坐　「門」，明鈔本作「窗」。

劉密學

天禧中，劉密學師道守潭州。有衡山民之長沙市易者，冒夜而行道中，見旌旗儀衛，呵導甚厲。民相與拱立道左，因詢前驅者曰：「何處大官？」曰：「潭州劉密學，授南岳北門侍郎，明日禮上。」是夜，復有内臣江供奉者，來岳廟燒香，宿廟下，夢供帳紛紜，言新官禮上。洎見，乃劉密學也。又，馬尚書亮時尹京南，午巳之間，有一道士至客次展謁，謂曰：「侍郎已下廳，不敢通刺。」道士曰：「無他事，欲投潭州劉密學書耳。」典謁曰：「既要相見，何不早來？【三】」又曰：「爲今日南岳北門侍郎上事畢方來，以故後時。」言訖，失道士所在。晚衙馬視事，典謁以告。馬大驚，以爲不祥。數日，凶訃至。考道士求見之辰，劉捐館之日也。先是劉在長沙，一旦稱受劄子赴闕，即具舟艦，立俾徙行李，族屬于舟中。又曰：「吾未交符印，今日且宿寺居。」明日，洗沐訖，穿膝坐正寢【四】，儼然而逝。今衡潭之人嚴奉之，禮與岳神等。或聞祖舍人士衡有傳。今所書者，録馬運判瑊、辛都官子言之説耳。

【三】既要相見何不早來　「要」，明鈔本作「與」；「早」，《永樂大典》卷七三二八作「再」。

【四】穿膝坐正寢　「穿膝」，明鈔本作「穿衣」，《永樂大典》卷七三二八作「穿秉」。

劉待制

待制劉公湜，彭城人。清修檢重，時所推與。自金陵尹移守高密，時已抱疾，乘船沿淮至水車驛舍，遂卒。先是驛居人見駈群羊，及負荷酒食横陳之具入驛者，視之則無人，如此累日。劉既卒，始悟鬼神之來迓。水車溝，在海、密州界。得之周都官之純言。

楊省副

楊省副日華，自言應舉日，與數同人稅宅於飲馬巷，居數月，無他異。一日，探榜歸，時春季頗暄，相與解帶，席地而坐，俄覺身之欹側者再三，以謂地動。問諸僕隸，則不知。楊取剔耳篦畫甓罅中，罥出淺紅線長數寸，以手牽之，有縑衣如線色，隨牽而長，約尺餘，懼而捨之。其下若有人引之者，徐徐盡入。坐者大駭，莫敢發視，即時遷於旅邸。余任渭州推官日，親承楊公之説。

魏侍郎

刑部侍郎魏公瓘，初以金部員外郎知洪州，罷官。舟經大孤山，方乘順風，揚舲甚駃。一女使滌器而墜水，援之不及。舟速浪沸，頃刻已十里餘。公惋歎良久。一女奴忽沉冥狂語趨前，而舉止語音皆所溺婢也。泣且言曰：「某不幸而溺於水，實命之至是【五】，無所恨。然服勤左右久矣，一旦不以理而終，夫豈不大戚耶！儻歲時月朔，賜草具饌，化楮泉于户外，使某得以歆領，雖泉下亦不忘報。」公與夫人聞之惻然，悉允其求。語次，一漁艇載所溺婢，櫂及公舟。告曰：「溺婢爲浪泊而出【六】，獲援之以送。」婢固醒，然未嘗死，

【五】實命之至是　「至是」，明鈔本作「盡是」。

【六】爲浪泊而出　「泊」，明鈔本作「湧」。

而女奴亦不復降語。得之都官郎中任粹云。

司馬少卿

太常少卿司馬公里，自言未冠時，侍仲父待制光山縣。門下客張某者亦年少，同舍肄業，常苦資用不足。張忽嘆曰：「願得乾汞法，以快吾欲。」旁有黠卒執汛掃之役者，笑曰：「秀才年少，安知世間有此事耶？」張曰：「神仙之術，不可妄求，豈不知之乎！」卒曰：「某嘗得此術，願試之。」張大喜，脱衣質錢，市汞及炭。初夜，以水銀一兩内鼎中，出小瓢，取藥一粒如芥子，投之。又以小瓦覆鼎口，泥封甚密。熾炭圍之，急扇良久，鼎中如風聲。傾之成白金矣。翌日，召金工視之，曰：「此汞銀也。」比聞有黠卒得此術，間或鬻之，豈非此人所爲乎？」張亦秘而不言。張謂司馬曰：「斯人而有斯術也，圖之固易，然緩而取之，善也。」自此屢以美言撫存之。一日，請浣衣於江濱，去遂不復返【七】，竟不知所適。

梁學士

梁狀元固，博達俊偉人也。未有室【八】，職於史館，數年而卒。未克斂，憑侍姬玉兒者降靈語云：「吾今棄世絶信宿，家事不治乃爾。」又召子弟戒勑曰：「吾家素貧，尚有鉛

【七】去遂不復返　「返」原脱，據明鈔本補。

【八】未有室　「有」原作「仕」，據明鈔本改。

器數十事，兼朝廷必有贈賜，足辦喪事，不得倚四郎中其叔父也，但托祖舍人可也。」家人問曰：「學士今居何所？」云：「見作陰山諫議，寄任不輕。」又索毫楮作啓【九】。令子弟取某書還某家，於某家取所借某書，還者收，取者得。復索茶合飲一杯已，手自封記【一〇】，真粱之蹟也。須臾乃去。姬如醉，醒詰之，殊不自如。進士洪正卿云【一一】。

張郎中

張郎中景晟，洛陽人也，去華侍郎之孫。登進士第，始逾强仕，爲屯田郎中。熙寧四年，奉朝請於京師。忽瘍生於手，痛不可忍。時有御醫仇鼎者，專治創痏，呼視之，遂取少藥傅其上。既而苦楚尤甚，仇雖復注以善藥，而痛不能已，數日而卒。沉困之際，但云：「仇鼎殺我，必訴於陰府，不汝致也。」月餘，仇坐藥肆中，見二人，一衣緋，一衣緑，入鼎家，手持符檄，謂鼎曰：「張郎中有狀相訟，可往對事。」仇曰：「張郎中病疽而死，何預我事？」緋衣曰：「奉命相逮，不知其他。」仇知不免，哀求延數日之命。二人相顧曰：「延三日可矣。」緋衣曰：「雖然，當記之而去。」遂出一印，印其膝下，遂不見。所印之處，即腫潰，創中所出如膏油，痛若火灼。後三日而死。始仇之知張橐實良厚款，欲先以毒藥潰其創，然後加良藥愈之，以邀重賂，遂至不救。鬼之來，獨鼎見之，左右但見紛紜號訴而已。噫，庸醫之視疾，多以藥返其病，使困而後治，欲取厚謝，因而致斃者衆矣。儻盡若張

【九】又索毫楮作啓　「毫楮」，明鈔本作「楮筆」。

【一〇】手自封記　「記」原作「牌」，據明鈔本改。

【一一】進士洪正卿云　「洪」，明鈔本作「梁」。

君之顯報，則小人之心庶幾乎革矣。

韓侍中

侍中韓公稚珪知泰州日，卧疾數日，冥冥無所知。倏然而甦【一二】，語左右曰：「適夢以手捧天者再，不覺驚悟。」其後援英宗於藩邸，翼神宗於春宫，捧天之祥已兆於慶曆中。固知賢臣之勳業【一三】，非偶然而致也。太常博士姚復云。

張職方

張職方太寧，宿州人。家富于財，登進士第。性惡鴟，每至官，必下令左右挾彈逐之。熙寧六年，丁内艱，權居於符離之佛寺。嘗有鴟巢於殿之魚尾。育二雛，羽翼漸成，飛躍于外，嗚嘯不已。張親彈之，中丸而斃。既而二大鴟盤空，嗚聲甚悲。翌日，張步庭中，一鴟下搏其巾，方驚駭，一鴟復來，攫傷其髻。創亦不甚，旬餘潰決，腐及喉，遂死。嗟乎，哀子之死，仁也；報子之仇，義也。孰謂禽獸無仁義之心乎！父子之道，天性也，處萬物之靈，親愛之心宜其甚焉。熙寧甲寅、乙卯歲，天下蝗旱，至父子相啖者，真禽獸之不若也。悲夫！

【一二】倏然而甦　「甦」，商務本《説郛》卷四四作「寤」。

【一三】固知賢臣之勳業　「固」，商務本《説郛》卷四四作「因」。

陳少卿

太常少卿陳公希亮，曩歲刺宿州。廳事後門常扃鑰，相傳云：「開則有怪物見【一四】。」陳剛方明決，不之信，遽命啓之。果有群妖晝夜隱見於房闥間，陳亦不甚懼。一日，偶至土地堂，見土偶數十，疑其爲妖，命碎之，投諸汴水，妖遂絶。蓋每歲立春，出土牛。牛既爲衆所分裂，衙卒乃取策牛人置於土地之祠也。張供備宗義言。

楊狀元

前進士黄通，與狀元楊公寘相善。嘗夢楊投刺，自稱「龍首山人」。慶曆初，既登第，丁内艱，未終喪而卒。其後好事者解之曰：「龍首，謂狀元登第也。山人，無禄之稱也【一五】。」

郭延卿

郭延卿，洛陽人。少以文行稱於鄉里。吕公蒙正、張公齊賢未第時，皆以師友事之。太平興國中，陳摶自華州被召。摶素以知人名天下，及道西洛，三人者皆進謁。摶倒履迎之，目吕曰：「先輩當狀元及第，位至宰相。」「張先輩科名雖在行間，而福禄延永，又過於

【一四】開則有怪物見　「物」原作「云」，其下小字注云「本物字」，據明鈔本回改。

【一五】無禄之稱也　「也」後明鈔本有「寘字審賢」四字。

呂。」然殊不言延卿。於是二人相與言曰：「郭君文行鄉里所推，幸與一目。」摶曰：「固知之，然亦甚好。」遂草草別去。摶送之門，顧張、呂：「二君今晚更過訪。」及期往，摶曰：「二君前程，某固已言，然所惜延卿祿薄。伺呂君作相，始合得一命。張君作相，當得職官耳。」既而呂果狀元中第。及爲相，薦延卿，得試校書郎。及張作相，益念郭之潦倒。一夕語其子宗誨曰：「爲我作奏劄子，薦郭延卿京官。」及翌日造朝，遽索奏劄。宗誨草奏誤書「京」字爲「職」字，及書可降制【一六】，乃職官也，皆如摶言也【一七】。進士魏泰聞之陸修撰經，云其始末甚詳。

【一六】及書可降制　「書」，明鈔本作「畫」。

【一七】乃職官也皆如摶言也　「職官也」之「也」原脫，據明鈔本補；「皆如」，明鈔本作「竟如」。

卷第三

馬少保

太子少保馬公亮自言，少肄業於廬州城外佛寺。一夕臨窗燭下閱書，有大手如扇，自窗伸於公前，若有所索。公不爲視，閱書如故。如是比夜而至，公因語人。有道士云：「素聞鬼畏雄黃，可試以辟之。」公乃研雄黃，漬水，密置按上。是夕，大手又至。公遽以筆濡雄黃，大書一草字。書畢，聞窗外大呼曰：「速爲我滌去，不然禍及與汝。」公雅不爲聽，停燭而寢。有頃，怒甚，而索滌愈急，公不應。逮曉，更哀鳴而不能縮，且曰：「公將大貴。我且不爲他怪，徒以相戲而犯公【二】，何忍遽致我於極地耶？我固得罪，而幽冥之狀由公以彰暴於世，亦非公之利也。公獨不見溫嶠焜犀照牛渚之事乎？」公大悟，即以水滌去草字，且戒他日勿複擾人。怪遜謝而去。進士魏泰言馬公嘗說於其祖云。

【二】徒以相戲而犯公　「徒」，明鈔本作「偶」。

潘郎中

潘郎中繼宗【二】，清河人。以明經發第【三】，有吏材。天聖中，自國子博士通判乾寧軍。其母亡以十餘歲，一日於堂前呼家人，令召其子，容狀衣服宛如平昔【四】。潘再拜號哭，母急止之曰：「可於堂西偏隔以帟幕，前下一簾，中安二榻，吾將與伴我者二婦人息焉。」既而語云：「吾死亦無大過，陰官但致我一室中，不令他適。汝既升朝，封我爲縣太君，陰官乃縱我出入。汝前歲知導江縣，我嘗至彼相視，以水晶柱斧倒植扉後【五】，吾亦未有生期，恐久溷汝，聊以爲識也。今我往生冀州北門内街西磨坊某人媳婦處爲女，因得來此。」家人日夕具飲食，惟聞匕箸聲，視之如故。留月餘，告去，舉家送之郊外。空中有哭泣聲，久而不聞。潘既受代，道出信都，詢之，皆如所説。潘後常以縑帛遺其家，潘之子士龍今爲正郎。胡訥嘗著《孝行録》，亦記潘夫人事。

樂大卿

光禄卿樂公滋，性沉厚。少年修學時，嘗就祖母寢榻前燈下看書。一夕二鼓後，燈檠摇動，如人攜持，周行室中，復止故處，樂亦不懼。明日，言於門下客，客不之信。是夜，取檠置學舍中，明燈而坐。才二鼓，復行如初，客大呼而走【六】。遂命斧碎，亦無他異。

【二】潘郎中繼宗　「繼宗」，《永樂大典》卷一〇八一三作「維宗」。

【三】以明經發第　「發第」後《永樂大典》卷一〇八一三有小字注云「本云登第」。

【四】容狀衣服宛如平昔　「容狀」前明鈔本有「見母」二字。

【五】以水晶柱斧倒植扉後　「倒」後原有二「置」字，據明鈔本、《永樂大典》卷一〇八一三刪。

【六】客大呼而走　「走」後明鈔本有「不止」二字。

徐郎中

徐郎中，萊州人，忘其名。弱冠侍父假守嶺外。乾興中，仁宗登極，部賀禮赴闕。至武陵一驛，將舍正寢。驛卒言：「其中有物怪往來，無敢居者，願易他次。」雖不以爲然，亦出寢於廳之屏後。夜將半，夢有神人，狀甚偉，手攜竹籃，其中皆人鼻也。叱：「汝何等人，敢輒居此，以妨吾路？」徐恐懼愧謝。神乃端視之，曰：「形相非薄，但其鼻曲而小，吾與若易之。」遂於籃中擇一鼻，先劓徐鼻，擲去，以所擇鼻安之。仍以手指周固四際，夢中亦覺痛楚。神笑曰：「好一正郎鼻也。」徐之鼻素不隆正，自夢易之後，自然端直。歷官駕部郎中，致仕。隨其子秘書丞朔在維揚簽判【七】，治平四年物故【八】。

劉太博

興州依山爲守居，層疊而上，正寢尤高。復構樓於上，俯視儀門如指掌。寶元中，太常博士劉公中達假守是郡。一日，與家人登樓，見白衣者入客次，若舉人狀。劉遽曰：「有客至，吾將延之。」遂下樓升廳。果有舉人投刺，劉接之，坐移刻，各不語。告去，遂循東廡而下。左右告曰：「當自西廡。」舉人不答，直趨東廡井次，投身而入。劉大駭，遽索井中，無所得，而亦不能究舉人者自何而來。月餘劉卒。前進士程覺言。

【七】秘書丞朔在維揚簽判　「朔在」，《永樂大典》卷一三一四〇作「翔任」。

【八】治平四年物故　「物」，《永樂大典》卷一三一四〇作「初」。

刁左藏

刁左藏允升，嘗提舉大名府左廂馬監，在職歲餘卒。其家先寓於大名朝城縣。熙寧二年秋，刁捐館半歲，次子總忽見父坐于城門之側，行李從者無異平昔，惟從人悉衣白。方驚懼，其父以手招之，即詣前拜且哭，刁遽止之。總問曰：「大人今主何事？」刁曰：「吾嘗事范希文，渠今主陰府，俾我提舉行疫者。今欲往許州以南巡按，道出此，故暫來視汝。」因曰：「汝母明年八月當死，但預爲備，勿告之，恐渠憂撓。孫某來年五月亦當卒。此皆冥籍先定，汝宜自寬。」孫乃總之愛子也。又曰：「市中仇某不半歲必刑死。」因懷中取鴉青紙一幅，有金書七十餘字，授總曰：「善保持，勿失墜。」遂上馬，呵道出南門而去，閭巷悉見。行數里，逢市人張五者避立路左，刁謂之曰：「我欲倩君，可乎？」張曰：「諾。」乃謂曰：「若暫到我家，語吾兒：後月南市當災，且慎之。我已留從者五人防視，必免焚如。」張亦不知是鬼也【九】，遂詣刁宅，欲達其語。聞宅中大哭，少選總出詢，方知刁久已棄世。其妻洎孫如期而死。邑中官吏知有火災，日夕戒居人儲水謹火。禁月餘，火自空屋發，與刁居密邇，四鄰悉焚，惟刁宅獨完。仇某者聞當刑死，杜門不出。一日與客奕棋于所居之門下，有誦佛書而丐者，仇屢謝之不去，語頗不遜。仇忘刁之言，毆之即死，竟斃於枯木。金書人皆不識之，字書亦無【一〇】。事聞之借職刁綽言。

【九】張亦不知是鬼也　「是鬼也」，明鈔本作「其死也」。

【一〇】金書人皆不識之字書亦無　「之」，明鈔本作「其」；「無」，明鈔本作「亡」。

吕郎中

吕郎中元規，治平初爲廣南東路提點刑獄。公宇在韶州，宅堂之後有園亭，亭下植荔枝數株。夏五月，實盡丹。翌日，將召賓僚開樽以賞之。其亭暮則扃鐍，人迹所不至，詰旦啓户，無一實在枝，但見殼核盈地。於板壁題詩一絶云：「我曹今日會家親，手把洪鍾飲數巡。滿地狼藉不知曉，荔枝還是一番新。」歲餘吕以事去官。其姪子邈言。

錢齋郎

治平中，有錢齋郎者，調於吏部，挈其妻居京師。一日，其妻被夫之衣冠，語言皆男子也，狀如病心。召符禁者視之，術皆不效。聞孔監丞者有道術，能已人疾苦，遂詣其居，告以妻之所爲，孔許至其居。翌日乃來，與錢偶坐。其妻冠幘束帶往來於左右，詈曰：「汝是何人，預我家事？」久之，孔都不與語。俄而獨曰：「莫須著去否？」孔因謂曰：「汝本何人，輒憑人之室家，可乎？」乃曰：「我嘗被一命而死，亦曾舉進士，頗探釋老書。昨到京師，無處寓止，暫憑附於此人。」孔曰：「既若曾涉獵三教，是識理之人也。汝在世仕宦之日，汝之室肯令他人憑之乎？」鬼默然。又謂曰：「汝既言曾探釋老，有爾許大虚空，何所不容，而言無寓止之所？」言訖，錢妻瞢然而倒，半日乃寤。詢其前事，皆不知也。得之張稚圭言。

邢文濟

華陰縣雲臺觀道士邢文濟，常掌華陰道司事，故得紫其服，號虛寂大師。既免道職，專主金天南祠。鄉人歲時獻施金帛甚夥，邢悉裒爲私藏，間充酒色之費。有巡檢某人者知其事，密令人喻旨，邢屢以所得賂之。一夕，邢夢人攝至金天殿下，見巡檢亦在廷中，有若胥吏者詰二人以盜用神物，皆服罪。各鞭背十二，遣歸。邢既寤，覺背間楚痛，遂詣巡檢，話昨日之夢【一一】。驚曰：「我夢亦然。」月餘，邢病背瘡死。巡檢者亦患疽，相繼而殂。得之董職方經臣録示【一二】。

蒿店巡檢

渭州蒿店有巡檢廨宇，率命班行領卒數百戍焉。慶曆中，羌人入寇。巡檢張殿直者應援于外，其家悉爲蕃賊所俘虜。既入賊境，骨肉皆爲賞口。其妻分隸一番酋【一三】，俾主汲爨之役。每荷汲器至水次，必南望大慟，而後歸其家。一犬亦攘掠而得者，常隨妻出入，屢銜其衣，呦呦而吠【一四】，摇尾前行十數步，回顧又鳴，如此者半歲。妻因泣謂犬曰：「汝能導我歸漢耶？」犬即躍鳴。妻乃計曰：「住此而生，不若逃而死，萬一或得達

【一一】話昨日之夢　「昨日」，明鈔本作「昨夕」。

【一二】董職方經臣録示　「示」原脱，據明鈔本補。

【一三】分隸一番酋　「隸」原作「肆」，據商務本《説郛》卷四四改。

【一四】呦呦而吠　「呦呦」原作「呦口」，據明鈔本改。

漢。」計遂決，竢夜隨犬南馳。天將曉，犬必擇草木岑蔚之處【一五】，令妻跧伏，犬即登高阜顧望，意若探候者。時捕雉兔，銜致妻前，得以充飢。凡旬日，達漢境。巡邏者以聞，訪其夫尚在，乃好合如故。自此朝暮所食，必分三器，一以飼犬。斯事番人具知之。

評曰：犬，六畜也，惟豢養之戀【一六】。既陷夷狄之域，尚由思漢，又能導俘虜之婦，間關而歸，可謂獸貌而人心也。有被衣冠而叛父母之國者，斯犬之罪人也。

王廷評

王廷評俊民，萊州人，嘉祐六年進士，狀頭登第，釋褐廷尉評簽書徐州節度判官。明年，充南京考試官。未試間，忽謂監試官曰：「門外舉人喧噪詬我，何爲不約束【一七】?」令人視之，無有也。如是者三四。少時又曰：「有人持檄逮我。」色若恐懼，乃取案上小刀自刺，左右救之，不甚傷。即歸本任醫治，踰旬創愈，但精神恍惚，如失心者。家人聞嵩山道士梁宗朴善制鬼，迎至，乃符召爲厲者。夢一女子至，自言：「爲王所害，已訴於天，俾我取償，俟與簽判同去爾。」道士知術無所施，遂去。旬餘，王果卒【一八】。或聞王未第時，家有井竈婢，惷戾不順使令，積怒，乘間排墜井中。又云王向在鄉閈，與一娼妓切密，私約俟登第娶焉。既登第爲狀元，遂就媾他族。妓聞之，忿恚自殺。故爲女厲所困，夭閼而終。

【一五】岑蔚之處　「蔚」，明鈔本、商務本《説郛》卷四四作「鬱」。

【一六】犬六畜也惟豢養之戀　「六」，商務本《説郛》卷四四無。「之戀」，明鈔本作「是戀」。

【一七】何爲不約束　「爲」後《永樂大典》卷一三一三六有「略」字。

【一八】王果卒　「果」原作「亦」，據明鈔本改。

樊預

樊預，眉州人。登進士第，爲杭州觀察推官。素有異相，胸生四乳【一九】。一日，忽題於廳之堂扉云：「三聲鼓角雲中見，一簇樓臺海上高。」人莫喻其旨。後數日，若有牙兵數百人來，云吴山大王遣以奉迎。預乞延數日，處置家事，迓者乃去。亟召同僚，具以事告，且訴「鄉裡遼遠，期津遣孥累」之意。同官見其無疾而遽有是語，以爲病狂。或訊其事之委曲，終不答。又信宿，乃卒。卒時正嚴鼓時也。吴山，即子胥之祠，據州中之高阜，有樓殿亭宇之勝【二〇】。「鼓角」「樓臺」之句，乃自識也。後州民聞甲馬巡徼之聲，或見樊總督者。州人遂塑其像於神側，自是不復見。其子祖安親説【二一】。

【一九】胸生四乳　「生」，明鈔本作「有」。

【二〇】有樓殿亭宇之勝　「殿」，明鈔本作「台」。

【二一】其子祖安親説　「祖」，明鈔本作「視」。

卷第四

陳省副

慶曆初，陳吏部洎自三司副使謫守鍾離郡，比曹員外錢愚時爲通倅。錢善數術，一日俾其邑封具酒肴，悉召陳宅之長幼，會於倅居。明日，錢詣陳謝曰：「昨日以菲薄奉邀貴眷者，聊示區區之意，以托後事爾。」陳大驚曰：「足下四體甚安，此言何謂也？」錢曰：「明年正月某日，某當死，乞護送諸孤歸京師故棲，則幸甚。」陳知錢善數術，亦不以爲然。愚嘗謂其妻子曰：「陳亦行尸耳，過明年復舊官則不可矣【一】。」明年正月，如期而卒。月餘陳徙廬州，未半歲復召爲三司副使，數月病背疽而死。越三日，陳有少女奴年十二三，忽據榻附而降語曰：「吾昨日已見王，將設酒，我辭以創痛而止。門外從者五十人，悉戴漆皮弁，衣皂緑緋寬衫、烏氈靴，亦無異人世，不復號慕以自苦也。」又數日，復降語，命設榻如賓主位，曰：「此前濠州同官錢比部也。吾今得知益州，復與比部同官，前日已嘗宴會，相得之歡不異平昔。可令院子傳語錢家縣君，言比部教善視十一郎，比部幼子，最所鍾愛者。今再與陳吏部同事甚樂，勿思念悲慟也。」先是二日，錢之幼女方十餘歲，睡中哀號，

校勘記

【一】明年復舊官　「復」後明鈔本有一「之」字。

呼之良久乃寤，曰：「我見比部與陳吏部在一高堂上宴會，樽俎帟幕無不華麗，左右侍衛甚盛。因念父已去世，不覺啼泣，被呼方省。」與陳宅女奴降語相符。昔之小説載幽冥事者，多云人間郡縣陰府悉同，若陳吏部之爲益州，豈其然乎！比部之子閎，今爲供備庫副使，言之甚詳。

王待制

天章閣待制平晉王公質之謫守海陵也，郡之監兵治宇之西偏有射堂【二】，堂之前藝蔬爲圃。一日晨興，治圃卒起灌畦，見一老媼立射堂中，氣貌甚暇【三】。卒驚詢之，媼曰：「我乃監兵之母也【四】，汝亟白我在此。」卒曰：「監軍不聞有母，媼何妄也。」媼曰：「第告，無多詰。」卒入白，監軍遽出視之，姿狀音息真母也，而言語哀惻。監軍號慟，家人已下皆往拜侍。母急曰：「以幕羃射堂之軒，使不外矚。」既而詢其所從來，母曰：「冥中有一事，應未受生，與見伏牢者皆給假五日，我獨汝念，是以來耳。」監軍遽謁告，且白平晉公。平晉公朝服往拜，而以常所疑鬼神事質之，皆不對，曰：「幽冥事泄，其罰甚重，無以應公命。」平晉又問：「世傳有閻羅王者，果有否？復誰尸之？」曰：「固有，然爲之者亦近世之大臣也。」請其名氏，則曰：「不敢宣于口。」公乃遍索家藏自建隆以來宰輔畫像以示之，其間獨指寇萊公曰：「斯人是也。」復問冥間所尚與所惡事，答曰：「人有不戕害物

【二】郡之監兵治宇之西偏　「監兵」，《永樂大典》卷一〇八一三作「監軍」。
【三】氣貌甚暇　「暇」原作「假」，據明鈔本、《永樂大典》卷一〇八一三改。
【四】我乃監兵之母也　「監兵」，《永樂大典》卷一〇八一三作「監軍」。

性者，冥間祟之。而陰謀殺人，其責最重。」如是留五日，遂去。或云：平晉由此不復肉食。平晉嘗爲之記。其子復以示魏泰云。

石比部

比部外郎石公弁言：皇祐中，始得大理寺丞，監并州之徐溝鎮。歲餘，夢一鬼来【五】，朱髪青膚，自中霤下瞰，垂臂捽一女。女子髪自地而出，謂之曰：「送汝往李專知家作女。」石驚覺，心悸，遂不寐。逮曉時，有酒税場官姓李者，石因問：「爾昨夕有何事？」李曰：「四更初，息婦生一女子。」石歎異久之。其後嬰兒有疾，召一姥視之，曰：「本太原人，隨夫寓此，僅四十年，凡官於此者，無不出入其家。此廨宇亦曩日都監之官舍，徐溝舊差班行監當，今差京官。今中霤之下者嘗有井，李殿直監臨日鞭一女使，不勝楚痛，投井而死，遂廢不汲，仍遭大水湮焉。」石愈驚駭，方省前夢之驗也。

曹郎中

曹金部元舉，治平中嘗爲福建路轉運使。廨宇中有池亭，曹朝夕止於是。家人怪其肌體日瘠，精神恍惚，訊之，即曰：「嘗有李家娘子甚美，與二婢子來侍我。」咸謂物怪所惑，召醫巫視之，悉無效。乃涸池求之，得三鱧，一大二小。曹遽呼曰：「勿害李家娘子。」遂

【五】夢一鬼来　「来」原脱，據明鈔本補。

孌而焚之。曹亦謝病歸維陽，歲餘卒。

陸龍圖

龍圖陸公詵，尹成都日，府宅堂前東南隅有大枇杷一株。其下，夜則如數女子聚泣者，燭之則無所見。厥後半歲，陸卒於位。熙寧六年【六】，成都闤闠間，遇夜，邏卒聞哭聲呦呦然，凡數十處，就視之則無有。至七年、八年大旱，殍餓盈路，繼之以疾疫，死者十六七。洎至秋麥，則無人收刈。至於綾羅、紗錦、綵箋諸物，鬻者亦少。宜乎魄兆之先見也。

丁都官鍊目睹。

宋中舍

太子中舍宋傳慶，諫議大夫太初之子。自言其父性嗜鱉，嘗一日得數鱉，付廚婢臛之。其一甚大，婢不忍殺，放之溝中。逾年婢病疫疾，苦心煩熱，殆將卒。家人舁致外舍，俾卧以俟終。翌日視之，則自户閾至婢胸脅間，皆青泥塗漬，婢亦稍間。訊之則云：「不究其泥之來，但煩熱減差耳。」家人伺之，逮夜，有一大鱉自溝中被體以泥【七】，直登婢胸冰之。婢逾旬遂愈。詢其致鱉之自，婢乃述其本末。天聖中，傳慶爲遂寧通守，與先君言如此。

【六】熙寧六年　「六年」，明鈔本作「五年六月」。

【七】有一大鱉　「有」，明鈔本作「見」。

馬文思

文思副使馬公仲方，尚書亮之姪也。遇罷官，多寓家。高郵軍細君之妹，亦居是邑，嘗以牝羊饋於公，未幾生一羔。秣飼數月，閑居患無人牧放，乃鬻於屠肆。翌日，臨格將烹之，出刀於側，且瀹水以備燖濯。將刲，而亡其刀。良久，見其靶於溝中。取而洗拭，置于床，旋又失之。乃羊所生羔銜而投諸溝，又以足踐淖使勿見。屠者視之，大感傷，後以羊歸馬氏，自此不復屠羊。公亦以羊施佛寺。公嘗守全州，嘗自書斯事於閱理堂之壁云【八】。

陳太博

太常博士陳公舜俞，任明州觀察推官【九】，有二子，一男一女，皆六七歲。一日戲嬉于外，逮歸，則男子面有墨規其左頰，女子朱規其右頰。家人怪問其所規之自，則云不知。家人但謂小兒戲而爲之，命滌去。翌日復然。如是幾月餘，日日如是，而無他怪。陳慮爲怪之漸也，白轉運使求涖他局，遂沿牒於浙西。廨既空，郡給二皂以守舍。一日，二人相與言曰：「陳察推向以二兒面有畫以爲怪【一〇】，而竟無他，我等當驗之。有能獨入堂中自朝至暮者，醵錢若干以賞之。」一皂欣然攜短劍入堂之西序，醉卧牖下，及醒，日已過

【八】於閱理堂之壁云　「理」，明鈔本作「禮」。

【九】任明州觀察推官　「任」原作「在」，據明鈔本改。

【一〇】陳察推向以二兒面　「向以」，明鈔本作「向見」。

午。吏喜其無怪，又喜將獲所賞也，徘徊伺晚而出。俄然堂扉啓，有數婢從一婦人，臂鸚鵡，立堂之阤，若所規畫然【一一】。吏熟視，默念曰：「苟怪止如是，亦何足畏。」方將以刃劫之，忽心動若大悸，不知其身之所有，驚呼攜劍，突門以走，犯譙門，穿長街，若發狂失心者。市人睹其持劍，以爲有變，皆恐避之。未半里，蹶踣道左。衆掖起，奪劍而詰之，移刻始能言，竟不知其何怪也。進士魏泰遊明州，親見此事。

馬仲載

熙寧六年，開江南爲郡縣。既得峽州，築爲安江城，命内殿承制馬公仲載統卒三百戍焉。時石鑑以兵馬鈐轄知辰州，總千兵亦駐城中。一夕邏卒云：「蠻兵數千，夜當攻城。」石聞之，即欲遁去。馬曰：「鈐轄儻出，則誰與守？」遂仗劍於門，令曰：「敢出者斬！」石遂留，蠻兵亦不至。由此石頗銜之。未數月，馬忽仆地，懵然無所知，僕從乃舁辰州就醫藥。石乃劾其棄城戍，將以軍令裁之。馬病稍間，就鞫於武陵，乃具饌遥訴司南岳【一二】。翌日，有稚子方十歲，未嘗讀書，忽睡中呼索紙筆，乃書曰：「南岳門下牒敕馬仲載：念卿遥祭之專勤，聽其訴聲之怨切。據卿之罪，理當喪命，上天愍卿常行吉心，能守所職，止命降災奪官，更宜省循以邀福壽。懋哉，幸矣！熙寧六年十一月二十四日。」復取朱筆畫一印於日月上，篆文亦不可辨。兒復睡，少選而寤。詰之，云：「有一人青巾

【一一】若所規畫然　「若所」，明鈔本作「若有所」。

【一二】遥訴司南岳　「司」，明鈔本作「於」。

黄衫，以黄敕付我，亦不知其手自摹寫也。」仲載之事，武陵人無不知者。《南岳敕》，好事者多録而藏之。

夏著作

尚書郎高公靖，蔡州人。罷官，歸鄉里村居。嘗坐壟上視農事，有耕夫於土壤得鐵牌，上有大字云：「司法參軍夏鈞。」高亦不喻。數年，授知道州，相次有長沙人夏鈞，調本州司法參軍，高方悟鐵符之前定也【一三】。鈞官至著作佐郎。

冀秘丞

冀秘丞膺，皇祐中知河南府緱氏縣。代人將至，預徙家於洛城，獨止於縣之正寢。一夕，夢二女子再拜於榻前，問其所以，云：「妾等是前邑尹家女奴也，以過被鞭死，瘞於明府寢榻之下。向來宅眷居此，不敢妄出，恐致驚怛【一四】。今夕方敢誠告，乞遷于野【一五】，乃幸之大也。」冀可之。明日發其地，果得二枯骨，紅梳、繡履尚在。命裹以衣絮，祭以酒飯，加之楮錢，埋於近郊。數夕後，夢中前謝而去【一六】。樂長官浩言之【一七】。

【一三】高方悟鐵符之前定也　「鐵符」，明鈔本作「鐵牌符」。

【一四】恐致驚怛　「怛」，明鈔本作「懼」。

【一五】乞遷于野　「遷」後明鈔本有一「骨」字。

【一六】夢中前謝而去　「前謝」，明鈔本作「來謝」。

【一七】樂長官浩言之　「浩」，明鈔本作「誥」。

梁寺丞

梁寺丞彦昌，相國之長子也。嘉祐中，知汝之梁縣。其内子嘗夢一少年，黄衣束帶紗帽，神彩俊爽，謂之曰：「君宜事我，不爾且致禍。」既寤白梁，梁不之信。既而竊其衣冠簪珥，掛於竹木之杪，變怪萬狀。梁伺其嘯，拔劍擊之。鬼曰：「嘻，汝安能中我！」又命道士設醮以禳之，始敕壇，奪道士劍，舞於空，無如之何。謂梁曰：「立廟祀我，我當福汝。」既困其擾，不得已立祠於廨舍之側。又曰：「人不識吾面，可召畫工來，我自教之。」繪事既畢，乃内子夢中所見者。會家人有疾，鬼投藥與之，服輒愈。歸之政事【一八】，有不合於理者，洎民間利害隱匿，亦密以告。梁解官，廟爲後政所毀，鬼亦不靈。聞之洪正卿進士云。

楊郎中

郎中楊公異，性好潔静過甚，不近人情。寓居荆南，對門民家有子數歲，膚髮悉白，俗謂「社公兒」，異惡焉，屢呼其父，與五緡，令殺之。民得鏹，潛徙去。楊止一子，俄病癩，肌潰而卒。近時有人死而復生，云：「陰府新立速報司。」若楊氏之報，信哉！

【一八】歸之政事　「歸之」，明鈔本作「至於」。

張太博

治平三年，太常博士張忘其名知兖州奉符縣，太山廟据縣之中，令兼主廟事。歲三月，天下奉神者悉持奇器珍玩來獻，公往往竊取之。既解官，寓家于東平。一夕，聞中闈外如數十人【一九】，語聲雜遝不可辨。晨興視之，其所盜帟幕器皿之類，悉次第羅列於廳廡間，視橐篋封鐍宛然。如是者凡數夜【二〇】。張大怖駭，悉取燔之。越三日，奉符舊事發，兖州獄吏持檄來捕。既就逮，左驗明白，竟寘牢户。

楊從先

殿直楊從先，至和初監大名馬監。其冬，夢授樞密院劄子，云：「千里重行行，右劄付從先。准此。」既覺，不喻其旨。明年春，大雪，牧馬多死，監牧使臣衝替者數人，乃悟「千里」、「重」字也，以配「行」、「衝」字也。再言之者，皆被責也。

【一九】聞中闈外如數十人　「中闈外」，明鈔本作「闈門中外」。

【二〇】封鐍宛然如是者凡數夜　「宛然如是」，明鈔本作「如故若是」。

卷第五

李參政

李參政至，性修潔夷淡，年幾强壯，尚爲布衣。開寶中，有省郎典齊安郡，至依門下爲學，讀書著文，夜分不寐。一夕，有二女子盛冠服，鳴珮璫，揖李而坐，容態殊麗，風度婉約。李恍不知其所從來，因定神肅容，熟視而問曰：「鬼邪？仙邪？」答曰：「奴非鬼也，乃仙之流亞也。」少時出户不見。自此月三至，或飲之以酒，或啜茗而去，談幽顯之事，辭簡而理明。守將受代，二女復來，謂李曰：「與君款奉三年於兹矣，見君居常以禮自持，未有一言及亂【一】，器識洪厚，終當遠到。然君前世曾爲商賈，負人息錢甚夥，以貧不能償，故今世俾君羈蹇於壯歲。」因出書一封與至，曰：「俟改元太平，乃啓。不爾，當有禍。」既而太宗踐祚，改元太平興國，啓其封，見「太平興國二年，李至第二人及第」。既而果然。後歷清顯，入參大政，擁旄巨鎮而終。樂京著作嘗言。

校勘記

【一】未有一言及亂　「有」原作「省」，據明鈔本改。

梅侍讀

侍讀梅公詢，端拱二年第進士。清裕有才，早廁文館，坐在人下，泊滯者數十年【二】。景德中，嘗夢與一士人年甚少共射一石牛，梅中脅，少年者中首。至祥符中，真宗東封，詢被選於太平頂行事【三】，宿齋其上。是夕燔香再拜，默祈將來通塞之事。既寢，夢牛馬羊布野，有二牛鬥于前，一人被冠服，前謂牛曰：「伺呂公再入中書，鬥亦未晚。」牛遂解去。其後自尚書郎帶職知濠州，呂申公以太常博士通守郡事，儀狀酷似向夢中所見。又守倅之居花圃中，各有一小石牛。梅因省前夢，厚結於申公。寶元中，呂公入相，擢梅爲天章閣待制。其後申公自北都再持政柄，梅已爲樞密直學士，判審官院，又遷爲侍讀學士、群牧使【四】。是歲十二月得疾，出守許州，以至捐館。夢中所見牛馬，乃群牧使也【五】。二牛鬥者，其年歲值丑，十二月又丑也。二牛者，逢二丑而疾作也。神先告之矣。

評曰：君子居易以俟命。《語》曰：「富而可求也，雖執鞭之士，吾亦爲之。」明富貴貧賤以時而來，不可規圖而取。梅公早預俊選【六】，屯蹇不振，年殆從欲【七】，方遇知己。官歷兩省，職居禁近，擁旄巨鎮，克享遐齡。始否終泰，豈非命耶！

【二】坐在人下泊滯者數十年 「下」原脱，據《永樂大典》卷一三一三九補。「泊」原作「洎」，據《永樂大典》改。

【三】太平頂行事 「頂」，明鈔本作「山」。

【四】群牧使 「群」原作「郡」，據明鈔本、《永樂大典》卷一三一三九改。

【五】乃群牧使也 「群」原作「郡」，據明鈔本、《永樂大典》卷一三一三九改。

【六】梅公早預俊選 「預」，《永樂大典》卷一三一三九作「遇」。

【七】年殆從欲 「殆」原作「始」，據《永樂大典》卷一三一三九改。

韓宗緒

韓宗緒，龍圖贄之子。以父任補將作監主簿，皇祐秋鎮廳預薦。偶於相國寺資聖閣前，見其家舊使老僕，呼謂曰：「某今從送春榜使者。」又問：「榜可見乎？」曰：「若非某乙乎？死久矣，何得在此？」曰：「有司收掌甚密，不可得而見也。」又謂曰：「汝能密詢有我姓名乎【八】？苟無，亦可料理否？」僕許諾試爲盡力。又問：「復於何處爲約？」僕云：「復期於此，他處難庇某之迹。此地雜沓，人鬼可得參處。」他日如期而往，僕果在焉。遂開掌，見己之名在片紙上。揭其下，乃田寶鄰也。僕曰：「此人明年當登第，官甚卑。郎君亦自有科名，但差晚耳。況身已有官，故得而易之。若白身，則不可。」因忽不見。明年韓登第，曾以玆事說於親舊間。治平中，韓玉汝龍圖與供備庫使段繼文同使契丹，至雄州，段嘗爲雄之監軍，雄之舉人皆上謁。田寶鄰刺字廁焉。韓見之大驚，與段盡道所以。段復以韓事本末語之曰。遂齋戒，夜醮，作奏訴于帝。木炎嘗侍父官瓦橋，備知之。熙寧中，炎登第，爲岳州巴陵簿。縣令王澤嘗談怪異，王云：「應舉時，聞州東有一人常入冥，言人吉凶甚驗，遂率同人數輩就問之。其人在小邸暗室中，既見，遂以將來得失叩之，再三不語。俄又面壁而坐，云：『田寶鄰公事至今未了，安敢有他科場事？』不知田寶鄰何人也。」炎方省向者韓、段之言，寶鄰以累舉特奏名，其後官甚卑。

【八】汝能密詢有我姓名乎　「詢」，明鈔本作「看」。

南州壬子

虞部員外郎杜公彬罷滁倅，至闕奉朝請。一日遊景德寺，訪朝客不值。方假筆札以誌門，偶狂僧嚴法華者，自廡下直揖杜君。杜雅聞法華言事多中，因以平生未然之事諮之。僧奪筆索紙，杜以刺字之餘授之。大書云：「南州壬子。」杜不測其旨。後數月，授知漳州。到州閱圖經，則陳氏僞據日，目漳爲南州，杜嘆訝之。自揆以爲「壬子」者，有土之號，豈隱其爲州之意邪？後歲餘，杜終於任。其子煜，用浮屠法作七齋。飯僧次，煜因言及法華之事，取其書以示群僧。因觀其「壬」字中一畫差長，若「壬」字，遂以甲子推杜君卒之日，正壬子也。其子煜言之於魏泰，并出其書。

李侍禁

李侍禁齊，善袁許之術，士大夫多喜之。有別業，在華陰之東郊。其妻先卒，買一妾，生二子，一男一女。李既死，二子始髫齔。長男年二十餘，乃嫡室所出，與其妻謀曰：「二子長立【九】，當有婚嫁之費，且分我資産。能致之死地，家資悉我有也。」自此二子衣不得完，食不得飽，笞罵挫辱【一〇】，無日無之。俄得疾疫，遂絶其藥膳，雖杯水亦不與，相繼皆物故。妾不勝怨憤，日走伏齊壟，號哭以訴。數月，妾亦死。有鄰家子於閬巷，見齊

【九】二子長立　「長立」，明鈔本作「長成」，商務本《説郛》卷四四作「成立」。

【一〇】笞罵挫辱　「挫」，商務本《説郛》卷四四作「屈」。

手攜二子，妾亦侍側，顧謂鄰家子曰：「我長男不孝不友，虐殺弟妹，又令此妾銜恨而歿。若可語之，吾亦訴於陰府，不汝置也。」鄰家子知是鬼，將走避，因忽不見。鄰家子遽來告之，亦不之信。一旦，其妻具酒肴，會親舊女客於中堂，厥良獨坐書閣下【一一】。乃父自外至，數其罪，以杖擊之。坐客聞其號呼，悉往視，但見仆地叩頭服罪，言虐殺二子狀。數日乃死，其妻後數月亦死，田宅家貲悉籍没【一二】。噫，李齊之事不誣矣！世之人父死而謀害幼稚，以圖資賄者多矣。目睹數族，雖不若李爲鬼靈，但見其身夭折，子孫淪胥，以至無立錐之地。李齊之事，足使狠子庸婦聞之少警其心【一三】。董職方經臣親見兹事云。

李氏婢

賈國傳大沖嘗説，有李某屢典郡，既卒，家人歸京師舊居。有老婢，凡京城巷陌無不知者，家之貿易、飲膳、衣著，洎親家傳導往來，悉賴焉。邑君愛之如兒姪。明道春，方淘溝，俾至親家通起居，抵暮不歸。數日尋訪無迹。邑君曰：「是媪苦風眩，疾作墜溝死矣。」即命諸婢設靈座祭焉，家之吉凶亦來報。邑君泣曰：「是媪雖死，不忘吾家。」明年春，自外來，家人皆以爲鬼也。媪拜曰：「去歲令妾傳語某人至某處，風眩作，墮溝中。某人宅主姥見之，令人拯出，滌去穢污，加以藥餌，得不死，某誓傭一年以報。今既期，即辭歸。」往詢某氏，果然。是夕，有青巾男子見邑君夢曰：「我清衛卒也，向死于巷左。昨聞宅上

【一一】厥良獨坐書閣下　「下」，明鈔本作「中」。

【一二】家貲悉籍没　「没」後明鈔本有「於官」二字。

【一三】少警其心　「心」後明鈔本有「而不敢爲矣」五字。

失女使，設位以祭，遂假其名竊享焉。今聞已歸。」乃拜辭而去。

李比部

李比部從周，景祐四年，隨鄉書來京師，與數同人僦舍於麻稭巷。嘗五鼓而興，將謁親知於遠坊者。始啓寢户，即踣於地。奴僕扶視，氣息殆絶，至已午間，始惺然曰：「初啓關，見一鬼戴短脚巾【一四】，衣緑寬衫，黝面于顋，狀若祠廟中所謂判官者。以氣嘘之，如霜風之切骨，遂昏然，亦不知委頓於地也。」明年校藝，不利於南宫。

【一四】一鬼戴短脚巾　「脚」原脱，據明鈔本補。

胡殿丞

胡殿丞偃，潭州人。至和中，授峽州簽判，待闕荆州，僦居於公安門内，暇則坐於廳戺間。嘗有持刀鑷者，比日過門，植足注視，良久乃去。胡異之。一日，呼與小兒剃髮，因問曰：「汝常顧吾門内何也？」曰：「有一親識，姓某，在峽州爲吏，兼管冥曹，事多而身勞，欲公垂庇，是以日踵門而不敢言。」胡未之信。及至任，聚群胥，出姓名問之，有一人前曰：「刀鑷漢竟多口。」胡屢詢以冥司所職，但云未可輕泄。居無何，胡以先人忌晨，飯僧課經，具疏焚楮泉。迨明日，其吏至案前，以手就懷，探昨日所焚疏示，若新寫者，已而灰滅。且曰：「殿丞見迫，不敢隱，然某已得罪，而殿丞亦不免減禄算矣。」數日吏暴卒，期年，胡以病廢於家。得之李林秘校云。

謝判官

謝判官，平原人。寶元中，嘗爲曹州觀察推官。視事未幾，一夕夢老父引之入大第中。家頗豪盛，妳媪抱嬰兒，飾以文繡【一五】，指謂謝曰：「此君之後身也。」謝問此何郡，復誰氏之家，老父曰：「成都府陳郎中宅也。貲産甚豐，君心樂乎？」謝亦頷之。既寤，甚不懌，謂妻子曰：「吾其死矣。」日處致後事。既而秩滿，復調棣州判官。到官數月，又夢前老父復引至昔之第，有小兒衣紈綺戲階下，指謂謝曰：「此前日之嬰兒也，今始五歲，尚未語。」既寤，謂家人曰：「今日之事，必不可免。」居常戚戚不怡。考滿，又將赴調，復夢老父導之入門，見昔日之兒，冠緋帽，紫袍銀帶，立於堂阯。顧謂謝曰：「此子已讀書矣，若其謝我！」覺，大惡之，月餘病卒。其子訥，慶曆六年登進士第，親説如此。

劉觀察宅

京師保康門，有劉觀察之别第，每僦於人。翰林學士曾布，嘉祐丙申之冬，以鄉貢將試禮部。僦此第以居。一夕不寐，聞廳中有人呼曰：「太尉來。」既而又有若往來問訊，切切細語，或如傳授指令，皆以太尉爲稱，歷歷可審，甚訝之。翌日，究其宅之坊曲地里，

【一五】飾以文繡　「繡」，《永樂大典》卷一三一四〇作「緥」。

則韓通之故第也。通嘗爲王彦昇族於斯第之下。進士魏泰親得之於曾子宣云。

柴氏枯棗

邢州城東十餘里，周世宗之祖莊也。門側有井，上有大棗一株，世宗時柯葉茂盛，垂蔭一畝。恭帝既禪，棗遂枯死。明道中，枯卉復生一枝，長一丈餘，蔚然可愛，井中水如覆錦綉。柴氏懼，遂塞井伐木。明年，詔求五代帝王之後，柴氏自邢、蔡、虢等州諸族，被甄敘入官者三十餘人。井棗之祥，亦非虚應。

僧緣新

武陵郡西有佛廟，曰栗園【一六】，院主僧畜一犬，幾十年。一夕，夢犬語云：「累歲荷畜養之恩【一七】，今當與堤頭杜翁家爲男，故來奉辭。」僧既覺，不以爲意。黎明，侍者以犬斃聞，因大驚，乃策杖至堤頭，杜迎門謂曰：「何出之早也？」延僧坐。僧曰：「昨夕檀越家豈有子孫之慶乎？」翁對以息婦夜生一男。及詢以何由而知，僧遂以夢告，翁亦駭異。因許之爲浮屠，令以披緇剪髮，法名緣新。鼎人率知之。

【一六】曰栗園　「栗」，《永樂大典》卷一三一三九作「粟」。

【一七】累歲荷畜養之恩　「荷」，《永樂大典》卷一三一三九作「蒙」。

卷第六

王少保

少保王公明，開寶八年乙亥，拜秘書少監、黄州刺史。時王師問罪金陵，公帥師入豫章，市不易肆。至戊寅歲，受代徙傳舍。有黄衣來謁，延之坐，乃曰：「公總兵入州洎解任，不戮一人，惠及物者大矣。陰騭垂祐無彊。」袖中出一通青紙朱篆數幅，曰：「他日舟至大孤山，當有黄衣來謁，必能識之。」才出門，即不見。及至大孤山，果有黄衣吏至【一】。公大喜，亟召見，即以篆文示之。乃曰：「請紙筆，易爲真字。」即烏犀丸方，書畢而去。公神其事，遂依方合之，服者無不效。盛太尉乃太保之孫女婿，得黄衣親書本。盛疾作，服之亦愈。

范參政

文正范公仲淹，字希文。天聖中，以帖職通判陳州。時郡守以太夫人疾病，召一道士，俾奏章祈祐，築壇於正寢。郡守召公預其事，公竊笑曰：「庸鄙小人，安能達章帝所

校勘記

【一】果有黄衣吏至　「吏至」原作「口止」，據明鈔本補。

耶？但郡守以太夫人之故，多方以圖安耳。」既而復謂道士曰：「仲淹將來休咎，可得知之否？」道士曰：「唯，俟至天曹問之。」既而秉簡贄章伏于壇，自乙夜至四鼓，凝然不動，試捫其體，則僵矣。殆五更，手足微動，遽扶坐於床，飲以茶藥，良久謂郡守曰：「奉賀太夫人，尚有六年壽，所苦不足憂也。」又謂：「公禄壽甚盛，必入政府。」郡守問：「今夕奏章，何其久也？」道士曰：「方出天閽，遇放明年進士春榜，觀者駢道，不得出，是以稽留。」公益不以爲然，問曰：「狀元何姓？」曰：「姓王，二名，下一字墨塗之，旁注一字，遠不可辨。」既而郡守之母疾苦尋平。明年春榜，狀頭乃王拱壽，御筆改爲拱辰。公始歎道士之通神。事聞之畢國傅仲達、陳著作之方云。

麥道録

麥道録，本宦者，嘗爲入内供奉官勾當事材場。一日出西水門，有丐者死於汴河岸之側，有敗席短杖。時方大雪，獨不積其身。麥異之，爲市衫褲、麻屨、故巾，瘞之於隙地。他日奉使鄜延，至薄坂北一郵置，有一貧人詣門請見，仍云：「嘗受恩，故來致謝。」麥召見，詢其由，曰：「自頂至踵，皆君所賜也。」麥罔然良久，方省瘞丐者事，乃延坐與語，屏左右，移時而去。麥既回京，發瘞，但見席杖而已。麥遂棄官爲道士，爲左街道録，年九十餘卒。聞之於朱左藏允中。

楊道人

楊道人者，不知何許人也。往來郢之京山縣、豐國范頓市中。好與小兒戲狎，雖大寒甚暑，而未嘗巾幘衣裳，惟裸露。而或以衣服贈之，旋即施與丐者。故人尤惡視之。往往逆知人中心事。復州蘇繹寺丞得一燒朱砂銀法，試之有驗，往見之，楊即前曰：「澀澀酸，朱砂燒盡水銀乾。」更不復語。又彭長官者，欲求地葬其母，以紙干之，乞數字。直書云：「翻車二十五千。」既而果於翻車村得其地，以二十五貫市之。熙寧癸丑歲，辛子儀令京山，楊每來謁之，贈以衫帽，或留宿外齋【二】。雖設衾榻，密視之，已安寢於地矣。未幾索紙筆，横作二畫，自一二三四書訖，授子儀。諦視之，乃「四」字也。果至四月，而乃父棄世。道途商販皆云見其死於數處矣，而形狀不改。熙寧七年，卒於范頓豪民張繹家，爲買棺埋於市側。市民朱如玉方客京師，是日見楊來訪，不交一言。後朱自京師回，白縣，開其藏，惟空棺耳。其異迹甚多，能記其一二也【三】。辛都官子京録示。

李芝

廣州新會縣道士李芝，性和厚簡默，居常若愚者。間爲兩韻詩，飄飄非塵俗語。常讀史傳，善吐納辟穀之術。膚體不屢濯，自然潔清。髮有緑光，立則委地。所居房室，不施

【二】或留宿外齋　「齋」，明鈔本作「館」。

【三】能記其一二也　本句明鈔本作「今略記其一二而已耳」。

關鍵。邑人崇向，施與金錢衣服無算，人取去未嘗有言。或召設祠醮，一夜有數處見者。至和中，多虎暴，芝持策入山，月餘方出，謂之曰：「已戒之矣。」自此虎暴亦息【四】。余至和中親見之，今則尸解矣。

張白

張白字虛白，自稱白雲子，清河人。性沉靜，博學能文。兩舉進士不第。會親喪，乃泣而自謂曰【五】：「禄以養親，今親不逮，于禄何爲【六】？」遂辟穀不食，以養氣全神爲事。道家之書，無不研賾。開寶中，南游荆渚。時鄉人韓可玭爲通守，延納甚懽。會朝廷吊伐江吴【七】，軍府多事，因褫儒服爲道士。適武陵，寓龍興觀。郡守劉公侍郎墀、監兵張延福，深加禮重。嘗以方鑒遺張曰：「收之，可以辟邪。」白韜真自晦，日以沉湎爲事，傲乎其不可得而親者。往往入廛市中，多所詬駡，切中人微隱之事，衆皆異之。每遇風雪苦寒，則必破冰深入，安坐水中，永日方出，衣襦沔濕，氣如蒸炊，指顧之間，悉以乾燥。或與人爲戲，仰視正立，令惡少數輩盡力推曳，略不少偃。又或仰卧，舒一足，令三四人舉之，衆但面頳，其足不動。居常飲崔氏酒肆，崔未嘗計其直。家人每云：「此道士來，則酒客輻凑。」嘗題其壁云：「武陵溪畔崔家酒，地上應無天上有。南來道士飲一斗，卧在白雲深洞口。」自是沽者尤倍。南岳道士唐允升、魏應時，亦當時有道之士也，慕其人，常與之

【四】自此虎暴亦息　「亦息」，明鈔本作「遂息」。

【五】乃泣而自謂曰　「謂」，明鈔本作「歎」。

【六】于禄何爲　「于」，《永樂大典》卷二九四九作「干」。

【七】吊伐江吴　「吴」，明鈔本作「南」。

游。白天才敏贍，思如涌泉，數日間賦《武陵春色詩》三百首，皆以「武陵春色裏」爲題。一旦稱疾，亟語觀主曰：「我固不起，慎勿燔吾尸，恐鄉親尋訪。」言訖而絶，身體潤澤，異香滿室。傾城士女觀瞻累日，爲買棺葬於西門外。逾年監兵罷歸，其僕遇白於揚州開明橋，問：「方鑑在否？爲我語汝郎，斯鑑亦不久留。」僕歸具道，張駭曰：「渠死久矣，汝何見邪？」尋索鑑熟視，隨手而碎。又鼎之步奏官余安者，以公事至揚州，亦遇白攜大葫蘆貨藥。亟召安飲於酒肆，話武陵舊遊數日。安告行，白曰：「爲我附書謝崔氏。」余歸致書，崔氏覽之大驚，遽掘所埋棺，已空矣。白注《護命經》，窮極微旨，又著《指玄篇》。五七言雜詩，唐魏集而名爲《丹臺》，並傳於時。大抵神仙之事，見於傳記，若白之解去，此耳目相接，年祀未甚遠。今室而祠之，不惟衆所瞻仰，抑將傳信於永世也。斯皆柳應辰職方撰《祠堂記》略云。

靜長官

靜長官，真定人，登明經第。寡嗜慾，好道家修攝事。一旦棄妻子，遊名山，數年不歸。天聖中，先君與親舊杜獲、向知古會於磁州慕容太保之第。始然燭，叩門頗急，啓之，乃靜也。緼袍皂絛，布巾芒屩。把臂甚喜。詢其所往，曰：「自別，浪迹於山水間，良惟素志。今將歸真定視妻孥，聞諸君會此，故來相見。」既飲，靜曰：「方道舊爲樂，而酒薄不可飲，某有藥以資酒味。」於小囊中出藥一粒，如彈丸，投瓶中，復冪口。良久，飲之，氣味極醇烈。夜漏上四鼓，諸公皆酩酊就寢。雞既鳴，靜獨謂僕夫曰：「或諸公睡起，報云我且歸真定也。」既曉，相與歎靜藥之爲神。亟命健僕走真定，問其家，云：「未嘗暫歸。」余前年寓洛下，有醫助教靳襲者，於其家常帷一榻，枕蓐甚潔，人問其故，曰：「以待靜長官。靜今隱嵩，少間歲或一至，或再至。」靳氏以神仙事之。嘗以方書授靳，由是醫術大行，家貲數千萬。靜今年逾百歲，狀貌止如四五十人【八】，洛人多知之。

率子廉

衡嶽道士率子廉，落魄無他能，嗜酒，性狠悖，於事多不通。易辱人以言，人亦少與之接，故以牛呼焉。居山之魏閣，景甚幽邃，而子廉慵惰，致蕪穢委積而弗加芟掃，以是景趣湮沒，閣宇圮壞。游者以其境污人陋，亦罕到焉。故禮部侍郎王公祐，以中書舍人守潭州。立夏將命祀祝融，至衡岳，遊覽佛寺道廟殆遍。因訪所謂魏閣者，群道士告以摧陋無足觀，而王公堅欲一視。及至，則子廉猶醉寢。王公入其室，左右呼索之，而子廉醒未解。徐下榻，拭目瞪視王公，久之乃曰：「窮山道士，遇酒即醉，幸公不以爲罪。」左右皆股慄，而王公欣然無忤。其應答之言雖甚俚野，而氣貌自若。王公異之，遂載與還郡，日與之飲酒，所以顧待之甚渥，人亦莫諭何以致然也。間辭歸山，復止魏閣者又半年。然王公問遺

【八】狀貌止如四五十人　「十」後明鈔本有一「歲」字。

時時至山，復作詩二章寄之。一日，忽謂人曰：「我將遠行，當一別舍人。」即日扁舟下潭謁王公，且曰：「將有所適【九】，先來告別。」公曰：「往何地？」則曰：「未有所止，緣某一念所詣，則翩然徑行，恐爾時不復得別，故預耳。」王公留與之飲，居二日，辭歸魏閣。至之日，以書別衡山觀主李公。盥浴飾服，焚香秉簡，即中堂而蜕去。聞者驚異，李爲買棺厚葬之。殆半歲，有衡岳寺僧自京至於安上門外，見子廉，云：「來看京師即還，時蒙李觀主厚有贐行。」懷中出一書，附僧爲謝。李發其封，真子廉之書也，人皆嘆王公之默識。張都官子諒言。

許偏頭

成都府畫師許偏頭者，忘其名，善傳神，開畫肆於觀街。一日，有貧人弊衣憔悴，約四十許，負布囊詣許求傳神。許笑曰：「君容狀若此，而求傳神，得非有所禀而召僕也邪？」曰：「非也。聞君筆妙，故來耳，幸無見鄙。」即解布囊，出黄道服一襲，又出一鹿皮冠、白玉簪，遂頂矣【一〇】。引其鬚，應手而黑且長矣，乃一美丈夫也。許大驚，謝曰：「不知神仙降臨，前言戲瀆，誠負愧愓。」道人笑曰：「君可傳吾像置肆中，後當有識者。或求售者，止取一千錢，不可逾也。」許如命寫訖，未及語，携囊而出。許拜謝，已不見。許遂陳所傳像於肆，有識之者曰：「此靈泉朱真人也。」求售者日十數，許家貲遂日益。後以

【九】將有所適　「將」前明鈔本有一「某」字。

【一〇】遂頂矣　「矣」，明鈔本作「之已而」。

貪直，晝且不給，每像輒云二千。是夕夢道人謂曰：「汝福有限，吾嘗戒汝不可妄取厚直，安得忽吾言，促其壽也？」遂掌其左頰。既寤，頭遂偏，自是呼爲許偏頭。慶曆中，許年八十餘方卒。朱真人者，乃朱居士桃稚也【一一】。見《唐書》列傳、杜光庭《列仙傳》。事得之裴長官公願云。

張翰

張翰，江陵人，業進士。其父前妻生三子而亡，父再娶竇氏，翰，竇出也。竇之生歲月日時，不利於夫，遂減歲遷就吉辰，而歸於張氏。間與厥夫禱嗣於歸真觀之三清殿，祝辭以所減之齒告焉【一二】。繼育數子，而翰父物故。會歸真觀火，竇密以鏹五十萬與道士修殿宇。少時竇亦死。後數歲，翰忽爲神所憑，以手執髻，鞠躬曰：「聽聖語：竇氏以詐僞之歲，誣罔上真。又弗詢於子，私用家貲，已受考於陰府。今則爲異類矣。」事皆秘密，衆所不知者，如是不一。繇是荆人率聞之。噫，女子增減其年，以利適人者，爲過雖小【一三】，妄以告神，則罪大也。專取家帑以用構祠堂【一四】，不俾子知，神尚責怒，矧非理而用者乎！

【一一】朱居士桃稚也　「桃稚」，原爲兩空格，據明鈔本補。

【一二】以所減之齒告焉　「告」原作「皆」，據明鈔本改。

【一三】爲過雖小　「雖」，明鈔本作「亦」；「小」後明鈔本有一「又」字。

【一四】以用構祠堂　「祠堂」，明鈔本作「觀宇」。

卷第七

張龍圖

龍圖張公燾，即樞密直學士奎之子也。樞直爲殿中丞日，奉朝請在京師，税宅於汴河南小巷中，居常閉關。一日，有人叩門頗急，大呼曰：「小師入去，何故便不放出？」張起視之，乃一老道士也，疑其狂且醉，不復與之校量。良久乃去。邑君先妊娠，是夕生燾。燾景祐元年第進士甲科。後嘗誤食犬肉，夢黄衣使者逮至一府，宏麗如宫闕，見一道士謂曰：「何故食厭物？」張自辨，致曰【一】：「非敢故食，誤耳。」道士曰：「若然者，且止此，吾爲若言。」少選復出，謂張曰：「可謝恩。」乃引至一殿前，通曰：「張燾誤食厭物。」謝既，再拜而悟，汗流浹體【二】。景元神骨清粹，襟懷夷曠，豈非仙曹之被謫者歟！事聞之張容省元云。

孫副樞

寶元中，副樞孫公沔自小諫以言事，左遷監永州市征。嘗夢一道士喻以牽復之期，又

校勘記

【一】張自辨致曰　「致曰」，《永樂大典》卷一三一三九作「致辭曰」。

【二】汗流浹體　「體」，明鈔本作「脊」。

曰：「吾有少田在部下，爲人所盜，可爲正之。」俄而孫移倅長沙。因祠岳廟，遍游道觀佛寺。至九仙觀，見王真人像，克肖夢中之見者。詢其公財歲入，則云：「有田數百畝，爲鄰畔有力者所侵。」遂檄縣窮究，盡取故田還之。觀乃梁天監中建，後廢，唐刺史張覿復加營構。庭有磐石如壇，上可坐三十人。九仙者，皆輕舉於是地：晉道士陳興明、施存、尹道全，宋徐靈期，齊陳惠度、張曇要，梁張始珍、王靈輿、鄧郁之也。建昌李覯撰祀，章岷書石。

芙蓉館主[三]

慶曆中，有朝士冒辰赴起居，至通衢，見美婦三十餘人，靚妝麗服，兩兩並馬而行，若前導。俄見丁觀文度，擁徒按轡繼之而去。朝士驚曰：「丁素儉約，何姬侍之衆多邪？」有一人最後行，朝士問曰：「觀文洎宅眷將游何處？」對曰：「非也。諸女御迎芙蓉館主耳。」時丁已在告，頃之聞丁卒。辛都官子言云。

曾屯田

屯田外郎曾公奉先，嘉祐中知惠州。守居有蔬圃，役老卒守之，灌蒔尤力。凡曾所欲之物，必先致之。呼而問之：「汝常逆知吾意，何也？」老卒曰：「偶然耳。」再三詰之，但唯唯而已。曾自此善待之，時賚之以酒食。一日薄暮，老卒白曾曰：「苟使君厚顧，某非

[三] 芙蓉館主　「館」原作「觀」，據明鈔本及正文改。又《能改齋漫録》卷一八「石曼卿丁度芙蓉城主」條引《括異記》作「城主」。

碌碌者。今夜三鼓，乞使君一到園中，有秘術上聞。」曾欣然許諾。及期，將具公服詣之。家人皆曰：「豈有郡守夜半公裳謁一老卒哉？」遽止。黎明，報園子物故，仍於腰下得白金數十兩。曾惋歎不已，買棺殯於野。數月，有人自廣州來，園卒附書爲謝。視其墓四周摧陷，柩悉破露，發之，但緼袍巾屨在焉，曾以謂尸解也。追悔自咎者累月，因而頗失心。

郭上竈

郭上竈者，不知何許人。天禧中，嘗以備雇瀹湯滌器於州橋茶肆間。一日，有青巾布袍而啜茶者，形貌瓌偉，神彩凜然，屢目于郭。郭亦既疑其異人，又竊覘於袖間引出利劍。郭私念曰：「必呂先生也。」伺其出，即走拜於前曰：「際遇先生，願爲僕廝【四】。」呂不顧，東去。郭乃尾後，至一閴處。呂回顧曰：「若真欲事我耶？可受吾一劍？」郭唯唯，延頸以俟。引劍將擊，郭大呼，已失呂所在，乃在百萬倉中。巡卒擒送官，杖而遣去。自此京城裏外幽僻之所無不至，見人必熟視良久方去。問之，則曰：「我尋先生。」自此十年餘，不知所在。天聖末，有趙長官者，家居磁州邑城鎮之別業。忽有丐者緼袍而來，見趙再拜，曰：「某郭上竈也。」趙亦嘗識之，遂問：「見先生否？」郭曰：「周天下不之見。今爲大數垂盡，故來求一小棺，以藏遺骸。」趙大以爲妄。問曰：「何日當盡？」曰：「來日午時。」趙曰：「若然，當爲汝買棺。」仍告曰：「棺首開一穴。將一竹竿，通其節，插穴中，

【四】願爲僕廝　「廝」，明鈔本作「從」。

庶得通氣。」趙雖唯之，殊謂不然。明日午時，汲水浣身，卧槐下，遂絶。趙大異之，爲造棺。河朔乏竹，取故傘柄，通其中，插棺首，瘞之於河岸。仍恐爲狐犬所發，植棘累石以固焉。其年秋，大雨，河水泛漲，數日乃退。趙慮其柩爲水所漂，策杖臨視，其棺果露，而四際亦開。以杖撥之，但見敗絮，是亦尸解矣。趙嘗爲先君言之如是。

牛用之

道士牛用之，真定人。幼逮事常鐵冠。常鐵冠，邢州人。有道術，祥符中得召見。後隱泰山，復游天台，頗得考召符禁之術。自餘杭游姑蘇，落魄不事儀檢，好飲酒，啖葫蒜、犬肉。或傳其有道術者，人不之信。慶曆中，薛公純中舍監蘇州市征，嘗外嬖一官妓，其妻李氏性悍妬，不勝忿怒，謀害其夫。俟薛醉歸，以刃賊其要害。家人救之，獲免。會李之父母過姑蘇，聞之，俾其弟持藥飲之而斃。即夕爲厲于薛氏，擊户牖，碎器皿，或滅其燈燭，或嘯於堂廡，遂召巫覡辟除之，不能去。不得已，乃告牛，曰：「此細事，今夜可除之。」乃設酒饌於正寢，召數客共飲。既夕，牛設一案於戺下，上置銅鐸。始乙夜【五】，鐸忽鳴，沿案足而下，去地尺餘，如人携持，鳴振而去，久乃不聞。牛曰：「俾追捕女厲耳。」逮四鼓，鐸聲自南來【六】，俄頃入門。坐客如負冰雪，毛髮盡植【七】。牛乃取一榻，臨案而坐，如有所詰。問曰：「汝謀殺夫，死實其分，得不棄市，乃大幸也。安得更爲祟厲，以擾其家？」少選又

【五】始乙夜　明鈔本作「至一更」。

【六】鐸聲自南來　「鐸」前明鈔本有二「聞」字。

【七】毛髮盡植　「盡植」，明鈔本作「森豎」。

曰：「汝若不見聽，吾當請帝錮汝於石室中。如止要冠珥袿襦之類，翌日當與汝。」遂丁寧誡勵，遣去。明日，遂具其所要泊楮鏹數十萬，燔之城外，女厲自茲不至。牛後亦不知所在。欝林州推官崔迪，其夕與牛同飲於薛氏之館，目睹斯事。

畢道人

畢水部田，潭州人。有季父，幼嗜酒，不治生。嘗遊江湖間，衣弊褐，攜一扇懷袖間。置沙數合，偶有所適，則藉地取沙寫風雲、草木、蛟龍、禽獸之字，以扇扇之殆盡，乃欣然而去。嘗有賈姓者，過洞庭，方離岸，爲暴風所漂，幾至沉溺。忽見一人循岸，以扇招之【八】，舟漸逼岸，遂獲免。賈德之，默記其形狀。及艤舟，尋之，不復見矣。旬日，賈到長沙，偶於闤闠見之，邀歸酣飲，出金帛衣物爲謝。畢曰：「汝舟免溺，余何力焉！」固辭不受。强之，乃取衣服數事，旋以施貧者，一無所留。其後竟不知所在。得之李林宗秘校。

段穀

段穀者，許州人，累舉進士，家豐於財。後忽如狂，日夕冠幘，衣布袍白銀帶，行游廛市中。謳吟云：「一間茅屋，尚自修治。信任風吹，連簷破碎。斗栱邪敧【九】，看看倒也。每至「倒也」二字，即連乎三五句方已。牆壁作散土一堆，主人永不來歸。」遇其出入【一〇】，則有間

【八】以扇招之　「之」下原有「入」字，據《永樂大典》卷二〇二〇五删。「之」下明鈔本有「乃畢也」三字。

【九】斗栱邪敧　「邪」，明鈔本作「斜」。

【一〇】遇其出入　「遇」，明鈔本作「見」。

巷小兒數十，隨而和焉。人以狂待之，不以爲異。慶曆末病死，權厝于野。後數年營葬，發視，但空棺耳。王允成承制在許州親見之。

方道士

方道士，失其名，不知何許人，隱於塗陽之西山。磁州有護國靈應公祠，每歲二三月，天下之事神者四集，所獻奇禽異獸、巧工妙伎、珍肴異果，無所不有。至期，鄰郡之亡人多會於祠下【一一】，遊覽宴聚，以至夏初，社人罷去乃歸。方道士無歲不來，常以九蒸黄菁以遺交舊。一歲忽不至，皆謂徙居他山，或以爲物故。明年春，城隍廟神座後有死人，埃塵厚且寸餘【一二】，官吏將檢視，忽振衣而起，乃方道士也。復陪諸君酣飲月餘乃去，自是不復來。聞之學究向知古云。

高閬

高閬，蜀人也。本姓向，名良。少爲郡吏，抵罪亡命，遂易姓名焉。雖眇一目，而神檢高爽，善詩。來往江湖間，深得養生之術，飲酒至數斗不亂。許郎中申爲江東轉運使，每按部，必拉之同行。嘗艤舟貴池亭，有九華李山人者，與高有舊，因謁。許延之，使飲，各盡二斗餘，殊無醉態。高取釣竿，謂李曰：「各釣一魚，以資語笑。然不得取蟹。」乃鈎餌

【一一】鄰郡之亡人多會於祠下　「亡」原作「事」，後有小字注云「本亡字」，據明鈔本回改。

【一二】埃塵厚且寸餘　「埃」前明鈔本有「身上」二字。

投坐前甓罅中。俄頃李引一蟹出。高笑曰：「始約釣魚，今果取蟹【一三】，可罰以酒也。」後死於滁之琅琊山僧寺。將終，以玉笛授僧曰：「此開元中寧王所吹者。」然不知是否，時已幾百歲矣。許申孫子聞誨言【一四】。

孫鍇

孫鍇，不知何許人也。祥符末，嘗讀書於鎮州西山之書院。一日，採藥迷入深山，見茅茨數間，有道士据榻而坐，孫再拜問歸路。道士俾坐，熟視曰：「窮薄人也。今既遇我，當使汝足於衣食。」既而與丹砂一塊如拳，又授以一符，曰：「可以召鬼。」及教以符篆【一五】，謂曰：「今歲河朔大疫，汝以此砂書符售之。一符止取百錢，不可過也。召鬼之符，止可一用，蓋救汝之禍也，再用則不靈。汝其志之。」既出山，鬻符於市，果能愈疾。鍇遂市一牛騎之，戴鐵冠，披絳服，流轉至大名府。時太尉王公嗣宗守魏，擒而械于獄，將以妖誕惑衆黥配之。鍇謂獄官曰：「鍇非造妖者，間遇神人見教耳。」乞乘間白之，言鍇能令人見鬼及其祖先。王聞之，乃曰：「昔劉根嘗有此術。」命釋縛試之，果然。遂送闕下，補司天監保章正，專主符禁事。後砂盡術衰，遂逃去。寶元中，嘗詔天下捕之。

【一三】今果取蟹　「果」，明鈔本作「乃」。

【一四】許申孫子聞誨言　「誨」，明鈔本作「梅」。

【一五】及教以符篆　「篆」原作「傳」，後有小字注云「本篆字」，據明鈔本回改。

楊貫

楊貫，開封府寧陵縣人也。嘗兩舉進士，不預薦送，即改業明法。人或笑之，曰：「我誦法令，苟得入仕，則官業已精熟矣。」一夕，夢五色光來自西南，入寢室。光中有一道士，叱貫令起，謂之曰：「汝逮今三爲人矣。始爲屠，次爲人女，既笄而自縊。今乃得爲士人。爾頂有戴笄，頸有投繯之痕尚在，可視也。」貫曰：「人之膚理萬狀，安可便以屠者洎女子相誣乎？」道士曰：「爾以爲不然耶？」遂懷中探一鑑，令視之，則鼓刀【一六】、施朱之狀宛然。貫即再拜謝，又乞諭向去休咎。道士曰：「爾壽過中年，官至令長【一七】。」既寤，而大異之。明年，遂得明法出身。治平二年，調邛州録事參軍。今沅州推官吕昭吉時任司冠，屢與之飲，數爵之後，則頸上綆迹甚明。詢其故，貫具言夢之本末。及披髮，見肉胝圓五六寸，若窶數然。年逾五十，授潞州潞城縣令，到任而終。

張洒洒

道士張洒洒，失其名，不知何許人。天聖中，主西都張水縣之天禧觀。善淬鑑，經其手，則光照洞澈，他工不可及。或時童稚持鑑來治者，遇醉則或抵破之【一八】，或引之長三尺。小兒驚呼，乃笑曰：「吾與若戲。」乃取藥傅其上，以敗氈覆之，摩拭良久，清瑩如故。

【一六】則鼓刀 「鼓」，明鈔本作「操」。

【一七】官至令長 「令」下原爲一空格，據明鈔本補。

【一八】遇醉則或抵破之 「遇醉」，明鈔本作「偶遇其醉」。

得錢唯買酒，未嘗一日不醉。一旦拂衣入王屋山，立而尸解於藥櫃山中。始村人見有人立於岩石之上，久而不去，經旬往視之，故在，遂聞於鄉。嗇夫就而察之，乃一道士，拱立且僵也。嗇夫以爲不祥，推仆之。邑尉檢視，頂有一竅如雞卵大，殊無血漬，面色如生。尉聞嗇夫推僕，鞭之，即瘞放于解化之地。

卷第八

明參政

明參政鎬，器識恢敏，才學優贍。第進士，出入臺閣，累歷顯要。慶曆中，自京尹入參大政。未久，疽發于背。遣使致祭于岱宗，以祈冥祐。使者馳至岳廟祭訖，是夜宿廟下。睡中大厭，從者呼覺，曰：「夢神呼我立殿庭，見百餘人擁一荷校者，熟視，乃參政也。既而杖背二十驅出，我不覺大呼。」遂奔騎而歸。明已沉困，召使者問祭之夜夢中奚覩，具述所以。明曰：「然。」又云明始病數日，即似荒亂。有郎官某人，乃明之同年進士，素相厚善，明俾召至，謂曰：「何以不來相視？」郎官曰：「比爲參政暫請服藥假，不意實抱疾耳。」明曰：「曾見無頭鬼語否？」郎官大駭，曰：「豈未朝飡乎？」曰：「已食矣。」又曰：「豈未餌湯劑乎？」曰：「已屢進矣。」曰：「然則斯言何謂也？」明曰：「召同年，正欲説此事。」又曰：「來矣，可聽之。」郎官使聞如遊蜂、蒼蠅鳴地下。明曰：「語乃胸中出。向者妖賊據甘陵，奉朝命攻討。外圍既固，攻具備設，平在旦夕。不意文相國來撫師，將坐而收功，心實忿之【一】，遂妄殺數人。今實稱冤於我。病其不起乎。」數日遂卒。

校勘記

【一】心實忿之 「心」，明鈔本作「我」。

夫爲將三世，道家所忌，謂攻城野戰，玉石難分耳。明以己之私忿殺無罪者，宜乎見厲於垂死，嗣續汩而不振也。

徐學士

熙寧中，徐學士禧始受職官中書習學公事，自豫章侍親之闕下，舟行次彭蠡湖，昧爽而行，期早抵南康軍。俄而水面白霧四起，始慮風作，促舟人疾棹。未四五里，霧稍開，見二朱漆萬斛巨艦，旌旗赫奕，摇櫓者肅而不嘩，相去百餘丈，東南而逝。未二三里，又見朱艦，間以金碧旛旆，尤鮮華，亦相踵而去。少時，又逢二白艦，載甲士數千，戈戟森列，尾三舟而行。徐之舟人既見，俯不敢正視，然望其船遠而益小。洎抵他岸，皆若一履。宫庭湖廟，水經具載其靈。近傳有小龍者，多出處其中，豈其靈變耶？徐學士嘗言。

魚中丞

中丞魚公周詢，天聖四年第進士甲等。初命大理評事，知濟州金鄉縣。嘗晝卧書閣中，有守閤老卒入白事，但見烏蛇蟠於榻，矯首冠幘，叱聲甚厲。卒走出，呼侍吏共視之，乃見熟寢未寤。後至御史中丞而卒。張都官居方云。

祖龍圖

祖龍圖無擇，始登第，倅通齊州。歲餘，得告歸蔡州，營葬事畢，復任。後春季檢視官物，于禹城縣過石河灘沙中得片石，上有數十字，乃葬其先君之誌也。遣人視墳壟，無一抔之缺，竟不測其所從來。范郎中徽之言。

尚寺丞

司勳外郎尚公霖，祥符末以殿中丞知夔州巫山縣。有尉李某者，山東人，頗幹敏。一旦疾病，尚聞其委頓，日往臨問，曰：「萬一不起，可以後事告也。」尉曰：「願以老母幼女爲托。公儻垂仁惻，某雖死，敢忘結草之義乎！」尚泫然愍之。既死，出俸錢送其母及骨函還鄉里，嫁其女於士族。一夕，夢李如平昔，拜且泣曰：「某懇求於陰官，今得爲公之子，以此爲謝耳。」是月，邑君妊娠。明年，解官沿流赴闕。或遇灘險，隱約見尉在岸上指呼。將抵荆渚，又夢李報曰：「某明日當生，府中必送一合來，宜收之。」翌日，果誕一男子。府尹以合貯粟米遺尚曰：「聞邑君育子，以爲糜粥之具。」因字穎曰合兒【二】。穎性純厚，敏於行而篤於學，官至大理丞。張稚圭說。

【二】因字穎曰合兒　明鈔本此句作「字其幼名合兒其名曰穎」。

高舜臣

大名府進士高舜臣嘗言：其從兄祥符中爲衙校，董卒數百人，伐木於西山。一日，入山督役迷路，聞樂聲合作於山谷間。尋聲視之，見婦人數十，衣服華麗，執笙竽會飲於磻石上。居席首者召高坐其側，亦及以酒肴，謂曰：「吾欲婦汝何如？」高但愧謝。又曰：「汝今歸寨中【三】，吾將繼至。」是夜果往，高亦恍然不測。自此遇夜即至，室中帳帟枕褥之具備設，曉復失之，若此者逮一月。役兵取材既畢，與高同歸。高之父母聞之，大驚曰：「此子爲石妖木魅所惑也。」因即東廡而居，家人視之，則裝寢之具、冠衣之類，悉已張陳。高氏家人亦罕見其面，或見其冠珮，或見其裙襦而已。家屬相與憂懼，慮久而致禍，乃召巫覡，具符水禳詛之術。女子笑謂高曰：「我豈妖怪害人者？何見疑之深也。」儼然殊不顧。高氏家亦無奈之何。居半歲，高氏會客，烹牛爲饌，女子見而大駭，曰：「我以君積善之家，故願奉巾櫛於子，亦將福汝家，不意暴惡之如是。君家固不當留，亟送我歸也。」高白其父母，聞而大喜，立俾其子送之去西山數舍。其夜不至，高亦不敢復前，但望山悵恨而歸。高氏子竟亦無恙。大名進士陳倫因言神怪而及之，亦未以爲信。治平初，予爲大名鈐兵，進士王詹亦道其事，與陳説正同。舜臣後以累舉推恩，得州長史。

【三】汝今歸寨中　明鈔本此句後有小字注云：「寨者，役兵師居。」

王慶

諸司副使王慶，皇祐中差知豐州。性剛暴，刻而少恩。一日視事，忽覺頭昏痛不可忍，捫其首，生兩角，僅二寸許。數日，大叫而死。

有李顓者，景□初登進士第。性豪蕩不檢，爲邢州觀察推官【四】，病疫死。既斂，其頂髮如珠，有二角長一寸餘。左藏朱允中、大邑主簿王綱言。

孫翰林

慶曆中，楊内翰偉郡封坐堂上，見一老嫗，蓬髩敝衣，徑入子舍。詢何之，不應。頃之復出，語云：「郎君教我來，老息婦不敢自事。」遽呼左右逐之，出中闔，即不見。乃召子婦詰之，云：「老嫗言來日郎君欲就息婦房中宴飲，方責其妄語，即便走出。」舉家驚愕。翌日，宅中濃霧昏塞，子舍尤甚，辛螫口鼻，不可嚮邇，門闔不能開。久之，聞語笑歌管之聲。自辰至申，昏霧漸釋，排户而入，詢其所以，云：「有一少年與我歡飲，器用珍麗，筵設華煥，飲饌音樂無不精美。我亦忘身爲楊氏婦也。」然精神頗亦失常。即召劉捉鬼者禁劾之，不能已。聞翰林孫郎中專主符禁，亟俾視之，曰：「此鬼廟在東南三十里，將爲神矣，何敢爲如此事？」遂書二符致婦寢室之門，又曰：「彼知某今日到宅【五】，明日定不

【四】爲邢州觀察推官　「爲」原脱，據明鈔本補。

【五】彼知某今日到宅　「彼」原脱，據明鈔本補。

來，更一日必至。宜令其夫洎女使二三人守之。鬼若不得入婦室，當變怪於外，蓋欲誘之出也。出則不可治矣。」越一日，果至，雖昏霧如初，獨不入子舍。俄而郡封中惡，婦欲奔視，制之不得出。少時霧氣解散，郡封亦復故。孫乃與楊公假靜宅作壇奏章，自兹不復來。孫云：「已囚海上石室矣。」慶州察推張偉嘗言之。

黄遵

黄遵者，家興國軍。性疏放，頗知書，而能丹青，善傳人之形神，曲盡其妙。事母篤孝，凡得畫直，未嘗私畜，供甘旨外，悉歸於母。慶曆中，遵忽感疾而死。凡三日，心尚暖，母不敢斂。是夕，遵復甦。家人扶坐，問皆不語，遽索紙筆，圖一人形容。良久乃語：始入一公府，見廊廡肅静，皆垂簾。閽吏通曰：「興國軍黄遵今追到。」有吏問遵曰：「爾黄遵耶？」遵曰：「唯。」即前謂吏曰【六】：「遵未嘗有過，何以見逮？」吏曰：「爾算盡，乃至此。」遵方知身死，遂號泣拜曰【七】：「母老無兄弟，乞終母壽。」吏曰：「此不敢與聞。」遵拜泣不已，吏哀其誠，乃曰：「俟主者來，若自告之。」移刻，兩廡吏喧然，曰：「至矣。」一吏升堂，軸簾，東北隅有户洞開，朱衣吏數人前導【八】，見一人紫衣金帶者升堂坐。諸吏僅百人列階下，致恭畢，分入諸局。始見領數十人，荷校者，露首者，至紫衣前訊訖驅出。已而呼遵，問里閈姓名，遵號慟叩頭拜曰：「念母老無兄弟，遵若死，母必餓殍，乞終

【六】唯即前謂吏曰　「唯」原作「准」，據明鈔本改；「即」原脱，據明鈔本補。

【七】遂號泣拜曰　「拜」，明鈔本作「懇」。

【八】朱衣吏數人前導　「衣」原脱，據明鈔本補。

母壽。」遵叩階【九】，額血濺地。紫衣顧左右，索籍視之，久乃謂曰：「汝母壽尚有十餘年，念爾至孝，許終母壽。」紫衣以筆注其籍，命左右速奏覆。遵拜而出。復呼之，命俯階戺，問曰：「汝在人間，與人傳神者是乎？」遵曰：「愚昧無能，僅成其形耳。」又曰：「爾識我否？」遵曰：「凡目豈識神儀？」曰：「我乃人間所謂崔府君也。爾熟視吾貌，歸人間寫之，然慎勿多傳。若所傳惟肖，恐人間祭祀不常，返昏吾慮，記之勿忘。」自後遵在興國，凡所寫者三本，正一畫於地藏院，二爲好事者所取【一〇】。厥後十年，母以壽終。既葬，服除，遵一日遍辭親識，因大醉數日而卒。前進士朱光復嘗遊興國軍，熟知其事。

劉德妙

寶元中，夏英公爲陝西路安撫招討使，駐兵鄜畤。嘗與僚屬言：向自知制誥出守安陸郡，有羈管婦人劉德妙，言事頗中，因呼而問之：「爾有何能，爲丁晉公所知？」劉曰：「某本捧日軍之營婦也，嘗出詣親家，憩於汴上柳蔭。忽一人巾幘紫袍，就己而坐。云是扶溝縣隸事，『有事之府，溺水而死。訴於陰官，俾我復生。至則身已壞，然尚得處於陽間，今欲憑附於汝。我能知人未萌之休咎，言既驗，人必以愍謝汝。若事我，以此爲報。』某懼不敢答。洎歸，鬼亦隨至，他人不見也。夫亦不信。則夫婦皆若寒熱嘔泄，不得已事【一一】。始則火伍中人來占事，悉驗，俄而里巷皆知。既而公卿之家呼召相繼，晉公不

【九】遵叩階 「遵」，明鈔本作「即」。

【一〇】二爲好事者所取 「取」，明鈔本作「請」。

【一一】不得已事 「事」，明鈔本作「而事之」。

欲詧婦出入卿相之門，遂度爲女冠。丁公南遷，某亦連坐，編致斯郡。實無他術，但萌於心，則鬼知之。」夏曰：「吾心有一事，爾知之否？」劉曰：「知之，但乞先書而糊其外，方敢言也。」某是時苦家貧，干執政求知益州，遂屏左右，書畢封置於案。劉言如所書，仍云事亦不諧，既而果然。予榷酒於彫陰【一二】，具聞其説。

税道士

景祐中，利州道士税某，善妖幻洎符禁之術。利之富民或有所求不與者，即爲壇於密室，置大桶於前，被髮仗劍，追其魂神入桶，覆之以石，其人乃病。然後假以符水或祠醮，謝以財【一三】，乃去石遣之，其人遂愈。市井有鬻籠餅洎諸肉者，求之即愈，不爾遂化爲白鴿飛去，或即蟲出。利人皆神而畏之。嘗怒一僧，遇野外【一四】，作法叱之。僧足如植，手亦不能舉，恣行鞭棰。僧密訟於官，命賊曹擒捕，先沃以犬彘之血，術無所施。獄具，遂斬於市。

寇萊公

寇忠愍初登第，授大理評事，知歸州巴東縣。時唐郎中渭方爲郡，夕夢有告云：「宰相至。」唐思之，不聞有宰相出鎮者。晨興視事，而疆吏報寇廷評入界，唐公驚愕，出郡迓

【一二】予榷酒於彫陰　「予」原作「弔」，據明鈔本改。

【一三】謝以財　「謝」前明鈔本有一「厚」字。

【一四】遇野外　「遇」後明鈔本有一「於」字。

勞，見其風神秀偉，便以公輔待之，仍出諸子羅拜。唐新飭轥軥，致廳之左。寇既歸，其子拯白其父曰：「適者寇屢目此，宜即送之。」寇果詢牙校：「何人知我欲此？」遂對以：「十四秀才。」既而力爲延譽，拯於孫漢公榜等甲成名【一五】。

魏進士

建州進士魏某者，富有詞學，履行温慤，家亦頗豐。天聖中，屢冠鄉書，既預計偕，夢一衣緋衣人，命徒執之棄市。始謂必捷科第，既而不利於春闈，凡三舉皆然。後歸鄉閭，有鄰里少年對語不遜，因掌之，即仆地死，警卒捕送于官。時裴郎中守是郡，聞其學行爲衆所推，欲骫法脱之，闔郡官吏亦爲之言。而魏白郡守曰：「某殺人償死，職也，安敢仰累明公？某三預薦書，必夢緋衣人命徒執赴市就刑。今明公姓裴，乃緋衣也。某邂逅一掌致人於死，市死乃前定也。」將刑，一郡士庶無不爲之嗟惜。管師復言。

德州民

德州德平縣民某氏者，父子數人耕田甚力，家頗豐厚。其弟素貧，傭以養母，兄未嘗有甘旨之助也。慶曆中，新搆瓦室三楹，所居前後植柳數百株，枝如拱把。一夕大雷電，野叉數頭相逐，繞其居，折柳盡髠，牙擊屋瓦。明日視之，無一瓦全者。泥淖中足迹長二

【一五】等甲成名　「等」，明鈔本作「登」。

尺餘，柳棓悉長三四尺【一六】，皮盡剥，瑩滑如削，遠近居民悉取而藏之。予嘗親至平原，人説如此，亦見其所折柳枝。

【一六】悉長三四尺　「三四」，明鈔本作「二三」。

卷第九

毛郎中

毛郎中晦，熙寧初年，惟一妻一子，處家于荆州。常有一女厲朝夕在其家，語言歷歷可辨，自稱田芙蓉。家人出入動静，無不察也，言與邑君有宿冤。或問：「何不遂報之？」曰【一】：「渠尚有數年壽耳。」然所須之物，往往應索而至。久之厭苦，邑君謂曰：「吾爲汝修功果【二】，能他適乎？」鬼曰：「善。」因賂二僧，俾誦佛書，具疏燔之。鬼去數日復來，曰：「僧之誦經妄矣，止誦一卷，餘則未嘗讀也，是以復來。」詰其僧，果然。鄰家毁之曰：「此邪魅也，何足畏？」鬼大罵，發其帷幕之私，曰：「此乃邪爾！」常曰：「我今往瓦市遊看。」毛密遣僕，使探其伎藝者。歸而詢之，一皆符合。其後毛之子中庸調補永之祈陽簿，舟行次石首縣，鬼繼至，曰：「解纜何故不相告？俾我晝夜奔赴百餘里，足今趼矣。」至零陵二歲，邑君卒，鬼自是而絶。余在荆州親見。

校勘記

【一】曰　原脱，據明鈔本補。

【二】吾爲汝修功果　「果」，明鈔本作「德」。

崔禹臣

崔禹臣，熙寧初以職官知濰州北海縣。冬夜坐書閣中，窗外有小圃，聞若環珮聲，又如往來誦佛書者。月色微亮，穴窗視之，見一物長七尺餘，周身白毛熠耀，口中咄咄不已。大呼遽呼從人擒之，乃鬼也，面黝髮蓬，身縈藻荇，冰乳四垂，行則丁冬，遂以挺毆之。終不能斃，刃曰：「我爲若有災，來此念經消禳，何謂捶我也？」即命左右互以巨撾痛擊，終不能斃，刃之不傷，火之不灼，但覺縮小，長三尺許。遂錮縛。既曉，投之大水。良久，躍高丈餘，已復如舊，少選遂没。是年崔以公事失官。崔亦自有傳。陳向秘丞言【三】。

張郎中

張郎中薦，高密人，登明經第。山東風俗，遇正月，取五姓處女年十餘歲者，共卧一榻，覆之以衾，四面以箕扇之。良久有一女子如夢寐，或若刺文繡，或若事筆硯，或若理管弦，俄頃乃寤，謂之扇平聲。天卜以乞巧。薦有女十餘歲，因卜，有一仙女日來教之。遇其去，即留一女童爲伴，他人弗見。自此凡女工、音律、書札，不學而自能。歲餘，女晝寢，忽驚呼而覺，曰：「仙女今日上天赴會，令我與童子偕在園中嬉遊。園有一井，覆以巨石，戒童子曰【四】：『勿令此女窺井也。』仙女既去，我遂發石觀之，見群鬼異形怪狀，攀緣爭

【三】陳向秘丞言　「陳向」前明鈔本有「此但録」三字。

【四】戒童子曰　「戒」，明鈔本作「仙女去時謂」。

出。我驚呼，童子遽取棓亂捶，鬼復入，取石窒之。自此仙女怒而去。」既笄而嫁，生數子。先君與薦善熟，聞其事。

張司封

建州有張氏夫婦，俱四十餘，無子，居近城隍廟，屢禱於神以求繼嗣。歲餘，夢神告曰：「汝夫婦分當無子。我念汝告禱之虔，今以廟中判官與若爲嗣。」既而其妻妊娠，生一子名伯玉，第進士，舉書判拔萃，曆臺省，仕至主爵正郎，典數郡而卒。其才藻廉勁，爲當世所尚。而嗜酒不修飭，垢貌蓬髩，如土偶判官焉。

薛比部

薛比部周，至和中以殿中丞知益州成都縣。其妻卧疾，二婢致藥以殺之。薛執二婢送官，劾之伏罪。一婢妊娠已數月，薛以牒訴其詐，遂俱就戮。既而婢與所妊之子形見其室，訴于薛曰：「兒不當死，何以枉害我【五】？」晝夜聆其語，然家有吉凶，鬼亦以報。薛後監鳳翔府太平宮【六】，則鬼不至，他所則來。嘉祐中，薛自尚書外郎出典涪州，行至始平縣，鬼曰：「公將死，無用往。」即乞分司歸長安，不逾年遂卒。

評曰：父母殺子，於官理置而不論【七】，矧在胞中形氣未具者乎！而遽有冤死

【五】何以枉害我　「我」，明鈔本作「薛」。

【六】太平宮　「宮」後明鈔本有「止其中」三字。

【七】於官理置而不論　「理置」，明鈔本作「不宜置」。

之訴，豈釋氏所謂寃宿世者如是耶！　張靖學士云。

陳良卿

進士陳良卿，景祐四年，自永州隨鄉書赴禮部試。十月，至長沙。夢一人引導入巨艦中，見一道士，自稱清精先生，與之談論，辭語高古，而義理邃博。謂陳曰：「吾已薦子於堯，爲直言極諫。」陳曰：「堯今何在？」曰：「見司南岳。」陳曰：「堯乃古聖君也，安可在公侯之列？」先生曰：「堯人間之帝也，秉火德而王，棄天下而神，位乎南方，子何疑焉！」陳辭以名宦未立，俟他日應【八】，乃許以十年爲期。既寤，甚惡之，爲《異夢録》以自寬。明年，登甲第，調全州判官，道出岳州南一驛。偶晝寢，夢使者持檄來召。遽驚覺，喟曰：「豈堯命乎？」同行相勉，以夢不足信，復執書帙卧讀之。晚食具，呼之，已卒矣。夢中約以十年，乃自得夢至卒，正周十月耳。豈鬼神不欲明言，以一月爲一年乎？

【八】俟他日應　「應」，明鈔本作「先生」。

羅著作

著作羅紹，漢陽人，居府五通神祠。其鄰家歲畜一豕，以爲祀神之具。豕無欄豢，多壞羅之藩籬，入其宅，且穢污之。羅屢誡其鄰，殊不少聽。紹父擒其豕，截去一耳。鄰人見之，不勝其憤，日夕訴於神，且云：「此豕本是神所享，今爲羅某所損，歲已乏祀，願神速報之。」既而生紹與其弟，各無一耳。余親見之。五通神能禍福於人，立有應驗，其可駭哉！紹進士及第，終著作佐郎云。又公安富民鄧氏者，少時因見二犬交，即戲以刃斷其勢，後生二子俱閹。初爲荆南牙校，其狀貌真閹也。事與羅紹相近，故附之。辛都官子言録。

陸長緒

陸長緒，吴郡人。第進士，以職官知襄州穀城縣。其爲政務疾惡，而遂至外暴察苛急，視群吏若仇讎，朴撻殆無虚日。一日晚坐廳帊，有黑犬自門直入，怒目狂吠，躍而升廳。陸號呼，群吏競持挺逐之，入吏舍，忽不見。既而陸妻死，遂百鬼進其舍。陸子幼，有數婢，往往白晝見少年入婢室。陸大怒，縛群婢搒掠，至髡鈦烙炮以訊其姦，而終不得狀。又堂前舊作盆池植蓮【九】，一日盆出於外，而無發掘之迹，遽命埋之，越宿復然。陸自臨視，照水見其形，冠服非常，而立侍皆群鬼，陸大怖。又有聲於梁棟間，漸與陸語，索紙作詩，始見數字在紙，每讀畢一句則一句出，而前句旋滅，其語大略皆譏戲陸也【一〇】。如是二年，解官，怪始絶。長緒自爲人言如此。

【九】堂前舊作盆池植蓮　「作」，明鈔本作「有」。
【一〇】其語大略皆譏戲陸也　「語」，明鈔本作「詩」。

寇侍禁

寇侍禁立，嘗爲三司大將，與同列李某者，皇祐中部督香藥往廣信軍，納畢回京，宿於定州永樂驛之堂。時苦寒，乃熾炭炷燈，擁爐而坐。夜將二鼓，李某先寢。堂後呦呦然如小豚相逐，亦不以爲異。俄頃門轟然大闢，一媼長二尺許，蓬髩傴僂而前，以口噓燈，焰碧而將滅。寇大驚，以杖擊之。媼走，寇逐之，顙抵門扉，偃仆于地，即開堂之前門，將走外廳，呼其從者。忘廳後之有屏也，頭又觸之而踣。因大呼，驛吏與僕廝秉火而至，見寇顙破血流，燈檠且折，門閉如故，李以被蒙首伏床下。詢之驛吏，云：「嘗有斯祅出自堂後古城小穴中。」寇自說如此耳。

張尚書

張尚書存，冀州人，家富於財。策進士第，累歷臺省館閣清要之職，致政歸鄉閭。一夕，圉人見一犢盜食馬粟，逐而捶之，但見白光奔宅門，遂失之，門閉如故。翌日張病，肌骨痛者數日。間策杖詣馬廄，問圉人云：「旬日前夜見何物？」圉人曰：「見一犢竊啖馬粟，擊之，化爲白光而去。」張曰：「後或見，不可擊也。」圉人頗疑之。歲餘，病亟，閽者見一犢自宅門出，追視乃不見。俄聞宅中哭，乃尚書也。朱左藏允中言。

姜定國

高密姜定國，業九經。一夕寢于家塾，夢二人身長而貌狠，怒氣勃勃然，謂定國曰：「吾身長丈八，可殺汝，可噬汝。」定國驚魘號呼，拒之而退。明夜，復夢如初。大懼，乃徙其寢具，與門下客同榻。客取刀斷之【一一】，少頃一蛇復至，客又殺之。明日度二蛇，果長三尋。定國後登九經第，今爲幕職官。聞之吉推官仲容。

傅文秀

禮賓副使傅公文秀，嘗自京挈家歸鳳翔府陽平鎮之故居。既而其兄之女爲物所憑，暮則靚妝麗服，處帷帳中，切切如與人語。家人問之，不對。若是者殆半歲。鄜有善制鬼者羅禁，以其能符禁，鄉人呼爲羅禁，傅召使視之，遂以法劾其女。乃云：「吾韓魏公之子也，昔侍父鎮關中，以病死于長安驛舍。昨日傅族經由，悦其女美，因而婿之。」羅再三訊詰，辭頗屈伏，遂去。後數夜，號呼於堂下曰：「汝雖絶我婚，當歸吾子也。」再飲之以藥，下塊肉如拳。自此不復至。董職方經臣言。

【一一】客取刀斷之　「客」前明鈔本原有四空格，「客」後明鈔本有「見一蛇至」四字。

胡郎中

胡郎中楷，慶曆中，予偶會於真州【一二】。嘗言有親舊赴官湖湘，舟行至鄂岳間，舟忽不進，舟人亦無以施力。其人焚香奠酒，披秉再拜，懇誠以禱。良久，舟寂然而逝。他船見其舟後有枯木查牙，躍高數丈，復沉于水，不知何物，豈蛟龍之變化乎？

僧行悦

長白山醴泉寺，乃景德寺西禪院之下院也。歲久頽圮，僧行悦志欲營葺，因市靈岩川董將軍莊大木百餘章【一三】，有大榆，其上巨枝岐分，向因雷雨，枝間有大足跡，長僅一尺。僧伐視之，上下如一，因斷爲數十百片，俾其徒僞稱佛所踐履，持之化誘諸郡，三歲得錢五千萬。寺宇一新，頗極壯麗。事在天禧中，李省山人目睹。

評曰：佛之徒以因果禍福恣行誘脅，持元元死生之柄，自王公而下，趨向者十八九。悦又能假詭異之迹，俾夫庸愫者破帑傾篋而甘心焉。嗚呼！人之好怪也甚矣！

【一二】予偶會於真州　「予」原脱，據明鈔本補。

【一三】因市靈岩川董將軍莊　「市靈」原作「靈市」，據明鈔本乙正。

康定民

康定軍未建時，古城卑缺，人得而踰。有邑居王某，與北郊村民聯親。景祐五年秋，村民爲子娶婦，王赴其花燭。中夜，二姻家交爭紛然，王不喜，遂於厨中得爨餘柴枝，長三四尺，持之以歸。時月色微明，行二三里，過古道，有小兒約十數歲，遽來持王衣裾，啼哭不已。問其家，亦不答，乃力解其手。未數步，又來相逐，遂以所持柴枝擊之，即仆地不聞鼻息。王默念曰：「兒定死。」大懼，又慮路人見而迹露，乃疾走踰毁垣而入。翌日，不敢出門，恐官捕殺人者。日既高，不得出里巷伺探消息，寂爾不聞，遂由舊路覆其事。惟見一朽腐棺板，長三尺餘，中微骨折，尚有火煤之迹。其古道左右皆土崖，高五六仞，居民多穴之以瘞小兒。蓋游魂憑而爲變耳。

鄭前【一四】

治平中，武昌縣令鄭前，嘗覺腠理不寧，晝寢曲室。夢一老父，古衣冠，揖鄭曰：「君小疾，煮地骨皮湯，飲之即愈。」鄭曰：「素不奉展，何故至此？」云：「我西漢時與君嘗聯局事。君已爲三世人，我尚留滯幽壤。」即詢其名氏，云：「前將軍何復。或欲尋吾所居，可來費家園也。」臨別口占詩一絶，云：「與子相逢西漢年，半成枯骨半成煙。欲知土室

【一四】本篇及下篇，明鈔本歸於卷十中。

長眠處，門有青松澗有泉。」鄭官滿，之鄂渚，遊頭陀寺，山下城小路見叢薄蔚然。問寺僧，乃費家園也。道次有斷碑，字已漫滅，惟有何復字可辯。冢前有澗水，泊老松數株。

王承制允成時爲巡繳，具知之。

陳州女厲

慶曆、皇祐中，陳州通判廳夜有婦人嘗出，與人笑語，或見其狀頗美。詢其名氏，曰：「我孔大姐也。本石太尉家女奴，以過被殺。」問：「何不他適？」云：「此中亦有所屬，安得自便耶！」時晏相國鎮宛丘，屢倚新聲作小詞。未出，鬼即嘔唱於外。或早暮人有登廳卮，忽於掖下作大聲，人恐悸，則笑。有市買卒時被驚喪所持，甚苦之，遂常以刀自隨。後復來驚，隨聲斫之。數夕，但聞呻吟曰：「聊與汝相戲，何故傷我如是？」自此遂絕。

卷第十

鍾離發運

鍾離瑾，開寶間宰江州之德化。明年，將以女歸許氏。居一日，諭其胥魁，俾市婢以送女。翌日，胥與老嫗引一女子來，問其何許人，嫗曰：「撫之臨川人也。幼喪其親，外氏育之。」女受嫗戒，亦不敢有他言。君視事少間，歸遇于屏。是女流涕有戚容，且疑其家叱罵【一】，詰曰：「不然，某之父昔曾令是邑，不幸與母俱喪，無親戚以爲依。時方五歲，育於胥家十年矣，且將爲己女。今明府欲得媵妾，胥與嫗以某應命。適見明府視事，追感吾父，不覺涕零。」君大驚，呼胥嫗以審，如女言。誡家人易其衣食，如己所生，以書抵許氏，告緩期：「姑將輟吾女之資以嫁焉。」許亦惻然。復曰：「君侯獨能抑己女而拔人之孤女，予固有季子，願得以爲婦，安事盛飾哉？」卒以二女歸許氏。久之，君夢一緑衣丈夫造庭，拜而謝曰：「不圖賤息辱賜於君，然得請於帝，願奉十任有土官，故來致命。」後果歷十郡太守，終於江淮發運使。今鍾離氏有仕籍於朝常十餘，獨出君之後，故世爲肥之冠族。若許之名爵，父老已失其傳。嗚呼，二君之用心，非有求於世者，特發諸至仁耳！彼附貴而親，靦然

校勘記

【一】且疑其家叱罵　「叱罵」，《永樂大典》卷一三一三六作「呫抶」。

自以爲得，獨何人哉！施報之事，儒者蓋鮮言。若蛟龍斷蛇【二】，杜回結草，千古豈苟傳？亦有以警勸云。

蔡侍禁

蔡侍禁者，故參知政事文忠公之近屬也。景祐中，常爲京城西巡檢。一日，冠帶坐廳事，有緑衣蒼頭展刺云：「郎君奉謁。」旋見一少年，狀貌如十五六人【三】，衣淺黄衫，玉帶紗帽，升階拜伏，自稱「郎君」，云：「前生與兄爲昆弟。」固請納拜。蔡知其異，不得已受其禮。與之偶坐，凝定神思，拭目熟視之，曰：「郎君必天地間貴神也，何故惠然相過？」曰：「先居安上門譙三十年，今期滿，爲皇城司主者所遣，故詣兄求一居止之所。」蔡曰：「某之廨宇湫隘，豈堪郎君之處也？」即詣西廡下貯蒿秸之室，曰：「乞糞除之，補隟封户，得此足矣。」乃辭去。蔡亦僶俛，令從者潔其室，而扃鎖焉。少時，有虹梁自東南抵室門而止，驢駕橐駝負載巨橐者，罔知其數。復有金飾犢車，垂珠簾，張青蓋者數十乘。又有衣錦袍，屬橐鞬而騎者，執撾而趨者，左右前後亦數千人。有伶人百餘，衣紫、緋、緑袍，奏樂前導。郎君者，乘馬按轡徐行，其後又有臂鷹隼、牽獵犬洎四夷之人數百，偕入於室中。大抵類車駕之儀仗，他人弗之見也。俄頃郎君復至，敘謝再三：「幸得居此，必無絲毫奉擾。苟有凶吉，謹當奉報。但勿令家人穴壁竊覘。或要相覿，宜焚香密啓，即至

【二】若蛟龍斷蛇　「蛟龍」，明鈔本作「叔敖」。

【三】狀貌如十五六人　「六」後明鈔本有一「歲」字。

矣。」言訖不見。蔡氏舉族大恐怖，雖白晝不敢正視其室。月餘，寂無他怪，間聞合樂聲，如聞風吹【四】，傳自遠而至者，自此差不懼。蔡之細君由隙窺之，見郎君者乘步輦，擁姬侍數百，皆有殊色。樓觀壯麗，池館邃袤，若宮室然。蔡有男，卒已十餘年，亦侍其側。因燔香已告【五】，郎君即至，曰：「嫂何爲者？」對以求見亡男。曰：「嫂子在郎君處甚樂，無用見，恐因驚而他適，則有所苦。」懇告以母子之情，呼出。母見即大慟，急就之，遂滅去。嘆曰：「果驚去矣。」又數月，遇蔡誕辰，贄紈素數匹以爲壽。舉視之，若煙綃霧縠，又如以蛛絲組織而成，固非女工之所能杼軸也。逮半歲，來告曰：「兄已授明越巡檢，明日宣下。今先兄往彼擇闃室而止焉【六】。揚子江神相與素善，恐知是親戚，故起風濤相戲，不須憚也。」言訖即不見，虹梁自室門而起，南望無際，輜重儀衛如來時。翌日，果徙明越巡檢。將至任一日，郎君前方丈悉水陸珍品，顧蔡曰：「非敢故爲異味，有吝於兄，恐不相益耳。」到任又半年，一旦來見，曰：「與兄緣數已盡，從此辭矣。」復由虹梁而去，竟不知所適。蔡族亦無他咎。故客省張公亢守旱涼之日說斯事，公亦有傳。

白鬚翁

嘉祐二年，大理寺丞常洵爲荊州潛江縣尉，因徼巡至徑頭市路次，草中有二女子，年十三四，裸形如丐者，傴僂出馬前，云：「是黃八娘家女奴，來投官乞命。」詰之，一婢云：

【四】如聞風吹 「風」前原有一空格；「吹」原脫，據明鈔本補。

【五】因燔香已告 「已告」，明鈔本作「告啓」。

【六】擇闃室而止焉 「止」原作「上」，據明鈔本改。

「媪怒我啖殘食側里切。數臠，鞭笞百餘，又以火箸遍灼我身。」一婢云：「我作勞少息，不覺媪來，怒我不起，懸我足於梁，以刀割我尻肉，悉褫去衣襦，内空囷中，不食已三日矣。」常問何以得來，云：「適有白鬚翁至囷前，呼某等，令躍出。某云饑憊，而囷且深不可踰。又曰『但躍』，不覺隨聲而出。乃引至官道云：『立此，少選有邑官來，可愬以脱。』」常至縣，逮黄媪，詰之，一皆承伏，即送府。時魏侍郎瓘尹荆南，劾治，具款贖金而釋之。媪今尚在，其悍戾殘忍，真狼虺然。嘗適數夫，或凌虐而致死，或恐讋而仳離。前此婢媵，潛被戕害者數人。每陰晦，則厲鬼呼嘯所居之前後，媪叱之，即泯然。噫，白鬚翁豈非神靈乎！指導二婢復生，可謂明且仁矣。向之被害者，茹歎銜恨於冥漠中，翁宜白之真官，以直其冤，易爲力矣。而令幽滯於黄媪之室，豈向所殺者當死耶！不然，兇暴之物，鬼神亦憚之也。不可致詰矣。斯事常洵自云。

韓元卿

韓元卿，泗州人也。景祐五年第進士，皇祐中爲陜州推官監司，俾鞫獄于武昌。事訖，歸夷陵，至荆州黄潭驛，忽持刀自刭，喉雖斷而未死。祖擇之時爲荆湖北提刑，韓之同年進士也，即視之。韓不能語，但舉手如索紙筆狀，因授之，書云：「贓濫分明，罪宜處斬。」乃棄筆於地。祖命取桑根線縫其創，自以手褫去，翌日遂卒。先是元卿調於京師，紿稱無婦，娶富室之女，資送良厚。洎挈之到任，則故妻在焉，有男女數人矣。富人之女欲以書訴於家，則堤防甚密，無由而達。歲餘，悒抑而卒。又不敢權厝于外，但裹以裀席，瘞於廨宇之隟地。韓既死，方具柩而斂焉。贓濫之誅，豈非此耶！

李敏

李敏嘗爲兖州奉符縣主簿，會岳廟炳靈公殿歲久再加營葺，命敏督其役。或曰：「宜先具公裳再拜，啓其事於神。」李不應，遂徹瓦。未半，黑雲滿殿庭，風雹大作。李始懼，披簡拜階下，仰視神座帳上，有黄龍長數丈，震霆數聲，穿屋而去。凡損稼百餘里。炳靈公自後唐明宗聽醫僧之語，遂贈官立祠。余謂龍蟄於神帳上，因徹瓦而驚，隨風雷徙去，未必神之靈變也。向少卿宗道云。

樂平港鼉

潭州樂平橋港，乃湘之支流，傳有鼉能變怪食人，歲有溺死者。天聖中，市民李姓者，弟溺死，不得屍，以爲鼉之食也。李氏痛切，無方以復其寃，因刺掌血，濡墨作章，夜醮奏而焚之，祈達於帝。是夜，夢吏若道士畫天神之從官者，驅民以行。久之，至一處，深嚴虚潔若大府廨，而屏之外有數吏，以鐵索縶一物，長數丈，如龍而一角，目光如電，甚可畏。

吏指告民曰：「爾將與此共見也。」民方悟爲鼉妖。已而俱入立庭下，遥視殿上，若有人物往來，而不辨其詳。有頃，一人下殿呼曰：「江鼉肆暴，枉害平人，決鐵杖一百，處死。李某不合以掌血腥穢上瀆高真，宜付王碩，決脊杖十五。」遂俱驅出。民覺而歷歷誌之，常惕息寅畏，懼罹罪罟，杜門不預外事。後十餘年，侍御史王碩知潭州，民坐遺火延燒一坊伏罪，竟如所夢。得之長沙僧寶珪云。

遵道者

僧令遵，陝州人也。多智數，善附麗權勢。天聖中，出入劉皇城家，因而名聞宫掖，莊獻賜與巨萬。於陝州造一寺，備極壯麗，凡用錢千餘萬緡。嘗自安業南街乘馬而西，呼僕取墜策，時有瞽者坐茶肆前，仰而言曰：「僧豪也。」遵異之。過百許步，下馬復來，揖之，未已，即曰：「豈非墜策之僧乎？」遵曰：「然。」復曰：「若之聲名嘗達天聽，有之乎？」僧曰：「有之。」因問將來之事，良久曰：「自此十五年，歲在丙戌，當有大禍，宜杜門避之。不爾，免死爲幸。」僧不懌而起。既歸陝，具以瞽者之言告其徒，咸曰：「遵道者戒行素嚴，禍何由而至？」以謂不然。至慶曆六年，傳岩淵馬道人將圖不軌，陝有市民亦預其謀，民將自陳于官，密詣僧謀之。僧曰：「若自首於郡，不過免死而已。我有主人在京師，地連□□【七】。但持我書詣之，因其言以達朝廷，豈止免罪，當獲重賞。」民從之。行至洛黨中，一卒告變，

【七】地連□□　此句明鈔本無。

籍有民名，捕得盡道所以然之狀，及出遵書。時薛紳守陜郡【八】，大怒，遂黥遵爲武昌城卒。

董中正

董中正，宿州高資户也。邢州僧慈演者，寓外宿有年矣，畜鏹千餘萬，寄於董室。其後僧病且死，錢遂没于董氏。治平三年春，中正病亟，大呼曰：「邢州不須呵詆，待我還爾錢。」數日卒。其長男爲符離衙校，既殯父，即日得病，信宿遂恍惚云：「邢州就我父索錢，有人監督甚急，乞少緩，詎敢詆讕也。」既而又死。宿有樂人張遂自岱岳回，出徐州界張弓手店，見衙校者躍馬而來。問何之，曰：「大人有少緡錢，爲券約不明，在兖州對辨，暫往省問。若今歸耶，可至我家，言我甚安，道中不暇作書也。」張至宿，詣董宅，將道其事，方知董之父子皆已死矣。四會縣尉吕邈云。

同州村民

同州馮翊村民，寶元中有牛生一兒，旋失之。民家有老翁八十餘，夜則來與老翁共語，人皆聞之。忽謂公曰【九】：「我昨日往延州與羌賊交戰，南兵失利，劉、石二大將皆爲賊擒。」鄰里相傳，喧然聞於邑大夫。方將逮翁詰之，後三日敗問果至。自兹州縣屢有呼問。兒謝翁曰：「我住此，令翁家不寧。」遂去不復來。

【八】時薛紳守陜郡　「郡」原作「郊」，據明鈔本改。

【九】忽謂公曰　「公」，明鈔本作「翁」。

校勘記

佚文

劉燁

劉燁侍郎有別第在襄陽。燁卒，長子庫部又卒，乃鬻其第，爲茅處士所得。夜聞呼曰：「庫部來。」俄一人頂帽，從數鬼，叱茅曰：「我第爾何敢據？速出，無賈禍也！」凡三夕至，其聲愈厲。茅叱曰：「爾昔爲人，今爲鬼矣，尚恃貴氣敢爾耶？若我擅居爾第，宜迫我出。爾子不肖，不能保有先人舊廬，售貨于我，尚敢逐我耶？」言訖返叱令速出，鬼遂遁去。宛委山堂本《説郛》卷一一六、商務印書館本《説郛》卷六

嬰怪

丁晉公謂在政府日，竇夫人生一男。既三日，親戚來慶。日向中，負姥解褓將浴，兒齊身皆毛，忽躍起，援帳帶而上，據竿下視。亟聞于晉公，立命殺之。親戚大駭，秘不敢言。商務印書館本《説郛》卷四四

李德裕系幽獄

學士馮浩有女適吕氏子。頃有女厲嘯其室，言曰：「爾前身某甲之妻，我乃妾也。若妬而害我，我訴於帝，抱冤幾十年，始得伸，遂許復仇。又尋若僅十年，不知再生爲吕氏婦，乃今逢焉。俟若今生命盡，相與歸陰府對辨耳。」自兹日夕語言，與家人雜處。忽爾不聞其聲者逾旬，間複至。詢其所適，乃曰：「往陰府看斷李德裕公事。」或問：「李德裕唐朝人，逮今二百餘年事，何以至今方決？」曰：「陰司之獄，以人生死往來之不常，獄系二三百年而決者不爲久也。」聞其得罪者多與唐史同，亦有史中無者。商務印書館本《説郛》卷四四

女子變男

廣州有蕭某家者，嘗泛船過海，故以都綱呼之。有侍婢忽娠妊，蕭疑與奴僕私通，苦詰之，則曰：「與大娘子私合而孕也。」蕭有女年十八，向以許嫁王氏子，自十歲後變爲男子，而家人不知也，自此始彰焉。吴中舍潛時隨兄官番禺，曾假玉仙觀爲學，蕭子亦預焉。好讀《文選》，略皆上口，雖須出於頤，然其舉止體態亦婦人也。時景祐五年，任諫議中郎知廣州。商務印書館本《説郛》卷四四

馮拯

天聖中，侍中馮拯薨。次年，京城南錫慶院側人家生一驢，腹下白毛成「馮拯」二字。馮氏以金贖之，潛育於槽中。四方皆知之。宛委山堂本《説郛》卷一一六

杜紫微

杜紫微頃於宰執處求一小儀，不遂；請小秋，又不遂。嘗夢人謂曰：「辭春不及秋，昆脚與皆頭。」後果得比部員外。宛委山堂本《説郛》卷一一六

王元規

王元規赴吏部選。一夕夢一人衣冠高古，因訪以當受何地，官期早晚。書八字與之云：「時生一陽，體合三水。」既覺不悟意，及注官河南府河清主簿，凡三字從水，到官日正冬至。宛委山堂本《説郛》卷一一六

費孝成

費孝成，成都人。取人生年月日時成卦，謂之軌革。後有卦影，所畫皆唐衣冠禄位，亦唐官次。豈非唐之精象數者爲之歟！宛委山堂本《説郛》卷一一六、商務印書館本《説郛》卷六

跋

右《括異志》十卷，襄國張師正纂。《宋史·藝文志》所記卷數同。晁氏《郡齋讀書志》曰：「師正擢甲科，得太常博士。後遊宦十年，不得志，於是推變怪之理，參見聞之異，得二百五十篇，魏泰爲之序。」是本無魏序，僅存一百三十三篇。陳氏《解題》尚有《後志》十卷，或其他一百十七篇，列入《後志》，而今已失之歟！《四庫》著録亦十卷，提要無貶詞，僅據王銍《默記》，疑爲魏泰託名之作，列入存目，以是流傳甚少。此尚爲明正德時人依宋本傳録，可貴也。甲戌初春海鹽張元濟。

圖書在版編目(CIP)數據

全宋筆記. 第8編. 9 / 上海師範大學古籍整理研究所編.— 鄭州：大象出版社，2017. 6
ISBN 978-7-5347-9273-1

Ⅰ.①全… Ⅱ.①上… Ⅲ.①中國歷史—史料—宋代
Ⅳ. ①K244. 066

中國版本圖書館 CIP 數據核字(2017)第 130188 號

全宋筆記 第八編 九

出版人 王劉純
特約編輯 陳 新
責任編輯 郭一凡
整體設計 張 勝
出版發行 大象出版社
鄭州市開元路16號(450044)
製 版 上海杰申電腦排版有限公司
印 刷 北京匯林印務有限公司
版 次 2017年7月第1版2017年7月第1次印刷
開 本 640mm×960mm 1/16 23.25印張
字 數 279千字
印 數 1—3000冊
定 價 56.00元